데이터 민주화와 셀프서비스 데이터

데이터 민주화와 셀프서비스 데이터

모두가 쉽고 빠르게
데이터 인사이트를 도출하는 지름길

샌딥 우탐찬다니 지음   이주한 옮김

i!i
에이콘

에이콘출판의 기틀을 마련하신 故 정완재 선생님 (1935-2004)

부모님, 내 스승이자 멘토인 굴,

아내 안술과

우리 아이들인 소훔과 미히카를 위해

지은이 소개

샌딥 우탐찬다니|Dr. Sandeep Uttamchandani

언래블 데이터 시스템즈Unravel Data Systems의 최고 데이터 책임자이자 제품 엔지니어링 부사장이다. 엔터프라이즈 데이터 제품을 구축하고 비즈니스 크리티컬 분석 및 머신러닝 애플리케이션을 위한 페타바이트 규모의 데이터 플랫폼을 실행하는 데 20년 가까이 경험을 쌓았다. 가장 최근에는 인튜이트Intuit에서 회사의 재무 회계, 급여, 결제 제품에 대한 분석 및 머신러닝을 지원하는 데이터 플랫폼 팀을 운영했다. 오픈소스 제품의 보안 취약성을 관리하기 위해 머신러닝을 사용하는 스타트업의 공동 창립자이자 CEO이기도 했으며, VMware와 IBM에서 15년 이상 엔지니어링 리더로서 활동했다.

40개 이상의 특허를 보유하고 있으며, 주요 기술 콘퍼런스에서 25개 이상의 간행물을 발행하고 다수의 제품 혁신상과 관리 우수상을 수상했다. 또한 데이터 콘퍼런스의 정기 연사이자 대학의 객원 강사이며, 스타트업에 자문을 제공하고 가트너Gartner의 SF CDO Executive Summit 및 Usenix Operational MLOpML 콘퍼런스의 공동 의장으로 활동하는 등 여러 콘퍼런스에서 프로그램/운영 위원으로 활동했다. 일리노이대학교 어버너-샴페인캠퍼스University of Illinois at Urbana-Champaign에서 컴퓨터 공학 박사 및 석사 학위를 받았다.

옮긴이 소개

이주한(joohanlee7@gmail.com)

IT 분야에서 20년 가까이 일하면서 플랫폼 사업, 프로젝트 관리, 데이터 분석, 서비스 운영 등 다양한 업무를 담당했다. 현재는 데이터를 기반으로 인사이트를 도출해 플랫폼과 솔루션으로 구현하는 개발 조직에서 프로젝트 관리자로 일하고 있다. 많은 사람이 함께 일하면서 발생하는 다양한 문제를 해결하고 효율적으로 일하는 방법을 찾아내 적용하는 데 관심이 많다.

옮긴이의 말

데이터의 시대다. 데이터와 전혀 관련이 없어 보이던 분야에서도 데이터가 '보물 상자의 열쇠'라도 되는 것처럼 데이터를 도입하고 있다. 그런데 데이터 플랫폼을 도입하고 보면 생각만큼 단순하지 않다. 더 깊이 있는 분석을 위해서는 더 많은 데이터를 쌓아야 하는 데, 데이터의 양과 원천 소스가 많아지는 만큼 데이터에 접근하고 분석하기가 점점 더 어렵다. 마치 보물 상자를 열어 보니 복잡한 보물 지도가 있고, 그 보물 지도가 가리키는 목적지를 찾아가니 또 다른 보물 상자가 있고, 또 그 상자를 열어보려면 또 다른 열쇠가 필요한… 이런 식으로 끊임없이 반복되는 보물찾기처럼 느껴진다.

이 책은 데이터 플랫폼을 구축하고 운영하는 분들이라면 경험해봤거나 접하게 될 다양한 문제점을 해결하기 위한 실마리를 제공한다. 저자는 데이터 플랫폼에 대한 풍부한 경험을 토대로 데이터 플랫폼을 구축하고 운영하고 사용하는 데 필요한 시간을 세분화해 각각의 단위별 시간을 줄일 수 있는 다양한 솔루션을 제시한다. 또한 수동 관리와 반자동 관리, 그리고 완전 자동화에 이르기까지 단계적으로 솔루션을 적용할 수 있도록 안내한다.

이를 가능케 하는 것은 데이터 민주화와 셀프서비스 데이터다. 여기서 이야기하는 데이터 민주화란 데이터에 쉽게 접근할 수 있도록 기반을 만들어 데이터를 잘 아는 사람부터 잘 모르는 사람까지 누구나 데이터를 쉽게 사용해 인사이트를 도출할 수 있도록 하는 것을 말한다. 그리고 셀프서비스 데이터란 데이터 엔지니어나 데이터 과학자가 관여하지 않더라도 마케터, 사업 담당자, 서비스 운영 담당자 등 조직 내 모든 사람이 스스로 데이터에 접근해 인사이트를 추출할 수 있도록 만들어진 데이터 기반을 의미한다.

데이터와 관련된 용어는 대부분 영어로 돼 있다. 현업에서도 데이터 부서의 담당자가 아니면 이해하기 힘든 용어가 많기도 하고, 새로운 용어도 계속 생겨난다. 회사나 조직에 따라서는 같은 대상을 지칭하는 다른 용어가 혼재돼 사용되기도 한다. 가능하면 현업에서 이해하기에 무리가 없는 용어를 사용하려고 노력했지만, 일부 용어는 저자의 의도를 최대한 살리고자 영어 표현을 그대로 차용하기도 했다.

끝으로, 이 책을 번역할 기회를 주신 에이콘출판사와 항상 저를 격려하고 지원해주는 가족에게 깊이 감사드린다.

차례

11장   데이터 변환 서비스 211

16장   파이프라인 오케스트레이션 서비스   287

들어가며

편집 규약

이 책에서는 다음과 같은 편집 규약을 사용한다.

고정폭 글자

단락 내에서 프로그램 목록, 변수 또는 함수의 이름, 데이터베이스, 데이터 유형, 환경 변수, 명령문, 키워드와 같은 프로그램적 요소를 나타낸다.

 이 요소는 팁 또는 제안을 나타낸다.

 이 요소는 일반적인 참고 사항을 나타낸다.

 이 요소는 경고 또는 주의할 내용을 나타낸다.

보충 자료 다운로드

예제 코드는 https://oreil.ly/ssdr-book에서 제공한다. 예제 코드를 그대로 복제하지 않는 이상 코드 사용과 관련해 저자의 허락이 필요하지 않다. 책을 인용하는 것은 괜찮지만, 물품으로 판매하는 경우라면 사전 허락이 필요하다.

출처 표기가 꼭 필요하지는 않지만 표기해준다면 감사하겠다. 저작자 표기에는 대개 제목, 저자, 출판사, ISBN이 포함된다.

문의

이 책과 관련해 질문이 있다면 bookquestions@oreilly.com으로 문의하길 바란다. 한국어판에 관한 질문은 에이콘출판사 편집 팀(editor@acornpub.co.kr)이나 옮긴이의 이메일로 문의하길 바란다.

표지 그림

이 책의 표지에 묘사된 동물은 타운센드큰귀박쥐Corynorhinus townsendii다. 북미 서부에 서식하는 이 날아다니는 포유류는 유타와 콜로라도 같은 로키마운티 지역의 소나무 숲에 대규모로 서식하고 있으며, 남쪽으로는 멕시코에서도 볼 수 있다.

여름철에는 동굴, 절벽, 심지어 폐광과 같이 낮고 일정한 기온의 탁 트인 지역을 선호한다. 수컷은 혼자 둥지를 트는 경향이 있지만, 암컷은 대략 12~200마리의 산모 군집에서 새끼를 키운다. 몸무게에 비해 큰 날개 면적을 가진 타운센드큰귀박쥐는 높은 기동성과 저속 비행 능력, 비행 중 호버링 능력을 갖고 있다. 직선 트랙에서 수행된 테스트에서는 6.4~12.3mph 범위의 속도를 기록했다.

타운센드큰귀박쥐는 큰 귀로 정확하게 항해하고 사냥할 수 있다. 후두에서 수천 분의 1초만 지속되는 저주파 펄스를 방출하고, 이는 물체에 부딪혀 귀로 돌아온다. 이러한 빠른 신호를 통해 그들은 주요 먹잇감인 나방의 모양, 크기, 거리, 질감까지도 알 수 있다. 나방이 먹잇감의 약 80%를 차지하므로, 이 박쥐는 해충에 의한 환경적, 농업적 피해를 줄이는 데 도움이 되는 효과적인 '해충 방제제'이기도 하다.

오라일리 표지에 나타나는 많은 동물은 현재 멸종 위기에 처해 있다. 그들 모두는 세상에서 중요하다. 표지 그림은 영국 쿼드러피드^{British Quadrupeds}의 흑백 판화를 기반으로 한 카렌 몽고메리^{Karen Montgomery}의 작품이다.

1장
소개

데이터는 새로운 '석유'다. 기업 내에서 수집되는 정형, 반정형, 비정형 데이터의 양은 기하급수적으로 증가했다. 데이터에서 얻은 인사이트는 모든 기업의 중요한 차별화 요소이며, 제품의 기능과 비즈니스 프로세스 향상에는 머신러닝^{ML, Machine Learning} 모델이 사용된다.

오늘날 기업들은 풍부한 데이터를 갖고 있지만 인사이트가 부족하다. 가트너(https://oreil.ly/kg3MU)에 따르면, 분석 인사이트의 80%는 2022년까지 비즈니스 성과로 이어지지 않을 것이다. 또 다른 연구(https://oreil.ly/Z6wcN)는 데이터 프로젝트의 87%가 프로덕션 배포까지 이어지지 못한다고 강조한다. 구글^{Google}의 스컬리^{Sculley}와 그 연구진의 연구 (https://oreil.ly/2xq7x)에 따르면, 프로덕션 과정 중 ML 도입에 들어가는 노력을 100%라고 할 때 실제 ML 알고리듬 구현에 사용된 것은 5%도 채 되지 않는다고 한다(그림 1-1 참조). 나머지 95%는 데이터 검색, 수집, 준비, 모델 구축, 배포와 관련된 데이터 엔지니어링에 사용된다.

엄청난 양의 데이터가 데이터 레이크^{data lake} 내에서 수집되고 있지만, 항상 일관성 있고 정확하게 해석 가능하며 시기적절하고 표준화될 만큼 충분하지는 않다. 데이터 과학자는 데이터 수집을 위한 시스템 정렬, 메타데이터 정의, ML 알고리듬을 제공하기 위한 데이터 랭글링^{data wrangling}, 대규모 파이프라인 및 모델 배포 등의 엔지니어링 활동에 상당한 시간을 소비한다. 이런 일들은 데이터 분석가의 핵심 역량인 인사이트 도출과는 무관

할 뿐더러, 비즈니스 전후 사정에 대한 이해가 부족한 데이터 엔지니어나 플랫폼 IT 엔지니어에 의존하느라 늘 병목 현상이 발생한다. 데이터에 접근하려는 제품 관리, 마케팅, 재무, 엔지니어링 분야의 데이터 시민data citizen(사용자)은 늘어나는데 엔지니어링이 복잡하다 보니, 데이터 분석가와 과학자만 데이터에 접근할 수 있게 돼 데이터 민주화data democratization는 더욱 요원해지는 것이다. ML 프로그래밍의 발전에 관한 많은 책과 특정 데이터 기술에 대한 심층적인 책들이 나와 있기는 하지만, 다양한 데이터 사용자 지원을 위한 셀프서비스 플랫폼 개발에 필요한 데이터 엔지니어링 운영 패턴에 대한 글은 거의 없다.

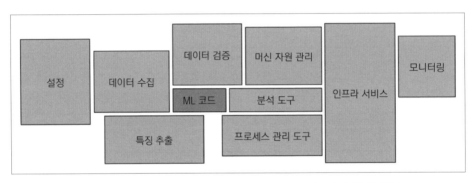

그림 1-1 스컬리 연구진은 ML 모델이 프로덕션까지 도달하는 데 걸린 시간을 분석했다.
ML 코드 작업에 5%의 시간만 사용됐고, 나머지 95%의 시간은 데이터 엔지니어링 작업에 사용됐다.

몇몇 기업은 데이터에서 인사이트 도출까지의 여정을 자동화하고 셀프서비스로 전환해야 할 필요가 있음을 확인했다. 구글의 TensorFlow ExtendedTFX(https://oreil.ly/IzHKV), 우버Uber의 Michelangelo(https://oreil.ly/mZiAI), 페이스북Facebook의 FBLearner Flow(https://oreil.ly/nOdbi)는 ML 인사이트를 다룬 셀프서비스 플랫폼의 예다. 어디든 적용해서 바로 효과를 볼 수 있는 묘책은 없다. 각 기업은 기존 기술 구성 요소, 데이터 세트 품질, 지원되는 유스 케이스 유형, 프로세스, 인력 기술 측면에서 고유한 특성을 지닌다. 예를 들어, 깨끗한 데이터 세트를 사용해서 ML 모델을 개발하는 소수의 전문 데이터 과학자를 위한 셀프서비스 플랫폼을 만드는 것은 수집, 예약과 기타 구성 요소를 자체 개발 도구로 다양한 품질의 데이터 세트를 사용하는 이기종 데이터 사용자를 지원하는 플랫폼과는 매우 다르다.

경험에 비춰볼 때, 데이터 기술에 상당한 투자를 했음에도 셀프서비스 데이터 플랫폼 계획이 시작되지 못하거나 중단되는 이유는 세 가지다.

데이터 사용자가 겪는 진짜 고충이 잘못 번역되는 것

데이터 사용자와 데이터 플랫폼 엔지니어는 서로 다른 언어를 사용한다. 데이터 엔지니어는 비즈니스 문제나 데이터 사용자가 맞닥뜨린 불편의 전후 사정을 이해하지 못한다. 데이터 사용자는 빅데이터 기술의 한계와 현실을 이해하지 못한다. 결국 장기적인 해결책 없이 팀 간에 문제점을 지적하고 비난하는 문제가 발생한다.

기술 자체를 위해 '반짝이는' 신기술을 채택하는 것

솔루션이 넘쳐날 때, 조직은 인사이트 추출까지의 과정을 느리게 만드는 문제를 명확히 이해하지 못한 채 차세대의 '반짝이는' 기술에 투자하는 경우가 많다. 또한 인사이트 도출까지의 시간은 줄이지 못하고 기술 자체를 위해 기술에 투자하다가 마는 기업들이 종종 있다.

전환 과정에서 너무 많은 문제를 해결하려고 하는 것

다양한 기능을 위해 플랫폼을 셀프서비스로 만든다. 조직은 종종 여러 방면의 문제들을 한 번에 해결하려고 하는데, 이는 마치 바다를 한 번에 끓이려고 하는 것이나 마찬가지다. 셀프서비스 데이터 플랫폼을 만드는 것은 자동화 수준과 도입의 복잡도에 따라 여러 단계의 자율주행 기능이 있는 자동차를 만드는 것과 비슷하다.

원시 데이터에서 인사이트로의 여정 지도

데이터 웨어하우스data warehouse는 전통적으로 트랜잭션 데이터베이스의 데이터를 집계한 후 소급 일괄 처리 보고서retrospective batch report를 생성해왔다. 웨어하우징 솔루션warehousing solution은 일반적으로 메타데이터 카탈로그, 쿼리 예약, 수집 커넥터 등의 통합 기능을 갖춘 단일 공급 업체에 의해 패키징되고 판매돼 왔다. 쿼리 엔진과 데이터 스토리지는 결합돼 있어서 상호 운용성을 제한적으로 선택하는 것이 가능했다. 오늘날과 같은 빅데이터 시대의 데이터 플랫폼은 넓은 범위의 데이터 속성 및 인사이트 유형을 지원하는 다양한 데이터스토어datastore, 프레임워크, 처리 엔진의 집합체다. 온프레미스on-premise, 클라우드 또는 하이브리드 등 배포 전반에 걸쳐 많은 기술을 선택할 수 있으며, 스토리지와 컴퓨팅을 분리해 데이터스토어, 프로세싱 엔진, 관리 프레임워크를 혼합하고 짜 맞출 수도 있다. 빅데이터 시대에는 데이터 형식, 유스 케이스 요구 사항, 데이터 사용자의 고도화, 배치된 기술의 상호 운용성에 따라 '맞는 작업에 맞는 툴'을 사용해야 한다. 표 1-1은 주요 차이점을 보여준다.

표 1-1 전통적인 데이터 웨어하우스와 현재의 빅데이터 시대에서 인사이트를 추출하는 방식의 주요 차이점

	데이터 웨어하우징 시대의 인사이트 추출	빅데이터 시대의 인사이트 추출
데이터 형식	정형 데이터	정형, 반정형, 비정형 데이터
데이터 특성	대용량 데이터	데이터의 4V: 볼륨(Volume), 속도(Velocity), 다양성(Variety), 진실성(Veracity)
데이터 카탈로그 작성	데이터를 집계할 때 정의됨	데이터를 읽을 때 정의됨
인사이트의 신선함	인사이트는 주로 소급형(예: 비즈니스 마지막 주 기준 지표)	인사이트는 소급형, 대화형, 실시간, 예측의 조합
쿼리 처리 방식	단일 솔루션으로 결합된 쿼리 프로세서와 데이터 스토리지	쿼리 처리와 데이터 스토리지가 분리됨
데이터 서비스	단일 솔루션으로 통합	작업에 적합한 도구를 선택하는 데 많은 치환을 허용하는 믹스 앤 매치(mix-and-match) 방식

인사이트 도출을 위한 여정 지도는 크게 '발견', '준비', '구축', '운영화'라는 네 단계로 나뉜다(그림 1-2). 여정 지도를 설명하기 위해 수익, 마케팅 캠페인 성과, 고객의 가입과 이탈 등을 추적하는 실시간 비즈니스 인사이트 대시보드를 구축한다고 가정해보자. 대시보드에는 여러 지리적 위치에 걸친 매출 예측을 위한 ML 모델이 포함돼 있다.

그림 1-2 원시 데이터에서 인사이트를 추출하기 위한 여정 지도

발견

모든 인사이트 도출 프로젝트는 사용 가능한 데이터 세트와 개발 산출물을 발견하고, 인사이트를 발전시키는 데 필요한 추가 데이터를 수집하는 것부터 시작한다. 데이터 발견이 복잡한 이유는 기업 내에서 지식 확장이 어렵기 때문이다. 데이터 팀은 보통 쉽게 접근할 수 있고 믿을 만한 팀 지식으로 작게 시작한다. 그러나 데이터가 증가하고 팀 규모가 커지면, 부서 이기주의가 발생하고 진실의 출처는 단 하나가 아니게 된다. 오늘날의 데이터 사용자는 다양한 품질, 복잡성, 관련성, 신뢰성을 가진 데이터 리소스의 바다를 효율적으로 탐색해야 한다. 실시간 비즈니스 대시보드와 수익 예측 모델의 예에서 보듯이, 데이터 사용자의 출발점은 일반적으로 사용되는 데이터 세트 즉 고객 프로파일, 빌링 데이터 세트, 가격 책정 및 프로모션 등을 먼저 이해하는 것이라고 할 수 있다.

데이터 세트의 메타데이터 세부 정보 발견

첫 번째 마일스톤은 데이터가 생성된 위치, 데이터 속성이 생성된 방법 등 메타데이터 속성을 이해하는 것이다. 메타데이터는 또한 데이터의 품질과 신뢰성을 결정하는 데 중요한 역할을 한다. 예를 들어 올바르게 채워지지 않은 테이블을 사용해서 모델이 만들어졌거나 데이터 파이프라인에 버그가 있는 경우, 결과 모델은 부정확하고 신뢰할 수 없게 된다. 데이터 사용자는 다른 사용자가 제공한 팀 지식으로 시작하는데, 이는 시대에 뒤떨어지거나 신뢰할 수 없는 것일 수 있다. 메타데이터를 수집하고 상호 연결이 가능하려면 데이터스토어, 수집 프레임워크, 스케줄러, 메타데이터 카탈로그, 규정 준수 프레임워크 등에 접근이 필요하다. 데이터 세트의 메타데이터는 수집과 변환 과정을 넘나들기 때문에 추적 가능한 표준화된 형식은 없다. 이 마일스톤을 완료하는 데 걸리는 시간은 '해석 시간$^{\text{time to interpret}}$'을 지표로 추적한다.

사용 가능한 데이터 세트 및 아티팩트 검색

데이터 세트의 메타데이터 세부 정보를 이해할 수 있는 능력을 가졌다면, 다음 마일스톤은 모든 관련 데이터 세트와 아티팩트^{artifact}, 예를 들어 뷰, 파일, 스트림, 이벤트, 지표, 대시보드, ETL, 임시 쿼리를 찾는 것이라고 할 수 있다. 일반적인 기업은 수천 또는 수백만 개의 데이터 세트를 갖고 있다. 극단적인 예로 구글은 260억 개의 데이터 세트를 갖고 있다(https://static.googleusercontent.com/media/research.google.com/ko//pubs/archive/45390.pdf). 규모에 따라 데이터 사용자는 관련 세부 사항을 식별하는 데 며칠 또는 몇 주의 시간을 들인다. 오늘날의 검색은 데이터 사용자들의 팀 지식에 크게 의존하며 애플리케이션 개발자에게까지 도달한다. 사용 가능한 데이터 세트와 아티팩트는 지속적으로 진화하고 있으므로 계속 새로 고쳐야 한다. 이 마일스톤을 완료하는 데 걸리는 시간은 '탐색 시간$^{\text{time to find}}$' 지표로 추적된다.

ML 모델에서의 기능 재사용 또는 생성

예를 이어가보자. 수익 예측 모델을 개발하려면 시장, 제품군 등에서의 과거 수익 값을 이용한 학습이 필요하다. 여기서 ML 모델의 입력값으로 사용되는 수익과 같은 속성을 피처^{feature}라고 한다. 과거 값을 사용할 수 있는 속성은 피처로 사용할 수 있다. 데이터 과학자는 ML 모델을 구축하는 과정에서 가장 정확한 모델을 생성하기 위해 피처를 계속 조합해본다. 데이터 과학자가 ML 모델의 피처들을 생성하는 시간의 60%는 학습 데이터 세트를 만드는 데 쓴다. 원래 만들어져 있던 피처를 재사용하면 ML 모델 개발에 드는 시간을 획기적으로 줄일 수 있다. 이 마일스톤을 완료하는 데 걸리는 시간은 '피처화 시간$^{\text{time to featurize}}$' 지표로 추적한다.

누락된 데이터 집계

비즈니스 대시보드를 만들려면 식별된 데이터 세트(예: 고객 활동 및 결제 청구 기록)를 결합해 리텐션 리스크$^{retention\ risk}$에 대한 인사이트를 생성해야 한다. 서로 다른 애플리케이션 사일로$^{application\ silo}$에 걸쳐 있는 데이터 세트는 데이터 레이크 같은 중앙 집중식 저장소로 이동해야 하는 경우가 많다. 데이터를 이동하려면 이기종 시스템 간의 데이터 이동을 조정하고, 정확성을 검증하고, 데이터 소스에서 발생하는 스키마나 구성 변경에 대응해야 한다. 일단 인사이트가 프로덕션에 배포되면, 데이터 이동은 지속적인 작업이 돼 파이프라인의 일부로 관리돼야 한다. 이 마일스톤을 완료하는 데 걸리는 시간은 '데이터 가용성 확보 시간$^{time\ to\ data\ availability}$' 지표로 추적된다.

클릭스트림 이벤트 관리

비즈니스 대시보드에서 애플리케이션 내에서 가장 많은 시간이 걸리는 워크플로우를 분석한다고 가정해보자. 이를 위해서는 클릭, 뷰와 이전 애플리케이션 페이지, 방문자 기기 유형 등 연관된 맥락까지의 고객 활동을 분석해야 한다. 데이터 사용자는 활동 추적을 위해 제품 내의 활동을 기록하는 기존 장치를 활용하거나 장치를 추가해서 버튼과 같은 특정 위젯의 클릭을 기록할 수 있다. 클릭스트림 데이터$^{clickstream\ data}$는 우선 수집, 필터링되고 보강돼야 인사이트 생성에 사용할 수 있다. 예를 들어 봇이 생성한 트래픽은 원시 이벤트에서 필터링돼야 한다. 특히 타기팅^{targeting}된 개인화처럼 거의 실시간에 가까운 유스 케이스에서 대량의 스트림 이벤트를 처리하는 것은 꽤 어렵다. 행동 데이터를 수집, 분석, 집계하는 이 마일스톤을 완료하는 데 걸리는 시간은 '클릭 시간$^{time\ to\ click}$' 지표로 추적한다.

준비

준비 단계에서는 인사이트 추출을 위해 실제 비즈니스 로직 구축용 데이터를 준비하는데 집중한다. 준비는 데이터 집계, 정리, 표준화, 변환, 비정규화를 포함하는 반복적이고 시간 집약적인 작업이며 여러 가지 도구와 프레임워크를 포함한다. 또한 준비 단계에서는 규제 준수 요건을 충족하기 위해 데이터 거버넌스$^{data\ governance}$를 보장해야 한다.

중앙 저장소 내의 집계 데이터 관리

예를 이어가자면, 비즈니스 대시보드와 예측 모델에 필요한 데이터는 이제 중앙 저장소(일반적으로 '데이터 레이크'라고 함)에 통합된다. 비즈니스 대시보드는 과거 일괄 처리 데이터와 스트리밍 행동 데이터 이벤트를 결합해야 한다. 데이터는 데이터 모델과 온디스크 형식을 고려해 효율적으로 유지 관리돼야 한다. 전통적인 데이터 관리와 마찬가지로 데이터 사용자는 액세스 제어, 백업, 버전 관리, 동시 데이터 업데이트를 위한 ACID 속성 등을 보장해야 한다. 이 마일스톤을 완료하는 데 걸리는 시간은 '데이터 레이크 관리 시간time to data lake management' 지표에 의해 추적된다.

데이터의 구조화, 정리, 보강, 유효성 검사

데이터가 데이터 레이크에 집계됐다면 이제 자료가 올바른 형태인지 확인해야 한다. 예를 들어, 빌링 데이터의 집합 레코드 중 평가판 고객의 빌링 값은 null이라고 가정해보자. 구조화 작업의 일부로 null은 분명히 0으로 변환될 것이다. 마찬가지로 전체 인게이지먼트 분석의 왜곡을 방지하기 위해 특정 고객의 사용량은 이상치로 분류돼 제외돼야 한다. 이러한 활동을 '데이터 랭글링'이라고 한다. 랭글링 변환을 적용하려면 파이썬Python, 펄Perl, R과 같은 프로그래밍 언어로 독특한 스크립트를 작성하거나 지루한 수동 편집을 해야 한다. 데이터의 양, 속도, 다양성이 증가함에 따라 데이터 사용자는 로우레벨 코딩 기술을 사용해 효율적이고 신뢰할 수 있고 반복적인 방식으로 규모에 맞게 변환을 적용한다. 이러한 변환은 일회성이 아니라 지속 가능한 방식으로 신뢰성 있게 적용돼야 한다. 이 마일스톤을 완료하는 데 걸리는 시간은 '랭글링 시간time to wrangle' 지표로 추적된다.

데이터 권한 규정 준수 보장

고객이 자신의 행동 데이터를 사용해 인사이트를 생성하는 데 동의하지 않았다고 가정해보자. 데이터 사용자는 어떤 고객의 데이터를 어떤 유스 케이스에 사용할 수 있는지 알고 있어야 한다. 규정 준수compliance는 고객 경험을 인사이트로 더 잘 제공하는 것과 고객 동의 내에서 데이터가 사용되도록 보장하는 것 사이의 균형 조정 행위다. 이 문제를 해결하는 데 보편적으로 적용할 수 있는 단순한 방법은 없다. 데이터 사용자는 규정 준수 위반을 걱정할 필요 없이 주어진 유스 케이스에 대해 사용 가능한 모든 데이터를 쉽게 찾고 싶어 한다. 하지만 사일로를 넘나들며 적용 가능한 고객 데이터를 추적하는 단일 식별자는 없다. 이 마일스톤을 완료하는 데 걸리는 시간은 '규정 준수 시간$^{\text{time to comply}}$' 지표로 추적된다.

구축

구축 단계에서는 인사이트를 추출하는 데 필요한 실제 로직을 작성하는 데 집중한다. 다음은 이 단계의 핵심 마일스톤이다.

데이터 액세스 및 분석을 위한 최상의 접근 방식 결정

구축 단계의 출발점은 인사이트 로직을 작성하고 실행 전략을 결정하는 것이다. 데이터 레이크에 있는 데이터는 객체로 유지되거나 키-값 저장소, 그래프 데이터베이스, 문서 저장소 등 특화된 서비스 계층에 저장될 수 있다. 데이터 사용자는 데이터스토어의 네이티브 API와 키워드를 활용할 것인지 결정하고, 처리 로직에 필요한 쿼리 엔진을 결정해야 한다. 예를 들어 장기간 실행되는 일괄 처리^{batch} 프로세스는 Hive 또는 Spark에 있는 반면, 짧은 대화형 쿼리는 Presto 클러스터에서 실행된다. 이상적인 방식이라면, 변환 로직은 독립적이어야 하며 데이터를 다른 다중언어^{polyglot} 저장소로 이동하거나 다른 쿼리 엔진이 배포될 때 변경되지 않아야 한다. 이 마일스톤을 완료하는 데 걸리는 시간은 '가상화 시간$^{\text{time to virtualize}}$' 지표에 의해 추적된다.

변환 로직 작성

대시보드 또는 모델 인사이트의 실제 로직은 ETL$^{\text{Extract-Transform-Load}}$, ELT$^{\text{Extract-Load-Transform}}$ 또는 스트리밍 분석 패턴으로 작성된다. 비즈니스 로직은 변화에 대한 관리가 용이할 뿐만 아니라 실행성과 확장성이 있는 실제 코드로 번역돼야 하며 가용성, 품질, 변경 관리를 위해 모니터링돼야 한다. 이 마일스톤을 완료하는 데 걸리는 시간은 '변환 시간$^{time\ to\ transform'}$ 지표에 의해 추적된다.

모델 학습

수익 예측 예제에서 ML 모델은 학습이 필요하며, 과거 수익 값들이 모델 학습에 사용된다. 데이터 세트 크기가 커지고 딥러닝 모델이 복잡해지면서 학습에는 며칠, 몇 주가 걸릴 수 있다. 학습은 CPU와 GPU 같은 전문 하드웨어가 조합된 서버로 구성된 팜^{farm}에서 운영된다. 학습은 반복적이며, 최고의 모델을 찾기 위해 적용되는 매개변수의 값과 초매개변수 값의 순열은 수백 개에 이른다. 모델 학습은 일회성이 아니며, 데이터 속성 변경을 위해 재학습이 필요하다. 이 마일스톤을 완료하는 데 걸리는 시간은 '학습 시간$^{time\ to\ train'}$ 지표에 의해 추적된다.

ML 모델 변경 사항의 지속적인 통합

비즈니스 대시보드의 예에서 활성 구독자를 계산하는 방법에 대한 정의가 변경됐다고 가정해보자. ML 모델 파이프라인은 소스 스키마 변경, 형상 로직, 종속 데이터 세트, 데이터 처리 설정, 모델 알고리듬을 통해 지속적으로 진화한다. 전통적인 소프트웨어 엔지니어링과 마찬가지로, ML 모델은 매일 여러 팀이 여러 가지 변경 사항을 적용하며 지속적으로 업데이트된다. 변경 사항을 통합하기 위해 ML 파이프라인과 관련된 데이터, 코드, 설정을 추적한다. 변경 사항은 테스트 환경에서 배포하고 프로덕션 데이터를 사용해서 검증한다. 이 마일스톤을 완료하는 데 걸리는 시간은 '통합 시간$^{time\ to\ integrate'}$ 지표에 의해 추적된다.

인사이트 A/B 테스트

최종 고객의 집값을 예측하는 서로 다른 ML 모델이 있다고 하자. 인사이트를 얻기 위해 동일한 정확도의 모델이 두 개 있다고 가정한다면 어느 모델이 더 나을까? 다수의 모델을 배치해 서로 다른 고객군에게 제시하는 방식을 점점 더 많은 기업이 택하고 있다. 고객 이용 행태 데이터를 바탕으로 더 나은 모델을 선택하는 것이 그 목표다. 버킷^{bucket} 테스트, 분할 테스트 또는 통제된 실험이라고도 알려진 A/B 테스트는 데이터 중심 의사 결정을 위한 표준 접근 방식이 되고 있다. A/B 테스트를 데이터 플랫폼의 일부로 통합해 ML 모델, 비즈니스 리포트, 실험에 일관된 지표 정의가 적용되도록 하는 것이 중요하다. A/B 테스트 실험을 올바르게 구성하는 것은 쉽지 않으며, 변이 모집단 전체에 걸쳐 관심 측정 기준에 통계적으로 유의한 차이를 야기할 수 있는 불균형이 없도록 해야 한다. 또한 고객들은 서로 다른 실험들 간의 상호 작용에 노출돼서는 안 된다. 이 마일스톤을 완료하는 데 걸리는 시간은 'A/B 테스트 시간$^{time\ to\ A/B\ test}$' 지표로 추적된다.

운영화

여정 지도의 운영화 단계에서는 인사이트가 프로덕션에 배포된다. 이 단계는 인사이트가 프로덕션에 적극적으로 사용될 때까지 계속된다.

쿼리 검증 및 최적화

비즈니스 대시보드와 수익 예측 모델의 예를 계속 살펴보자. 데이터 사용자는 데이터 변환 로직을 파이썬, 자바^{Java}, 스칼라^{Scala} 등에서 구현된 SQL 쿼리 또는 빅데이터 프로그래밍 모델(예: 아파치^{Apache} Spark 또는 Beam)로 작성했다. 좋은 쿼리와 나쁜 쿼리의 차이는 상당히 크다. 실제 경험상, 몇 시간 동안 실행되는 쿼리는 몇 분 안에 완료할 수 있도록 조정할 수 있다. 데이터 사용자는 Hadoop, Spark, Presto와 같은 쿼리 엔진의 여러 조절 장치에 대한 이해가 필요하다. 대부분의 데이터 사용자는 쿼리 엔진의 내부 작업에 대해 깊이 이해할 필요가 없고 튜닝해야 할 조절 장치와 그 영향을 이해하는 것도 쉽지 않다. 어디에나 만능으로 적용되는 쿼리의 최적 조절 값은 없고 데이터 모델, 쿼리 유형, 클러스터 크기, 동시 쿼리 로드 등에 따라 달라진다. 쿼리 최적화는 지속적인 활동이다. 이 마일스톤을 완료하는 데 걸리는 시간은 '최적화 시간$^{time\ to\ optimize}$' 지표에 의해 추적된다.

파이프라인 오케스트레이션

비즈니스 대시보드와 예측 파이프라인에 관련된 쿼리는 스케줄 관리가 돼야 한다. 파이프라인을 가동하기에 최적의 시간은 언제인가? 종속성이 올바르게 처리되도록 어떻게 보장하고 있는가? 오케스트레이션^{orchestration}은 파이프라인 서비스 수준 계약^{SLA, Service Level Agreement}을 보장하고 기본 리소스의 효율적인 활용을 보장하는 균형 조정 행위다. 파이프라인은 데이터 수집, 준비, 변환, 학습, 배포 전반에 걸쳐 서비스를 호출한다. 데이터 사용자가 이러한 서비스 전반에서 정확성, 견고성, 적시성을 모니터링하고 디버깅하는 것이 중요하다. 파이프라인 오케스트레이션은 멀티테넌트^{multitenant}로, 여러 팀과 비즈니스 유스 케이스를 지원한다. 이 마일스톤을 완성하는 데 걸리는 시간은 '오케스트레이션 시간^{time to orchestrate}' 지표에 의해 추적된다.

ML 모델 배포

예측 모델은 예측 값을 얻기 위해 다른 프로그램에서 호출할 수 있도록 프로덕션에 배포된다. 모델 배포는 일회성 작업이 아니며, ML 모델은 재학습을 기반으로 주기적으로 업데이트된다. 데이터 사용자는 다양한 ML 모델 유형, ML 라이브러리 및 도구, 모델 형식, 배포 엔드포인트(IoT 장치, 모바일, 브라우저, 웹 API 등)를 지원하기 위해 사용자 정의가 필요한 모델 구축을 위해 비표준화된 자체 개발 스크립트를 사용한다. 모델의 성능을 모니터링하고 부하에 따라 자동으로 확장하는 표준화된 프레임워크는 없다. 이 마일스톤을 완성하는 데 걸리는 시간은 '배포 시간^{time to deploy}' 지표에 의해 추적된다.

인사이트 품질 모니터링

매일 사용하는 비즈니스 대시보드가 특정 날짜 값을 잘못 표시하는 예를 들어보자. 조정되지 않은 소스 스키마 변경, 데이터 요소 속성 변경, 수집 문제, 동기화되지 않은 데이터가 있는 소스 및 대상 시스템, 처리 실패, 지표 생성에 대한 잘못된 비즈니스 정의 등 몇 가지가 잘못되면 품질 문제로 이어질 수 있다. 데이터 사용자는 이상 징후가 있는지 데이터 속성을 분석하고 감지된 품질 문제의 근본 원인을 디버깅해야 한다. 데이터 사용자는 대량의 데이터가 여러 시스템에 걸쳐 흐르는 상황에서 확장성이 떨어지는 일회성 점검에 의존한다. 단순히 데이터 품질 문제를 감지하는 것뿐만 아니라 낮은 품질의 데이터 레코드가 나머지 데이터 세트 파티션과 혼합되는 것을 피하는 것도 목표다. 이 마일스톤을 완성하는 데 걸리는 시간은 '인사이트 품질 확보 시간^{time to insight quality}' 지표에 의해 추적된다.

지속적인 비용 모니터링

이제 품질 포장을 위한 지속적인 모니터링으로 프로덕션에 인사이트가 배포됐다. 운영화 단계의 마지막 부분은 비용 관리다. 비용 관리는 종래의 종량제 모델과 달리 사용량에 따라 선형적으로 비용이 증가하는 클라우드에서 특히 중요하다. 데이터가 민주화되면 데이터 사용자가 셀프서비스로 인사이트를 추출할 수 있으므로 리소스가 낭비되고 비용이 고삐 풀린 듯 증가할 수 있다. 고급 GPU에서 실행되는 단 한 번의 잘못된 쿼리는 몇 시간 만에 수천 달러가 소모되는데, 데이터 사용자 입장에서 당황할 만한 수준이다. 데이터 사용자는 다음과 같은 질문에 답해야 한다. a) 애플리케이션당 지출되는 비용은 얼마인가? b) 할당된 예산보다 지출이 더 많을 것으로 예상되는 팀은 어디인가? c) 성능과 가용성에 영향을 주지 않고 지출을 줄일 수 있는 기회가 있는가? d) 할당된 자원이 적절히 활용되고 있는가? 이 마일스톤을 완료하는 데 걸리는 시간은 '비용 최적화 시간$^{time\ to\ optimize\ cost}$' 지표로 추적된다.

전체적으로 보면, 오늘날 각 이동 단계에서 데이터 사용자는 데이터 이동, 데이터 계보 $^{data\ lineage}$ 이해, 데이터 아티팩트 검색 등의 데이터 엔지니어링 작업에 상당한 시간을 할애한다. 데이터 사용자의 이상향은 매일의 여정 중에 발생하는 이러한 작업을 단순화하고 자동화하는 셀프서비스 데이터 플랫폼이다.

인사이트 시간 스코어카드 정의

'인사이트 시간$^{time\ to\ insight}$'은 원시 데이터에서 인사이트까지의 전체 여정을 완료하는 데 걸리는 시간을 측정하는 전반적인 지표다. 비즈니스 대시보드와 수익 예측 모델 개발의 예에서 '인사이트 시간'은 여정 지도 단계를 완료하는 데 필요한 일, 주, 월의 총수를 나타낸다. 데이터 플랫폼 관리 경험을 바탕으로 이전 절에서 설명한 바와 같이 여정 지도를 18개의 주요 마일스톤으로 나눴다. 각 마일스톤의 척도를 합치면 전체 인사이트 시간 척도가 된다.

여정 지도에서 어려움을 겪는 지점은 각 기업마다 다르다. 비즈니스 대시보드 개발의 예에서 기업은 부서 이기주의와 문서화 부족으로 인해 '해석 시간'과 '탐색 시간'에 대부분의 시간을 할애하는 반면, 규제가 많고 수직화된 기업에서는 '규정 준수 시간'이 여정 지도 상의 핵심 애로 사항이 될 것이다. 일반적으로 기업이 겪는 애로 사항은 기존 프로세스의 성숙도, 기술, 데이터 세트, 데이터 팀의 기술 수준, 업계 수직화 등의 차이로 인해 다양하다. 데이터 플랫폼의 현재 상태를 평가하기 위해 그림 1-3과 같이 '인사이트 시간' 스코어카드scorecard를 사용한다. 전체 여정 지도에서 가장 시간이 많이 걸리는 마일스톤을 찾는 것이 이 활동의 목표다.

그림 1-3 여정 지도상 개별 마일스톤 지표의 합계인 '인사이트 시간' 지표의 스코어카드

이 책에서 앞으로의 각 장은 스코어카드의 각 지표에 해당하며, 셀프서비스를 할 수 있게 하는 설계 패턴을 설명한다. 다음은 각 지표의 간략한 요약이다.

해석 시간time to interpret

데이터 세트의 메타데이터 세부 정보를 인사이트 개발에 사용하기 전에 해석하는 마일스톤에 연관된 지표. 데이터 세트에 대한 잘못된 가정은 잘못된 인사이트로 이어지곤 한다. 지표의 현재 가치는 기술 메타데이터, 운영 메타데이터, 팀 지식을 정의, 추출, 집계하는 프로세스에 따라 달라진다. 2장에서는 '해석 시간'을 최소화하고 셀프서비스화하기 위해 소스를 크롤링^{crawling}해 메타데이터를 추출하고, 파생 데이터 세트의 계보^{lineage}를 추적하고, 태그, 검증 규칙 등의 형태로 팀 지식을 집계하는 메타데이터 카탈로그 서비스의 구현 패턴을 다룬다.

탐색 시간^{time to find}

검색 관련 데이터 세트와 아티팩트의 마일스톤에 연관된 지표. 탐색 시간이 길어짐에 따라 기업 내 많은 팀은 '수레바퀴'를 다시 발명하는 선택을 한다. 데이터 파이프라인, 대시보드, 모델의 클론을 개발하다 보니 진실의 원천도 다양해진다. 메트릭의 기존 값은 데이터 세트와 아티팩트를 인덱싱, 순위 지정, 액세스 제어하는 기존 프로세스에 따라 다르다. 대부분의 기업에서 이러한 프로세스는 임시방편이거나 데이터 플랫폼 팀 수작업에 영향을 받는다. 3장에서는 탐색 시간을 최소화하고 셀프서비스화하기 위한 검색 서비스의 구현 패턴을 다룬다.

피처화 시간^{time to featurize}

ML 모델 학습에 필요한 기능 관리 마일스톤과 연관된 지표. 데이터 과학자는 ML 모델용 학습 데이터 세트를 만드는 데 전체 시간의 60%를 쓴다. 사용되는 지표의 값은 피처 연산 및 피처 제공 프로세스에 따라 달라진다. 4장에서는 피처화 시간을 최소화하고 셀프서비스화하기 위한 기능 저장소 서비스의 구현 패턴을 다룬다.

데이터 가용성 확보 시간^{time to data availability}

사일로 간에 데이터를 이동하는 마일스톤과 연관된 지표. 데이터 사용자는 전체 시간의 16%를 데이터 이동에 소비한다. 사용되는 지표 값은 이기종 데이터 소스에 연결하고, 데이터를 복사 및 검증하고, 데이터 소스에서 발생하는 스키마 또는 구성의 변경에 대응하는 프로세스에 따라 달라진다. 5장에서는 데이터 가용성 확보 시간을 최소화하고 셀프서비스화하기 위한 데이터 이동 서비스의 구현 패턴을 다룬다.

클릭 시간^{time to click}

클릭스트림 데이터 이벤트의 수집, 관리, 분석 마일스톤과 연관된 지표. 사용되는 지표 값은 계측 비콘 생성, 이벤트 집계, 필터링에 의한 보강, ID 연결 프로세스에 따라 달라진다. 6장은 클릭 시간을 최소화하고 셀프서비스화하기 위한 클릭스트림 서비스^{clickstream service}의 구현 패턴을 다룬다.

데이터 레이크 관리 시간^{time to data lake management}

중앙 저장소에서 데이터를 관리하는 마일스톤과 연관된 지표. 사용되는 지표 값은 원시 데이터 수명주기 작업 관리, 데이터 업데이트의 일관성 보장, 데이터 일괄 처리 및 스트리밍 관리 프로세스에 따라 달라진다. 7장에서는 데이터 레이크 관리 시간을 최소화하고 이를 셀프서비스화하기 위해 데이터 레이크 관리 서비스의 구현 패턴을 다룬다.

랭글링 시간^{time to wrangle}

데이터 구조화, 정리, 보강, 검증의 마일스톤과 연관된 지표. 사용되는 지표 값은 데이터 세트를 데이터 큐레이션^{data curation} 요구 사항에 맞춰 식별하는 프로세스, 규모에 맞게 데이터를 큐레이션하는 변환 구축 프로세스, 정확성을 위한 운영 모니터링 프로세스에 따라 달라진다. 8장에서는 랭글링 시간을 최소화하고 이를 셀프서비스화하기 위한 데이터 랭글링 서비스의 구현 패턴을 다룬다.

규정 준수 시간^{time to comply}

데이터 권한 규정 준수를 보장하는 마일스톤과 연관된 지표. 사용되는 지표 값은 애플리케이션 사일로를 넘나들며 고객 데이터를 추적하는 프로세스, 고객 데이터 권한 요청을 실행하는 프로세스, 고객이 동의한 데이터만 유스 케이스에서 사용하도록 하는 프로세스에 따라 달라진다. 9장에서는 규정 준수 시간을 최소화하고 이를 셀프서비스화 하기 위한 데이터 권한 거버넌스 서비스의 구현 패턴을 다룬다.

가상화 시간^{time to virtualize}

데이터 구축, 분석의 접근 방식을 선택하는 마일스톤과 연관된 지표. 사용되는 지표 값은 다중언어 데이터스토어에 상주하는 데이터 액세스를 위한 쿼리를 생성하는 프로세스, 데이터스토어 간의 데이터 조인 쿼리를 생성하는 프로세스, 그리고 프로덕션 규모에서 쿼리를 처리하는 프로세스에 따라 달라진다. 10장에서는 가상화 시간을 최소화하고 셀프서비스화 하기 위한 데이터 가상화 서비스의 구현 패턴을 다룬다.

변환 시간^{time to transform}

데이터 및 ML 파이프라인에서 변환 로직을 구현하는 마일스톤과 연관된 지표. 변환은 일괄 처리, 준실시간 또는 실시간으로 이뤄질 수 있다. 사용되는 지표 값은 변환 논리를 정의, 실행, 운영하는 프로세스에 따라 달라진다. 11장에서는 변환 시간을 최소화하고 셀프서비스화하기 위한 데이터 변환 서비스의 구현 패턴을 다룬다.

학습 시간^{time to train}

ML 모델 학습 마일스톤과 관련된 지표. 사용되는 지표 값은 학습 오케스트레이션^{training orchestration}, 모델 매개변수 조정, 새로운 데이터 샘플에 대한 지속적인 재학습 프로세스에 따라 달라진다. 12장에서는 학습 시간을 최소화하고 이를 셀프서비스화 하기 위한 모델 학습 서비스의 구현 패턴을 다룬다.

통합 시간^{time to integrate}

ML 파이프라인의 코드, 데이터, 설정의 변경을 통합하는 마일스톤과 연관된 지표. 사용되는 지표 값은 ML 파이프라인의 이터레이션^{iteration} 추적 프로세스, 재생산 가능한 패키지 작성 프로세스, 정확성을 위한 파이프라인 변경 검증 프로세스에 따라 달라진다. 13장에서는 통합 시간을 최소화하고 이를 셀프서비스화하기 위해 ML 파이프라인의 지속적인 통합 서비스 구현 패턴을 다룬다.

A/B 테스트 시간^{time to A/B test}

A/B 테스트의 마일스톤과 연관된 지표. 사용되는 지표 값은 온라인 실험 설계 프로

세스, 규모에 따른 실행(지표 분석 포함) 프로세스, 지속적으로 실험을 최적화하는 프로세스에 따라 달라진다. 14장에서는 A/B 테스트 시간을 최소화하고 셀프서비스화하기 위해 데이터 플랫폼의 일부로서 A/B 테스트 서비스 구현 패턴을 다룬다.

최적화 시간time to optimize

쿼리 및 빅데이터 프로그램을 최적화하는 마일스톤과 연관된 지표. 사용되는 지표 값은 모니터링 통계 집계 프로세스, 모니터링 데이터 분석 프로세스, 분석에 기반한 시정 조치 실행 프로세스에 따라 달라진다. 15장에서는 최적화 시간을 최소화하고 셀프서비스화하기 위한 쿼리 최적화 서비스 구현 패턴을 다룬다.

오케스트레이션 시간time to orchestrate

프로덕션의 파이프라인 조정 마일스톤과 연관된 지표. 사용되는 지표 값은 작업 의존성 설계 프로세스, 가용한 하드웨어 리소스 내에서 효율적으로 실행하는 프로세스, 특히 SLA에 바인딩된 프로덕션 파이프라인에 대해 품질과 가용성을 모니터링하는 프로세스에 따라 달라진다. 16장에서는 오케스트레이션 시간을 최소화하고 셀프서비스화하기 위한 파이프라인 조정 서비스의 구현 패턴을 다룬다.

배포 시간time to deploy

프로덕션에 인사이트를 배포하는 마일스톤과 연관된 지표. 사용되는 지표 값은 모델 엔드포인트의 형태로 이용 가능한 인사이트를 패키징하고 확장하는 프로세스에 따라 달라지며, 모델 변동 추이를 모니터링한다. 17장에서는 배포 시간을 최소화하고 셀프서비스화하기 위한 모델 배포 서비스의 구현 패턴을 다룬다.

인사이트 품질 확보 시간time to insight quality

생성된 인사이트의 정확성을 보장하는 마일스톤과 연관된 지표. 사용되는 지표 값은 데이터의 정확성을 검증하고, 이상 징후 확인을 위해 데이터 속성을 프로파일링하고, 저품질 데이터 레코드가 데이터 레이크를 오염시키지 않도록 선제적으로 예방하는 프로세스에 따라 달라진다. 18장에서는 인사이트 품질 확보 시간을 최소화하고 셀프서비스화하기 위한 품질 모니터링 서비스의 구현 패턴을 다룬다.

비용 최적화 시간^{time to optimize cost}

비용을 최소화하는 마일스톤과 연관된 지표. 특히 클라우드 환경에서의 비용 최소화와 연관돼 있다. 사용되는 지표 값은 비용 효율이 좋은 클라우드 서비스를 선택하고, 서비스를 구성 및 운영하고, 지속적으로 비용 최적화를 적용하는 프로세스에 따라 달라진다. 19장에서는 비용 최적화 시간을 최소화하고 셀프서비스화하기 위한 비용 관리 서비스의 구현 패턴을 다룬다.

이 분석의 최종 결과는 데이터 플랫폼의 현재 상태에 해당하는 스코어카드를 채우는 것이다(그림 1-4와 유사). 각 지표는 지표와 관련된 작업을 언제 완료할 수 있는지에 따라 시간, 일, 주 단위로 색상을 이용해 구분된다. 몇 주 단위의 지표는 보통 수동 비표준 스크립트를 사용하거나 데이터 사용자와 데이터 플랫폼 팀들 간의 조정이 필요한 프로그램 또는 작업을 사용해 임시 방식으로 실행 중인 작업을 나타낸다. 이 지표들은 기업이 데이터 사용자를 위해 어떤 작업의 셀프서비스화에 투자하는 것이 좋을지를 보여준다.

각 스코어카드 지표와 관련된 복잡성은 기업마다 다를 것이다. 예를 들어 적은 데이터 세트와 데이터 팀 구성원이 있는 스타트업의 경우에는 임시 프로세스를 사용하더라도 팀 지식에만 의존해서 탐색 시간과 해석 시간을 몇 시간 내로 끝낼 수 있다. 그 대신에, 이용 가능한 데이터의 품질이 낮다 보니 데이터 랭글링이나 인사이트 품질 추적에 대부분의 시간을 소요할 것이다. 더욱이 데이터 플랫폼의 각 서비스에 대한 기업의 요구 사항은 다양하다. 예를 들어 온라인으로 지속적 학습을 하지 않고 분기당 1회만 오프라인으로 학습된 ML 모델을 배치하는 기업은 몇 주가 걸리더라도 학습 시간 지표를 단축하는 데 우선순위를 두지 않을 것이다.

그림 1-4 기업의 데이터 플랫폼의 현재 상태를 보여주는 스코어카드의 예시

나의 셀프서비스 데이터 로드맵 구축

셀프서비스 데이터 로드맵을 개발하는 첫 번째 단계는 이전 절에서 설명한 대로 데이터 플랫폼의 현재 상태에 대한 스코어카드를 정의하는 것이다. 스코어카드를 사용하면, 현재 원시 데이터에서 인사이트로의 이동 속도가 저하되고 있는 지표를 간단히 나열해서 볼 수 있다. 스코어카드 각 지표의 셀프서비스 수준은 다를 수 있으며, 인사이트 시간 전반을 느려지게 하는 요소를 찾아 로드맵상의 자동화 우선순위를 매길 수 있다.

앞서 언급한 바와 같이, 각 장에서는 해당 지표를 셀프서비스로 만들기 위한 설계 패턴을 다룬다. 셀프서비스에는 여러 단계가 있는데, 이는 자율주행 차량처럼 사람이 주행에 얼마나 개입하는지에 따라 단계가 나뉘는 것과 비슷하다(그림 1-5 참조). 예를 들어, 2단계 자율주행 자동차는 운전자의 감독하에 가속, 조향하고 브레이크를 작동시키는 반면, 5단계에서는 완전 자동화가 돼 사람이 감시할 필요가 없다.

그림 1-5 자율주행 차량의 자동화 단계(DZone(https://oreil.ly/j6e6P))

기업은 우선순위에 따라 나열된 각 지표의 자동화 단계 개선을 위해 체계적으로 로드맵 계획을 세워야 한다. 각 장의 설계 패턴은 매슬로우^{Maslow}의 욕구 계층 구조와 비슷하다 (https://oreil.ly/74Rab). 피라미드의 맨 아래 단계는 구현해야 할 시작 패턴을 나타내며, 그 위에 두 단계가 더 있다. 각 장의 전체 피라미드는 그림 1-6과 같이 셀프서비스를 나타낸다.

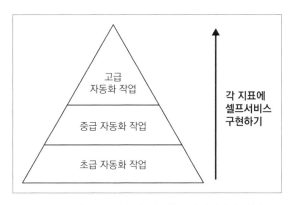

그림 1-6 매슬로우의 작업 자동화 계층은 각 장에서 설명한다.

요약하면, 이 책은 여러 기업에서 셀프서비스 데이터 플랫폼을 구현한 경험을 바탕으로 한다. 독자들이 이 책에서 최대의 가치를 얻으려면 셀프서비스 로드맵을 실행하는 데 다음의 방법을 적용할 것을 권장한다.

1. 현재 스코어카드를 정의하는 것부터 시작하라.

2. 데이터 사용자에 대한 설문 조사를 기반으로 여정 지도를 가장 많이 늦추는 두세 가지 지표를 식별하고 현재 작업이 구현되는 방식에 대한 기술적 분석을 수행하라. 지표의 중요도는 현재 프로세스, 데이터 사용자 기술, 기술 구성 요소, 데이터 속성, 유스 케이스 요구 사항에 따라 기업마다 다르다는 것을 인식하라.

3. 각 지표는 매슬로우의 구현 패턴 계층부터 시작하라. 각 장은 하나의 지표에 대한 자동화 단계가 증가하는 패턴을 다룬다. 이 책에서는 빠르게 진화하는 빅데이터 환경에서 금방 구식이 될 특정 기술을 추천하는 대신 구현 패턴에 초점을 맞추고 있으며, 온프레미스뿐 아니라 클라우드에서 사용 가능한 기존 기술의 예를 제공한다.

4. 각 분기마다 지표 우선순위에 전념하고 셀프서비스화에 집중하면서 단계별 기기, 걷기, 달리기 전략을 따르라.

마지막으로, 이 책은 데이터 사용자와 데이터 플랫폼 엔지니어의 관점을 모두 통합하려고 한다. 요구 사항에 대한 공통의 이해를 만드는 것은 가용 시간과 자원을 고려해 실현 가능한 것이 교차되는 실용적인 로드맵을 개발하는 데 매우 중요하다.

그럼 시작해보자!

1부

셀프서비스 데이터 발견

2장
메타데이터 카탈로그 서비스

데이터 사용자가 수익 대시보드를 개발하려 한다고 가정해보자. 그는 동료 데이터 분석가 및 데이터 과학자들과 상의해 고객 청구 기록과 관련된 세부 정보가 포함된 데이터 세트를 발견한다. 이러한 데이터 세트 내에서 '청구율'이라는 속성을 발견하게 된다. 이 속성의 의미는 무엇인가? 진실의 근원인가, 아니면 다른 데이터 세트에서 파생된 것인가? 다른 질문들도 나온다. 데이터의 스키마는 어떤가? 누가 관리하나? 어떻게 변형됐는가? 데이터 품질의 신뢰도는? 마지막 업데이트는? 등이다. 비즈니스 문제 해결을 위한 오늘날의 중대한 도전 과제는 기업 내 데이터의 부족이 아니라 데이터의 사용이다. 대시보드 및 ML 모델의 형태로 인사이트를 구축하려면 데이터 속성(메타데이터라고 함)을 명확하게 이해해야 하기 때문이다. 이해 가능한 메타데이터가 없을 경우 데이터의 의미와 품질에 대해 부정확한 가정을 할 수 있고 이는 잘못된 인사이트로 이어진다.

신뢰할 수 있는 메타데이터를 얻기란 데이터 사용자에게 골칫거리다. 빅데이터 시대 이전에는 데이터를 중앙 웨어하우스에 추가하기 전에 먼저 분류했다. 스키마, 계보, 소유자, 비즈니스 분류법 등을 포함한 메타데이터 세부 정보를 먼저 카탈로그화했다. 이를 쓰기 스키마^{schema-on-write}라고 한다(그림 2-1의 예시 참조). 오늘날 데이터 레이크의 접근 방식에서는 먼저 데이터를 집계한 뒤 데이터 사용 시에 데이터 세부 정보를 추론한다. 이를 읽기 스키마^{schema-on-read}라고 한다(그림 2-2의 예시 참조). 따라서 데이터 사용자가 사용할 수 있는 정규화된 메타데이터 카탈로그가 없다. 추가로 복잡한 부분은 주어진 데이터 세트에 대한 메타데이터의 사일로 속성이다. 예로 MySQL 트랜잭션 데이터베이스에 있는 세일즈 데이터 세트를 생각해보자. 데이터 레이크에서 이 데이터를 얻기 위해 Spark로 ETL 작업을 작성하고 Airflow로 스케줄링한다. 변환된 데이터는 TensorFlow ML 모델에서 사용된다. 각 프레임워크는 엔드투엔드^{end-to-end} 메타데이터에 대한 부분적인 뷰를 자체적으로 가진다. 데이터 지속성, 스케줄링, 쿼리 처리, 데이터베이스 제공, ML 프레임워크 등의 다양한 기술로 인해 엔드투엔드 메타데이터의 단일화되고 정규화된 표현이 없기 때문에 데이터 사용은 더욱 어려워진다.

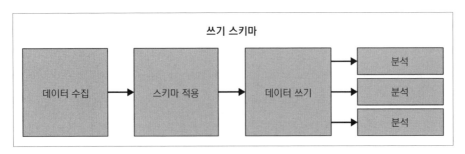

그림 2-1 전통적인 쓰기 스키마 방식에서는 데이터 웨어하우스에 기록하기 전에 먼저 데이터 스키마와 메타데이터를 카탈로그화한다.

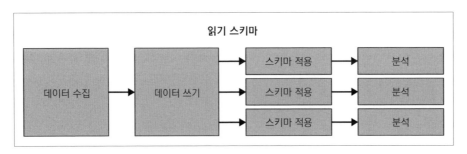

그림 2-2 현대의 빅데이터 방식에서는 먼저 데이터를 데이터 레이크에 모으고 데이터를 읽을 때 데이터 스키마와 메타데이터 속성을 정의한다.

이상적인 것은 데이터 사용자가 여러 시스템과 사일로에 걸쳐 엔드투엔드 메타데이터 계층을 제공하는 메타데이터 카탈로그 서비스를 보유하는 것이다. 이 서비스는 단일 데이터 웨어하우스의 추상화를 생성하며 진실의 유일한 출처다. 추가로 이 카탈로그는 사용자가 팀 지식과 비즈니스 문맥을 통해 메타데이터를 보강할 수 있도록 해야 한다. 또한 메타데이터 카탈로그는 다양한 연산 엔진이 다양한 데이터 세트에 접근하는 데 사용할 수 있는 중앙 집중형 서비스의 역할을 한다. 이 서비스의 성공 기준은 '해석 시간'을 줄이는 것이다. 이를 통해 적절한 데이터 세트를 신속하게 식별할 수 있을 뿐 아니라 가용성과 품질에 대한 잘못된 가정으로 인한 불필요한 반복을 제거해 전반적인 '인사이트 시간'을 단축할 수 있다.

여정 지도

데이터 세트 해석의 필요성은 데이터 과학자의 탐험을 위한 출발점이다. 다음은 메타데이터 카탈로그 서비스로 가는 여정 지도의 주요 일일 시나리오다.

데이터 세트 이해하기

데이터 과학자는 새로운 모델을 구축하거나 새로운 측정 기준을 수립하거나 임시 분석을 수행하는 첫 번째 단계로 데이터의 출처, 사용 방법, 지속 방법 등에 대한 세부 정보를 이해해야 한다. 데이터 세부 정보를 이해함으로써 정확한 데이터 세트의 리스트를 추리고 정보에 입각한 의사 결정을 내릴 수 있다. 데이터를 이해하려면 고려할 측면들이 있다.

- 데이터는 논리적으로 무엇을 나타내는가? 속성의 의미는 무엇인가? 그 데이터의 진실의 원천은 무엇인가?
- 누구 및(또는) 어느 팀이 소유자인가? 일반 사용자는 누구인가?
- 데이터를 액세스하는 데 어떤 쿼리 엔진이 사용되는가? 데이터 세트는 버저닝 versioning됐는가?
- 데이터는 어디에 위치하는가? 어디에 복제됐고 어떤 형식인가?
- 데이터가 물리적으로 어떻게 표현되고 있으며 액세스할 수 있는가?
- 마지막으로 업데이트된 것은 언제인가? 데이터가 계층화됐는가? 이전 버전은

어디에 있는가? 이 데이터를 신뢰할 수 있는가?

- 전체 또는 개별 열에 대해 공통적으로 비슷하거나 동일한 콘텐츠를 가진 유사한 데이터 세트가 있는가?

메타데이터 카탈로그는 이러한 질문에 대한 단일 진실 공급원$^{SSOT, Single Source Of Truth}$이 된다.

모델이나 대시보드가 배포되면 이와 관련된 데이터 세트의 이슈들이 인사이트의 정확성과 가용성에 영향을 줄 수 있어 적극적인 모니터링이 필요하다. 메타데이터 카탈로그는 데이터 세트의 운영 상태도 저장하며, 이는 데이터 세트 스키마의 변경 사항이나 다른 팀에서 이미 경험한 버그의 영향 분석에 사용된다. 이 정보를 통해 데이터 파이프라인의 파손을 신속하게 디버깅하고, 데이터 가용성 지연에 대한 SLA 위반을 경고하거나 데이터 품질 이슈 및 구축 이후의 운영 문제를 신속하게 해결할 수 있다.

데이터 세트 분석하기

데이터 세트를 분석하는 데 사용할 수 있는 쿼리 엔진은 다양하다. 데이터 과학자는 데이터 세트 속성과 쿼리 유형을 기반으로 작업에 적합한 도구를 사용하며, 하나의 데이터 세트를 Pig, Spark, Presto, Hive 등 여러 쿼리 엔진에서 번갈아가며 사용할 수 있다. 예를 들어 Hive에서 데이터를 읽는 Pig 스크립트는 Pig 타입으로 Hive 컬럼 타입을 읽어야 한다. 마찬가지로 처리 중에도 데이터스토어 간 데이터 이동이 필요할 수 있다. 처리 중에 목적지 데이터스토어의 테이블은 목적지 테이블 데이터 유형을 사용한다. 다양한 쿼리 처리 프레임워크를 사용하려면 표준 데이터 유형을 각 데이터스토어 및 쿼리 엔진 유형에 매핑해야 한다.

지식 확장하기

데이터 과학자는 프로젝트를 위해 서로 다른 데이터 세트로 작업하면서 비즈니스 어휘,

데이터 품질 등에 대한 추가 세부 정보를 발견한다. 이러한 학습을 팀 지식이라고 한다. 데이터 세트에 대한 메타데이터 카탈로그의 세부 정보를 보강해 데이터 사용자 간에 팀 지식을 적극적으로 공유하는 것이 목표다.

해석 시간 최소화

해석 시간은 데이터 과학자가 인사이트를 구축하기 전에 데이터 세트의 세부 정보를 이해하는 데 걸리는 시간을 말한다. 이것이 여정 지도의 첫 단계임을 감안할 때, 해석 시간이 길수록 전체 인사이트 시간에 영향을 미치게 된다. 또한 데이터 세트에 대한 잘못된 가정은 인사이트를 발전시켜 나가는 중에 불필요한 반복 작업으로 이어질 수 있고, 인사이트의 전반적인 품질을 제한할 수 있다. 데이터 세트의 세부 정보는 기술, 운영, 팀이라는 세 가지 메타데이터 버킷으로 나뉜다(그림 2-3 참조).

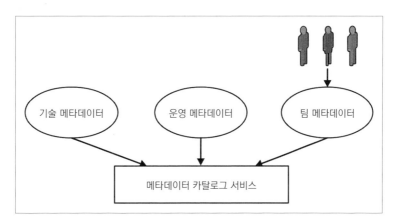

그림 2-3 메타데이터 카탈로그 서비스에 저장된 서로 다른 카테고리의 정보

기술 메타데이터 추출하기

기술 메타데이터는 데이터 세트의 논리적, 물리적 메타데이터 세부 정보로 구성된다. 물리적 메타데이터는 생성 및 수정 타임스탬프, 물리적 위치 및 형식, 스토리지 계층, 보존

세부 정보와 같은 물리적 레이아웃과 지속성에 관련된 세부 정보를 포함한다. 논리적 메타데이터에는 데이터 세트 스키마, 데이터 원본 세부 정보, 데이터 세트를 생성하는 프로세스, 데이터 세트의 소유자 및 사용자가 포함된다.

기술 메타데이터는 여러 소스 간 연관 관계를 고려하지 않고 각각의 데이터 소스를 크롤링해서 추출한다. 이 메타데이터를 수집하는 데는 세 가지 주요 과제가 있다.

형식 차이

각 데이터 플랫폼은 메타데이터를 다르게 저장한다. 예를 들어 Hadoop 분산형 파일 시스템HDFS, Hadoop Distributed File System 메타데이터는 파일 및 디렉터리 단위로 저장되는 데 반해, Kafka 메타데이터는 주제별로 저장된다. 모든 플랫폼에 적합한 단일화되고 정규화된 메타데이터 모델을 생성하는 것은 쉽지 않다. 일반적인 전략은 최소공통 분모를 적용하는 것인데, 이는 추상화에 빈틈을 야기할 것이다. 데이터 세트는 다양한 데이터 형식으로 다양한 저장소에 존재한다. 메타데이터를 추출하려면 서로 다른 시스템을 연결하고 추출하는 서로 다른 드라이버가 필요하다.

스키마 유추

스키마를 유추하려면 자체 설명이 없는 데이터 세트가 필요하다. 데이터 세트에 대한 스키마는 추출하기 어렵고, 반정형 데이터 세트는 구조를 유추하기가 어렵다. 데이터 소스에 접근하고 DDL[1]을 생성할 수 있는 통상적인 방법은 없다.

변경 추적

메타데이터는 지속적으로 변화한다. 데이터 세트는 변화가 많고 수가 계속 증가하기 때문에 메타데이터를 최신화하는 것이 도전 과제다.

---

1 데이터 정의 언어(Data Definition Language) - 옮긴이

운영 메타데이터 추출하기

운영 메타데이터는 다음 두 가지 주요 버킷으로 구성된다.

계보^{lineage}

데이터 세트가 어떻게 생성됐는지와 다른 데이터 세트에 대한 종속성을 추적한다. 특정 데이터 세트의 계보는 모든 종속 입력 테이블, 파생 테이블, 출력 모델 및 대시보드를 포함한다. 여기에는 최종 출력 도출을 위해 변환 로직을 구현하는 작업이 포함된다. 예를 들어 작업 J가 데이터 세트 $D1$을 읽고 데이터 세트 $D2$를 생성하는 경우, $D1$의 계보 메타데이터는 $D2$를 다운스트림 데이터 세트 중 하나로 포함한다. 그 반대의 경우도 마찬가지다.

데이터 프로파일링 통계

가용성 및 품질 통계를 추적한다. 데이터 세트의 열 수준 및 설정 수준 특성을 포착한다. 또한 완료 시간, 처리된 데이터, 파이프라인과 관련된 오류를 포착하는 실행 통계도 포함한다.

운영 메타데이터는 데이터 소스에 연결해 생성하는 것이 아니라 여러 시스템에 걸친 메타데이터 상태를 짜맞춰 생성한다. 예를 들어 넷플릭스^{Netflix}의 데이터 웨어하우스는 아마존^{Amazon} S3(Hive를 통함), Druid, Elasticsearch, Redshift, Snowflake, MySQL에 저장된 수많은 데이터 세트로 구성된다. Spark, Presto, Pig, Hive와 같은 쿼리 엔진은 데이터 세트를 소비, 처리, 생성하는 데 사용된다.

서로 다른 다양한 유형의 데이터베이스, 스케줄러, 쿼리 엔진, BI(비즈니스 인텔리전스) 툴로 인해 서로 다른 처리 프레임워크, 데이터 플랫폼, 스케줄링 시스템에 걸친 전반적인 데이터 흐름과 계보를 이해하는 것은 어려운 과제다. 처리 프레임워크의 다양성을 고려하면서 세부 사항을 짜맞춰 연결하는 것이 이 과제에 해당한다. 특히 UDF, 외부 매개변수 등의 경우에는 코드로부터 계보를 유추하는 것이 쉽지 않기 때문이다.

완전한 계보를 얻는 것 또한 복잡한 부분이다. 로그의 데이터 액세스 이벤트 수는 매우 많을 수 있는데, 이는 이행적 폐쇄^{transitive closure}의 크기 또한 마찬가지다. 일반적으로 실제 이행적 폐쇄를 계산하지 않고 로그에서 데이터 액세스 이벤트의 샘플만을 처리하고 몇 번의 다운스트림 및 업스트림 관계만 구체화하는 것에는 계보의 완전한 연계와 효율성의 트레이드오프가 있다.

팀 지식 수집하기

팀 지식은 메타데이터의 중요한 측면이다. 데이터 과학 팀이 성장할수록 다른 팀이 활용할 수 있도록 이러한 세부 정보를 유지하는 것이 중요하다. 팀 지식에는 네 가지 범주가 있다.

- 주석, 문서, 속성 설명 형식의 사용자 정의 메타데이터. 이 정보는 커뮤니티 참여 및 협업으로 작성된다. 대화를 장려하고 주인의식을 북돋움으로써 자발적으로 유지되는 문서 저장소를 만들 수 있다.
- 비즈니스 직관적 계층 구조^{business-intuitive hierarchy}에서 데이터 개체 및 메트릭을 연결하고 구성하기 위한 비즈니스 분류법 또는 어휘. 테스트 계정, 전략적 계정 등의 데이터 세트와 연관된 비즈니스 규칙도 포함된다.
- 규정 준수, 개인 식별 가능 정보^{PII, Personally identifiable information} 데이터 필드, 데이터 암호화 요구 사항 등과 같은 측면의 데이터 세트 상태
- 가장 인기 있는 테이블, 쿼리, 기타 형태의 ML 증강 메타데이터^{ML-augmented metadata}. 소스 코드 검사 및 첨부 코멘트 추출도 포함된다. 이 코멘트들은 때로 고품질이며 어휘 분석으로 스키마의 의미^{semantics}를 포착하는 짧은 구문을 제공할 수도 있다.

팀 지식 메타데이터와 관련된 세 가지 주요 도전 과제는 다음과 같다.

- 데이터 사용자가 팀 지식을 쉽고 직관적으로 공유하는 것은 어렵다.
- 메타데이터는 자유 형식이지만 정확성을 보장하기 위해 검증돼야 한다.

- 정보의 품질이 모순되는 경우 특히 검증하기 어렵다.

요구 사항 정의

메타데이터 카탈로그 서비스는 메타데이터 원스톱 서비스다. 이 서비스는 사후 관리 방식이다. 즉, 데이터 세트 소유자 또는 사용자를 방해하지 않고 다양한 파이프라인에 의해 데이터 세트가 생성되거나 업데이트된 후에 메타데이터를 수집한다. 이 서비스는 데이터 세트 및 데이터 세트 사용에 대한 메타데이터를 수집하기 위해 백그라운드에서 작동한다. 사후 관리 방식은 데이터 세트의 초기 관리가 필요한 기존의 기업 데이터 관리[EDM, Enterprise Data Management] 방식과 대조된다.

이 서비스에는 두 가지 인터페이스가 있다.

- 탐색, 검색, 계보 시각화, 주석, 토론, 커뮤니티 참여를 가능하게 하는 웹 포털
- 다양한 데이터스토어의 메타데이터에 액세스할 수 있는 통일된 REST 인터페이스를 제공하는 API 엔드포인트

카탈로그 서비스를 구축하는 데는 세 가지 주요 모듈이 필요하다.

기술 메타데이터 추출기

데이터 소스에 연결하고 데이터 세트와 관련된 기본 메타데이터를 추출한다.

운영 메타데이터 추출기

데이터 변환 중의 시스템 간 메타데이터를 연결해 엔드투엔드 뷰를 만든다.

팀 지식 취합기

데이터 세트와 관련된 정보에 주석을 달 수 있게 해서 데이터 팀 간 지식을 확장할 수 있다.

기술 메타데이터 추출기 요구 사항

요구 사항의 첫 번째 측면은 기술 메타데이터를 추출하는 데 필요한 기술 목록을 이해하는 것이다. 메타데이터를 추출할 수 있는 적절한 지원을 제공하는 것을 보장하고 데이터 모델을 정확히 표시하는 것을 목표로 한다. 관련 시스템 목록은 스케줄러(Airflow, Oozie, Azkaban 등), 쿼리 엔진(Hive, Spark, Flink 등), 관계형 및 NoSQL 데이터스토어(Cassandra, Druid, MySQL 등)와 같은 범주로 나눌 수 있다(그림 2-4 참조).

또 다른 측면은 메타데이터의 버전 지원이다. 다시 말해, 최신 버전과 비교해 메타데이터의 버전을 추적하는 것이다. 특정 열에 대한 메타데이터 변경 사항 추적 또는 시간 경과에 따른 테이블 크기의 변화 추이 추적 등이 있다. 감사와 디버깅을 위해 과거 특정 시점의 메타데이터 형태를 확인할 수 있는지가 중요하며, 재처리 및 롤백 유스 케이스에도 유용하다. 이러한 요구 사항의 일부로, 스냅샷 기록에 쿼리하고 API에 접근하기 위해 유지가 필요한 기록의 양을 이해하는 것이 중요하다.

그림 2-4 수집이 필요한 기술 메타데이터의 서로 다른 소스

운영 메타데이터 요구 사항

처리 작업의 계보를 추출하기 위해서는 쿼리를 구문 분석해 소스 및 대상 테이블을 추출한다. 요구 사항 분석에는 모든 데이터스토어와 쿼리 엔진(스트리밍과 일괄 처리 모두)에 걸쳐 UDF$^{User Defined Function}$(사용자 정의 함수)를 포함한 쿼리 유형의 인벤토리^{inventory}를 가져오는 것이 포함된다. 이러한 쿼리를 지원하는 적절한 쿼리 구문 분석기를 찾는 것이 목표다.

이들 요구 사항의 또 다른 측면은 모니터링, SLA 경고, 이상 징후 추적의 필요성과 같은 데이터 프로파일링 통계와 관련이 있다. 특히 다음 항목들에 대한 지원이 필요한지를 명확히 할 필요가 있다. a) 데이터 세트의 가용성 경고, b) 데이터 품질의 지표로서의 메타데이터에 대한 이상 징후 추적, c) 파이프라인 실행에 대한 SLA 경고

팀 지식 취합기 요구 사항

이 모듈의 경우 다음의 요구 사항 측면들을 이해해야 한다.

- 비즈니스 어휘의 필요성 여부
- 팀 지식에 추가할 수 있는 사용자 유형 제한의 필요성. 즉, 팀 지식 추가에 필요한 접근 제어 및 승인 프로세스 제한
- 메타데이터에 대한 검증 규칙 또는 검증 확인의 필요성
- 계보를 사용해 팀 지식을 전파해야 할 필요성(예를 들어 테이블 열에 세부 정보가 주석으로 달린 경우, 해당 열에서 파생된 것도 주석 처리됨)

구현 패턴

메타데이터 카탈로그 서비스에는 기존 작업 지도에 해당하는 세 가지 수준의 자동화가 있다(그림 2-5 참조). 각 수준은 현재 수동으로 진행되는 비효율적인 작업 조합의 자동화 수준에 대응한다.

소스 특화 커넥터 패턴

서로 다른 데이터 소스에 연결하고 데이터와 연결된 메타데이터 정보를 추출하는 작업을 간소화한다.

계보 상관 패턴

소스 테이블과 대상 테이블을 상관시키는 변환 계보를 추출하는 작업을 자동화한다.

팀 지식 패턴

비즈니스 문맥 수집과 데이터 사용자 간의 지식 공유를 단순화한다.

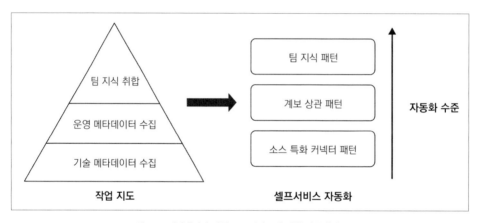

그림 2-5 메타데이터 카탈로그 서비스에 대한 자동화 수준

메타데이터 카탈로그 서비스는 점점 더 데이터 플랫폼의 일부로 구현되고 있다. 구현에 널리 사용되는 오픈소스는 금융산업규제당국^{FINRA}의 Herd(https://oreil.ly/YRXV0), 우버의 Databook(https://oreil.ly/VFXXO), 링크드인^{Linkedin}의 WhereHows(https://oreil.ly/MaSie)와 Data Hub(https://oreil.ly/oDsZg), 넷플릭스의 Metacat(https://oreil.ly/js2JN), 아파치^{Apache}의 Atlas 프로젝트(https://oreil.ly/Ge-1D), AWS Glue(https://oreil.ly/XbSXS) 같은 클라우드 서비스가 있다.

소스 특화 커넥터 패턴

소스 특화 커넥터 패턴은 기술 메타데이터 집계를 위해 소스에서 메타데이터를 추출한다. 데이터 세트는 URN^Uniform Resource Name 기반 이름을 사용해 식별된다. 이 패턴에는 두 가지 구성 요소^building block가 있다.

커스텀 추출기

소스 특화 커넥터는 메타데이터를 연결하고 지속적으로 가져오는 데 사용된다. 커스텀 추출기를 RDBMS, Hive, 깃허브 등의 데이터스토어에 연결하기 위해 자격 증명을 인증하려면 적절한 액세스 권한이 필요하다. 정형 데이터 세트와 반정형 데이터 세트의 추출 작업에는 데이터의 논리적 구조와 의미론^semantics을 설명하는 스키마를 이해하는 것이 포함된다. 추출기가 소스에 연결되면 데이터 세트의 형식, 스키마, 관련 속성을 결정하는 분류자^classifier를 구현해 세부 정보를 수집한다.

연합 지속성^federated persistence

메타데이터 세부 정보는 정규화된 방식으로 유지된다. 각 시스템은 여전히 스키마 메타데이터의 진실의 원천이므로 메타데이터 카탈로그는 각 시스템을 그 스토리지 내에 구체화하지 않는다. 메타데이터 카탈로그는 데이터 세트에 대한 비즈니스 및 사용자 정의 메타데이터만 직접 저장한다. 또한 사용자 검색을 위해 데이터 세트에 대한 모든 정보를 검색 서비스에 게시한다.

소스 특화 커넥터 패턴의 예는 링크드인의 WhereHows이다. 소스 특화 커넥터는 소스 시스템에서 메타데이터를 수집하는 데 사용된다. 예를 들어, Hadoop 데이터 세트의 경우 스크레이퍼^scraper 작업이 HDFS의 폴더 및 파일을 검색하고 메타데이터를 읽고 집계한 다음 다시 저장한다. Azkaban과 Oozie 같은 스케줄러의 경우, 커넥터는 백엔드 저장소를 사용해 메타데이터를 가져오고 집계해 표준화된 형식으로 변환한 후 WhereHows 저장소에 로드한다. 유사한 커넥터가 Kafka와 Samza에 사용된다. 그림 2-6은 또 다른 예로 넷플릭스의 Metacat 카탈로그 서비스에 구현된 패턴을 보여준다.

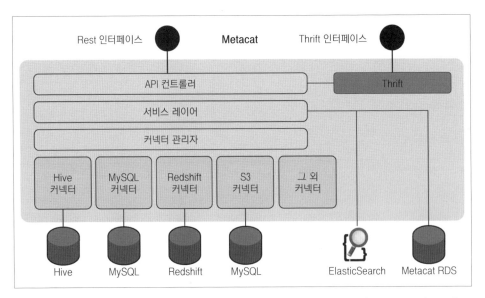

그림 2-6 넷플릭스 Metacat에 구현된 소스 특화 커넥터 패턴(출처: 넷플릭스 테크 블로그(https://oreil.ly/Kov-O))

소스 특화 커넥터 패턴의 강점:

- 여러 시스템에 걸쳐 메타데이터를 남김없이 집계해 단일 웨어하우스를 추상화한다.
- 소스 특화 메타데이터를 공통 형식으로 표준화한다.

소스 특화 커넥터 패턴의 약점:

- 새로운 어댑터adapter를 지속적으로 따라잡는 것이 어렵다.
- 소스에 연결하고 추출하는 사후 접근 방식은 수백만 개의 데이터 세트와 같은 극단적인 규모에서는 작동하지 않는다.

계보 상관 패턴

계보 상관 패턴lineage correlation pattern은 데이터 및 작업에 걸친 운영 메타데이터를 연결해 실행 통계와 결합한다. 이 패턴은 작업 실행 레코드를 계보와 결합함으로써 데이터 신선도, 서비스 수준 협약^{SLA, Service Level Agreement}, 영향을 받는 특정 테이블의 다운스트림 작업, 사용량에 따른 파이프라인 내의 테이블 순위 등에 관한 질문에 답변할 수 있다.

이 패턴에는 다음 세 가지 구성 요소가 포함된다.

쿼리 구문 분석

데이터 계보 추적은 임시 또는 예약된 ETL로 실행되는 쿼리를 분석해 완수한다. 쿼리는 작업 스케줄러, 데이터스토어 로그, 스트리밍 로그, 깃허브 저장소 등에서 수집된다. 쿼리 구문 분석의 산출물은 입력 및 출력 테이블의 목록, 즉 쿼리에 의해 읽고 쓰는 테이블 목록이다. 쿼리 구문 분석은 일회성 활동은 아니며 쿼리 변경 내용을 기반으로 지속적으로 업데이트해야 한다. 쿼리는 Spark, Pig, Hive 등에서 다양한 언어로 작성할 수 있다.

파이프라인 상관관계

데이터 또는 ML 파이프라인은 다수의 데이터 변환 작업으로 구성된다. 각 작업은 하나 이상의 스크립트로 구성되며, 각 스크립트는 하나 이상의 쿼리 또는 실행 단계를 가질 수 있다(그림 2-7 참조). 파이프라인 계보 뷰는 각 쿼리와 연결된 입력 및 출력 테이블을 조인해 구성한다. 이 정보는 수집 프레임워크, 스케줄러, 데이터스토어, 쿼리 엔진에서 가져온 시스템 특화 로그에서 추출한다.

실행 통계를 통한 계보 보강

계보 뷰의 각 테이블 및 작업에 완료 시간, 처리된 데이터의 카디널리티^{cardinality}, 실행 오류, 테이블 액세스 빈도, 테이블 수 등을 포함한 실행 통계를 추가한다. 이를 통해 테이블과 작업의 이상 징후를 전체 파이프라인 실행과 연관시킬 수 있다.

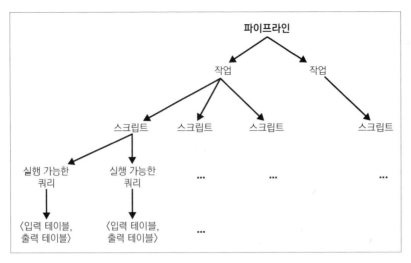

그림 2-7 데이터 또는 ML 파이프라인 내에서 데이터 변환 작업의 계보를 생성하기

이 패턴의 한 예로 아파치 Atlas가 있다. 아파치 Atlas는 Sqoop, Hive, Kafka, Storm 등 여러 Hadoop 에코시스템 구성 요소에 걸쳐 계보를 추출한다. Atlas는 Hadoop job ID 가 주어지면 job history 노드에서 job conf 쿼리를 수집한다. 쿼리는 소스 및 대상 테이블을 생성하기 위해 구문 분석이 된다. Sqoop 작업에도 비슷한 접근법이 적용돼 있다. Atlas는 테이블 수준 계보 외에도 다음과 같은 유형의 종속성을 추적해 열 수준 계보를 지원한다.

단순 종속성

출력 열의 값이 입력 열과 동일하다.

표현 종속성

출력 열은 런타임 시 입력 열의 일부 표현식(예: Hive SQL 표현식)에 의해 변환된다.

스크립트 종속성

출력 열은 사용자가 제공한 스크립트에 의해 변환된다.

이 패턴의 강점은 종속성을 재구성하는 간섭 없는 방법을 제공한다는 것이다. 단점은 계보가 쿼리 유형을 100% 커버하지 못하고 대략적이라는 것이다. 계보 상관 패턴은 성능 및 품질 SLA를 보장하면서 매일 수백 개의 파이프라인이 실행되는 배포에 매우 중요하다.

팀 지식 패턴

팀 지식 패턴은 데이터 사용자가 정의한 메타데이터에 초점을 맞춰 데이터 세트와 관련된 정보를 보강한다. 데이터 사용자가 자신의 경험을 공유하고 팀 간에 지식을 확장하는 데 도움을 주는 것이 목표다. 이는 데이터 세트가 제대로 문서화돼 있지 않고, 진실의 출처가 여러 곳이며, 품질이 다양하고, 높은 비율의 데이터 세트가 더 이상 유지되고 있지 않을 때 특히 유용하다.

팀 지식에는 세 가지 주요 유형이 있다.

데이터 문서

속성 의미, 열거형, 데이터 설명의 세부 정보가 포함된다. 사용자는 사용 경험에 기반해 자유 양식 메타데이터로 테이블 열에 주석을 달 수 있다. 또한 데이터 세트 소유자는 어떤 데이터 세트가 사용에 적합한지(예: 어떤 분석 기법이 특정 데이터 세트에서 사용되고 어떤 부분에서 주의해야 하는지)를 사용자가 쉽게 파악할 수 있도록 데이터 세트에 설명을 달 수 있다. 전문 지식의 수준이 다른 경우가 있으므로 주니어 팀원의 주석은 카탈로그에 추가하기 전에 확인해야 한다.

비즈니스 분류법 및 태그

비즈니스 영역과 주제 영역에 따라 데이터를 분류하는 분류법으로, 비즈니스 내에서 사용되는 개념이 포함된다. 비즈니스 분류법을 사용해 데이터 세트를 구성하면 데이터 사용자가 관심 있는 항목을 기준으로 검색할 수 있다. 태그는 데이터 수명주기 관리를 위한 테이블 식별에 사용된다. 데이터 세트 감사 담당자는 민감한 정보가 담겨 있는 데이터 세트에 태그를 지정할 수 있고 데이터 세트 소유자에게 알리거나 검토하도록 해서 데이터가 적절하게 처리되게끔 할 수 있다.

플러거블 검증^{pluggable validation}

테이블 소유자는 테이블에 대한 감사 정보를 메타데이터로 제공할 수 있다. 또한 테이블 작성에 사용할 열 기본값과 검증 규칙을 제공할 수 있다. 데이터 개발에 사용하는 비즈니스 규칙도 검증에 포함된다.

요약

빅데이터 시대에는 통찰력을 얻기 위해 사용할 수 있는 데이터가 넘쳐난다. 인사이트 생성의 여정 지도를 이용해 성공하려면 데이터와 관련된 메타데이터의 육하원칙, 즉 어디서, 무엇을, 어떻게, 언제, 누가, 왜 등을 이해하는 것이 중요하다. 이 정보를 단일 진실 공급원으로 중앙 집중화하는 메타데이터 카탈로그 서비스는 데이터 플랫폼에서 필수적이다.

3장

검색 서비스

지금까지 데이터 세트가 주어졌을 때 속성property과 속성attribute의 의미를 정확하게 해석하기 위해 필요한 메타데이터 세부 정보를 수집할 수 있었다. 다음 과제는 전사의 사일로에 걸친 수천 개의 데이터 세트에서 인사이트를 개발하는 데 필요한 속성을 어떻게 효과적으로 찾을 수 있는가 하는 것이다. 예를 들어 매출 대시보드를 개발한다면 기존 고객, 고객이 사용하는 제품, 가격 및 프로모션, 활동, 사용 프로필 등의 데이터 세트를 어떻게 찾을 수 있을까? 또한 대시보드 구축에 재사용할 수 있는 지표, 대시보드, 모델, ETL, 임시 쿼리와 같은 아티팩트를 찾는 방법은 무엇일까? 이 장에서는 인사이트를 개발하는 반복적인 프로세스 중 연관 데이터 세트(테이블, 뷰, 스키마, 파일, 스트림, 이벤트)와 아티팩트(지표, 대시보드, 모델, ETL, 임시 쿼리)를 찾는 것에 초점을 맞춘다.

검색 서비스는 데이터 세트와 아티팩트의 발견을 단순하게 만들어준다. 검색 서비스를 통해 데이터 사용자는 키워드, 와일드카드 검색, 비즈니스 용어 등을 사용해 원하는 것을 표현한다. 이 서비스는 소스 발견, 데이터 세트 및 아티팩트 인덱싱, 결과 순위 지정, 액세스 거버넌스access governance 보장, 지속적인 변경 관리 등의 어려운 업무를 보이지 않는 곳에서 수행한다. 데이터 사용자는 입력 검색 쿼리와 가장 연관성이 높은 데이터 세트와 아티팩트의 목록을 얻는다. 이 서비스의 성공 기준은 '탐색 시간'을 줄이는 것이다. '탐색 시간'을 빠르게 하면 데이터 사용자가 다양한 데이터 세트와 아티팩트를 신속하게 검색하고 반복 작업을 할 수 있으므로 '인사이트 시간'을 크게 단축할 수 있다. 검색 프로세스가 느려지면 전체 '인사이트 시간'에 부정적 곱셈 효과가 나타난다.

여정 지도

데이터 과학자의 여정 지도의 출발점은 데이터 세트와 아티팩트를 찾고자 하는 필요다. 이 절에서는 검색 서비스의 여정 지도의 주요 시나리오를 설명한다.

비즈니스 문제의 실행 가능성 확인하기

비즈니스 문제가 있는 경우, 발견 단계의 첫 번째 단계는 관련한 데이터 세트가 가용한지 실행 가능성을 확인하는 것이다. 데이터 세트는 다음의 가용성 상태 중 하나에 속할 수 있다.

- 데이터가 존재하지 않으며 애플리케이션을 계측해야 함
- 소스 시스템에서 데이터를 사용할 수 있지만 데이터 레이크에서 집계되지 않음
- 데이터를 사용할 수 있으며 이미 다른 아티팩트에서 사용 중임

실행 가능성 분석은 전체 인사이트 시간의 대략적인 값을 빠르게 제공하며 더 나은 프로젝트 계획을 위한 열쇠다. 데이터 가용성에서 발견된 격차는 데이터 수집 단계의 요구 사항으로 사용된다.

데이터 준비를 위해 연관된 데이터 세트 선택하기

이 단계는 전체 여정 지도의 다음 단계들에서 잠재적으로 사용될 수 있는 하나 이상의 데이터 세트를 최종 후보로 선정하는 것을 목표로 하는 검색 서비스의 핵심 시나리오다. 데이터 준비를 위해 연관된 데이터 세트를 선택하는 것은 키워드를 사용해 데이터 세트를 검색하고, 검색 결과를 샘플링하고, 데이터 속성의 의미와 계보에 대한 심층 분석을 선택하는 반복적인 프로세스다. 잘 선별된 데이터를 사용하면 이 시나리오를 더 쉽게 완수할

수 있다. 종종 비즈니스 정의와 설명이 업데이트되지 않아 올바른 데이터 세트를 식별하기 어려운 경우가 있다. 일반적인 시나리오에서는 주어진 데이터 세트가 하나 이상의 데이터 사일로에 서로 다른 의미로 존재해 다수의 진실 공급원이 존재한다. 기존 아티팩트가 이미 데이터 세트를 사용하고 있는 경우, 이는 데이터 세트 품질을 나타내는 좋은 지표다.

프로토타이핑을 위해 기존 아티팩트 재사용하기

아무것도 없이 처음부터 시작하는 대신 재사용할 수 있는 빌딩 블록을 찾는 것이 이 단계의 목표다. 여기에는 데이터 파이프라인, 대시보드, 모델, 쿼리 등이 포함될 수 있다. 일반적으로 다음과 같은 몇 가지 일반적인 시나리오가 발생한다.

- 단일 지리 위치에 대해 대시보드가 이미 존재하며, 지리 및 기타 입력을 매개변수화해 재사용할 수 있음
- 강화된 데이터 파이프라인을 통해 생성된 표준화된 비즈니스 지표 활용 가능
- 노트북에서 공유되는 탐색 쿼리를 재사용할 수 있음

탐색 시간 최소화

'탐색 시간'은 연관된 데이터 세트와 아티팩트의 최종 후보를 반복적으로 선정하는 데 필요한 총시간이다. 발견 프로세스의 복잡성 때문에 팀은 종종 이미 있는 것을 만들고, 이로 인해 조직 내에서 데이터 파이프라인, 대시보드, 모델의 복제품이 생성된다. 그 결과힘을 낭비하게 될 뿐만 아니라 '인사이트 시간'도 길어진다. 오늘날 '탐색 시간'은 이 절에서 논의된 세 가지 활동에서 사용된다. 검색 서비스의 목적은 각 활동에 소요되는 시간을최소화하는 것이다.

데이터 세트 및 아티팩트 인덱싱

인덱싱에는 다음 두 가지 작업이 포함된다.

- 데이터 세트와 아티팩트의 소스 찾기
- 해당 소스를 조사해 스키마와 메타데이터 속성 같은 세부 정보 수집

이 두 가지 측면은 모두 시간 소모가 크다. 데이터 세트와 아티팩트를 사일로에서 찾는 것은 현재 임시 프로세스다. 데이터 세트와 아티팩트에 대한 정보를 얻기 위해서는 치트 시트cheat sheet, 위키wiki, 경험 진술 등의 형식으로 된 팀 지식이 사용된다. 팀 지식은 맞을 수도 있고 맞지 않을 수도 있으며 항상 정확하거나 최신화돼 있지 않다.

스키마, 계보, 실행 통계와 같은 추가 메타데이터에 대한 소스를 조사하려면 소스 기술에 특화된 API 또는 CLI가 필요하다. 기반 기술에 관계없이 이 정보를 추출하기 위한 표준화는 없다. 데이터 사용자는 열 이름, 데이터 유형과 기타 세부 사항의 의미를 집계하기 위해 소스 소유자 및 팀 지식을 활용해 일해야 한다. 마찬가지로 데이터 파이프라인 코드와 같은 아티팩트를 이해하려면 쿼리 로직과 재사용 방법을 분석해야 한다. 기술의 다양성을 감안할 때, 공통의 검색 가능한 모델로 세부 정보를 나타내는 것은 중요한 도전 과제다.

인덱싱은 새로운 애플리케이션과 아티팩트가 지속적으로 개발되기 때문에 지속적인 프로세스다. 기존 데이터 세트와 아티팩트도 지속적으로 진화한다. 결과를 업데이트하고 변경 사항을 반영하는 데는 시간이 많이 든다.

결과의 순위 매기기

오늘날 일반적인 검색 순위 프로세스는 데이터스토어, 카탈로그, Git 저장소, 대시보드 등을 수동으로 검색하는 것으로 시작된다. 검색에는 슬랙slack 그룹에 연락하거나 위키를 살펴보거나 점심 시간을 이용한 세션에 참석해 팀 지식을 수집하는 것이 포함된다. 분석의 다음 단계를 위해 결과의 순위를 매기는 것은 다음과 같은 현실들로 인해 시간 소모적

이다.

- 테이블에 명확한 이름이나 잘 정의된 스키마가 없다.
- 테이블 내의 속성 이름이 적절하지 않다.
- 적극적으로 사용되거나 관리되지 않는 묘지graveyard 데이터 세트와 아티팩트가 있다.
- 스키마가 비즈니스의 발전에 상응해 발전하지 않았다.
- 스키마 디자인에 대한 큐레이션과 모범 사례를 따르지 않는다. 일반적인 휴리스틱heuristic 또는 지름길은 여러 유스 케이스에서 사용되고 액세스 요청 수가 많은 인기 애셋asset만 보는 것이다. 새로운 데이터 사용자는 팀 내에서 알려진 데이터 전문가의 활동을 따르는 것이 현명하다.

접근 제어하기

접근 제어에는 두 가지 차원이 있다.

- 데이터 세트 및 아티팩트 소스에 안전하게 연결
- 검색 결과에 대한 접근 제한

소스에 연결하려면 사용을 검증하는 보안 팀과 규정 준수compliance 팀의 승인이 필요하기 때문에 많은 시간이 소모된다. 암호화된 소스 필드의 경우 적절한 암호 해독 키도 필요하다. 읽기 접근 권한은 선택 테이블, 뷰, 스키마와 같이 접근이 허용되는 데이터 개체를 제한할 수 있다.

다른 차원은 적정한 팀으로만 검색 결과에 대한 접근을 제한하는 것이다. 검색 결과를 제한하는 것은 데이터 세트 또는 아티팩트의 존재를 발견 가능하게 하는 것과 보안 속성에 대한 액세스 권한을 얻게 하는 것 사이의 균형을 유지하는 일이다.

요구 사항 정의

검색 서비스는 데이터 사용자의 질문들에 답변할 수 있어야 한다. 주제 X와 관련된 데이터 세트 또는 아티팩트가 있는가? X와 매치된 내용은 이름, 설명, 메타데이터, 태그, 범주 등과 관련돼 있는가? 주제 X 및 이와 관련된 데이터 사용자 팀에서 가장 많이 사용되는 데이터 세트와 아티팩트는 무엇인가? 최종 후보군 데이터 세트의 메타데이터의 세부 정보(예: 계보, 통계, 생성 날짜 등)는 무엇인가?

검색 서비스를 구축하는 데는 세 가지 주요 모듈이 필요하다.

인덱서 모듈

사용 가능한 데이터 세트와 아티팩트를 발견하고, 스키마 및 메타데이터 속성을 추출하고, 카탈로그에 추가한다. 이 모듈은 변경 내용을 추적하고 세부 정보를 지속적으로 업데이트한다.

순위 모듈

관련성과 인기도의 조합에 따라 검색 결과의 순위를 매기는 역할을 한다.

액세스 모듈

데이터 사용자에게 표시되는 검색 결과가 접근 제어 정책을 준수하도록 한다.

인덱서 요구 사항

인덱서 요구 사항은 검색 서비스에서 인덱싱할 데이터 세트와 아티팩트의 유형에 따라 배포 시마다 다르다. 그림 3-1은 다양한 범주의 데이터 세트와 아티팩트를 보여준다. 요구 사항 수집에는 이러한 범주의 인벤토리와 배포된 기술 목록의 수집이 포함된다. 예를 들어 테이블 및 스키마 형태의 정형 데이터는 Oracle, SQL Server, MySQL 등의 여러 기술에서 사용할 수 있다.

그림 3-1은 검색 서비스에서 다루는 엔티티^{entity}를 보여준다. 여기에는 데이터와 아티팩트가 모두 포함돼 있다. 데이터 세트는 정형, 반정형, 비정형 데이터로 퍼져 있다. 반정형

NoSQL 데이터 세트는 키-값 저장소, 문서 저장소, 그래프 데이터베이스, 시계열 저장소 등이 될 수 있다. 아티팩트에는 생성된 인사이트는 물론이고 잠재적으로 재사용할 수 있는 ETL, 노트북, 임시 쿼리, 데이터 파이프라인, 깃허브 저장소처럼 잠재적으로 재사용 가능한 레시피가 포함된다.

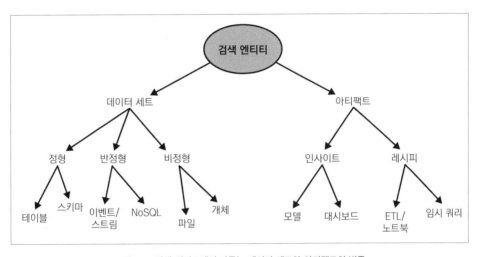

그림 3-1 검색 서비스에서 다루는 데이터 세트와 아티팩트의 범주

이러한 요구 사항의 또 다른 측면은 데이터 세트와 아티팩트가 지속적으로 진화함에 따라 인덱스를 업데이트하는 것이다. 요구 사항을 정의할 때는 검색 서비스에 업데이트가 반영되는 방식을 따르는 것이 중요하다.

- 변경 사항 반영을 위해 얼마나 빨리 인덱스를 업데이트해야 하는지 결정한다. 즉, 리프레시refresh까지 감당할 수 있는 지연 수준을 결정한다.
- 버전 및 히스토리 파티션에 걸쳐 인덱스를 정의한다. 즉, 검색 범위가 현재 파티션으로만 제한되는지 여부를 정의한다.

요구 사항 순위 매기기

순위는 관련성과 인기도의 조합이다. 관련성은 이름, 설명, 메타데이터 속성의 매칭을 기반으로 한다. 요구 사항의 일부로 배포와 가장 관련성이 높은 메타데이터 속성 목록을 정의할 수 있다. 표 3-1은 메타데이터 속성의 정규화된 모델을 나타낸다. 메타데이터 모델은 데이터 사용자의 요구 사항에 따라 커스터마이징할 수 있다.

표 3-1 데이터 세트와 아티팩트에 관련된 메타데이터의 범주

메타데이터 범주	속성 예
기본	크기, 형식, 최종 수정, 가명, 접근 제어 목록
콘텐츠 기반	스키마, 기록 수, 데이터 핑거프린트, 키 필드
계보	읽기 작업, 쓰기 작업, 다운스트림 데이터 세트, 업스트림 데이터 세트
사용자 정의	태그, 카테고리
사람	소유자, 팀 접근, 팀 업데이트
시간	변경 히스토리

표준화된 메타데이터 속성뿐만 아니라 기술 특화 메타데이터도 포착할 수 있다. 예를 들어 아파치 HBase의 경우 `hbase_namespace`와 `hbase_column_families`가 기술 특화 메타데이터의 예다. 이러한 속성은 결과를 추가로 검색하고 필터링하는 데 사용할 수 있다.

접근 제어 요구 사항

검색 결과에 대한 접근 제어 정책은 사용자의 세부 정보, 데이터 속성의 세부 정보 또는 둘 모두를 기준으로 정의할 수 있다. 사용자별 정책은 역할 기반 접근 제어[RBAC, Role-Based Access Control]라고 하는 반면, 속성별 정책은 속성 기반 접근 제어[ABAC, Attribute-Based Access Control]라고 한다. 예를 들어 특정 사용자 그룹에 대한 가시성 제한은 RBAC 정책이며, 데이터 태그 또는 개인 식별 정보[PII, Personally Identifiable Information]에 대해 정의된 정책은 ABAC 정책이다.

접근 정책 외에도 다른 특수 처리 요구 사항이 필요할 수 있다.

- 행 또는 열 값의 마스킹[masking]

- 데이터 세트와 아티팩트를 특정 타임스탬프까지 볼 수 없도록 하는 시간 변동 정책(예: 분기별 결과가 공식적으로 발표된 날짜까지 표를 볼 수 없음)

비기능 요구 사항

다른 소프트웨어 설계와 마찬가지로 검색 서비스 설계 시 고려해야 할 주요 비기능 요구 사항NFR, Nonfunctional Requirement은 다음과 같다.

검색 응답 시간

검색 서비스가 초 단위로 검색 쿼리에 응답하도록 하는 것이 중요하다.

대규모 인덱스 지원을 위한 확장

기업이 성장함에 따라 수천 개의 데이터 세트와 아티팩트를 지원하도록 검색 서비스를 확장하는 것이 중요하다.

새로운 소스에 대한 손쉬운 온보딩

데이터 소스 소유자가 검색 서비스에 소스를 추가할 때의 UX를 단순화해야 한다.

자동 모니터링과 알림

서비스 상태는 모니터링하기 쉬워야 한다. 프로덕션 중 문제가 발생하면 자동 경고가 생성돼야 한다.

구현 패턴

기존 작업 지도에 따라 검색 서비스에 대한 자동화 수준은 세 가지가 있다(그림 3-2 참조). 각 수준은 현재 수동이거나 비효율적인 작업들의 조합의 자동화 수준을 나타낸다.

푸시 풀 인덱서 패턴

사용 가능한 데이터 세트와 아티팩트를 발견하고 지속적으로 업데이트한다.

하이브리드 검색 순위 패턴

데이터 사용자가 데이터 프로젝트의 요구 사항에 맞는 가장 관련성 높은 데이터 세트와 아티팩트를 찾을 수 있도록 결과의 순위를 매긴다.

카탈로그 접근 제어 패턴

데이터 사용자 및 기타 특성에 따라 검색 서비스에 표시되는 데이터 세트와 아티팩트에 대한 접근을 제한한다.

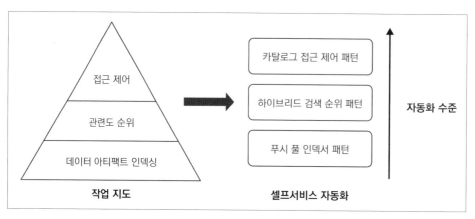

그림 3-2 검색 서비스의 다양한 자동화 수준

푸시 풀 인덱서 패턴

푸시-풀$^{push-pull}$ 인덱서 패턴은 기업의 사일로 전체에서 사용 가능한 데이터 세트와 아티팩트를 발견하고 업데이트한다. 인덱서의 풀 측면에서는 소스를 검색하고, 데이터 세트와 아티팩트를 추출해 카탈로그에 추가한다. 이는 검색 엔진이 인터넷에서 웹 사이트를 크롤링하고 검색 가능하도록 관련 웹 페이지를 끌어내는 것과 유사하다. 푸시 측면에서는 데이터 세트와 아티팩트의 변경 사항을 추적한다. 이 패턴에서는 기존의 세부 정보를 업데이트하기 위해 소스로부터 카탈로그로 푸시되는 업데이트 이벤트를 생성한다.

푸시 풀 인덱서 패턴에는 다음 단계가 있다(그림 3-3 참조).

1. 연결 단계

   인덱서는 데이터베이스, 카탈로그, 모델 및 대시보드 저장소 등과 같은 사용 가능한 소스에 연결한다. 이러한 소스는 수동으로 추가되거나 자동화된 방식으로 발견된다. 자동화된 소스 발견 방법에는 여러 가지가 있다. 네트워크 검색(취약성 분석에 사용되는 접근 방식과 유사함), 클라우드 계정 API를 사용해 계정 내에 배포된 서비스를 발견하는 방법 등이 있다.

2. 추출 단계

   다음 단계에서는 발견된 데이터 세트와 아티팩트의 이름, 설명, 기타 메타데이터와 같은 세부 정보를 추출한다. 2장에서 설명한 대로 데이터 세트와 관련해 인덱서는 세부 정보를 추출하기 위해 카탈로그에 소스 자격 증명을 제공한다. 아티팩트의 세부 정보를 추출하는 간단한 방법은 없다. Git 저장소에 유지되고 있는 노트북, 데이터 파이프라인 코드, 기타 파일과 관련해서는 인덱서가 파일 시작 부분에 작성자, 태그와 간단한 설명이 포함된 적은 양의 정형 메타데이터 같은 메타데이터 헤더를 찾는다. 이 기능은 쿼리부터 변환, 시각화, 쓰기에 이르는 전체 작업이 한 파일에 포함된 노트북 아티팩트에 특히 유용하다.

3. 업데이트 단계

   소스는 이벤트 버스에서 데이터 세트와 아티팩트에 대한 업데이트를 게시한다. 이러한 이벤트는 카탈로그를 업데이트하는 데 사용된다. 예를 들어, 테이블이 삭제되면 카탈로그는 이 푸시 알림을 구독해서 레코드를 삭제한다.

아티팩트 저장소의 예로는 Knowledge Repo(https://oreil.ly/hKl8e)라는 에어비앤비Airbnb의 오픈소스 프로젝트가 있다. 코어에는 노트북, 쿼리 파일, 스크립트가 커밋commit되는 깃허브 저장소가 있다. 모든 파일은 작성자, 태그, TL; DR[1]을 포함해 적은 양의 정형 메타데이터로 시작된다. 파이썬 스크립트는 콘텐츠의 유효성을 검사하고 마크다운 구문을

---

[1] 길어서 잘 읽지 않는 데이터 – 옮긴이

사용해 게시물을 일반 텍스트로 변환한다. 깃허브 풀 요청은 헤더 콘텐츠를 검토하고 시간, 주제 또는 콘텐츠별로 구성하는 데 사용된다. 낮은 품질을 방지하기 위해 코드 검토와 유사하게 방법론적 개선, 기존 작업과의 연결, 세부 사항의 정확성에 대한 동료 평가 peer review 체크를 수행한다. 또한 각 게시물에는 메타데이터 태그 세트가 있어 파일의 폴더 위치를 넘어서는 다대일 주제 상속을 제공한다. 사용자는 주제를 구독하고 새로운 기여에 대한 알림을 받을 수 있다.

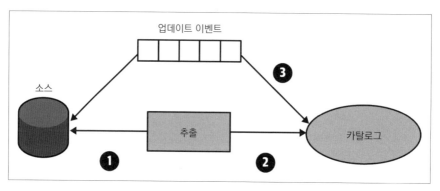

그림 3-3 푸시-풀 인덱서 패턴의 연결, 추출, 업데이트 단계

푸시-풀 인덱서 패턴 구현의 예로는 데이터 세트를 인덱싱할 수 있는 넷플릭스의 오픈소스 Metacat 카탈로그 (https://oreil.ly/js2JN)가 있다. Metacat은 데이터 세트 세부 정보를 추출하기 위해서뿐 아니라 데이터 소스가 Kafka와 같은 이벤트 버스에 업데이트를 게시하는 푸시 알림 모델에서도 풀 모델을 사용한다. 데이터 소스는 명시적 REST API를 호출해 변경 이벤트를 게시할 수도 있다. Metacat에서는 변경 사항이 아마존 Amazon SNS에도 게시된다. SNS에 이벤트를 게시하면 데이터 플랫폼의 다른 시스템이 이러한 메타데이터 또는 데이터 변경에 따라 '반응'을 할 수 있다. 예를 들어 테이블이 삭제되면 가비지 컬렉션 서비스는 이벤트를 구독하고 데이터를 적절하게 정리할 수 있다.

푸시-풀 인덱서 패턴의 강점:

- 인덱스 업데이트가 시기적절하다. 새 소스는 주기적으로 크롤링되고 변경 이벤

트는 처리를 위해 이벤트 버스에 푸시된다.

- 다양한 범주의 메타데이터 속성을 추출하고 업데이트하기 위한 확장 가능한 패턴이다.
- 푸시 및 풀 방식의 조합을 고려할 때 많은 소스를 지원하도록 확장 가능하다.

푸시-풀 인덱서 패턴의 약점:

- 다양한 소스 유형에 대한 구성과 배포가 어려울 수 있다.
- 풀을 통해 세부 정보에 접근하려면 소스 권한이 필요한데, 규제된 소스에는 우려 사항이 될 수 있다.

푸시-풀 인덱서 패턴은 푸시 전용 패턴과 비교하면 인덱싱을 구현하는 고급 접근 방식이라 할 수 있다. 소스가 발견되도록 하려면, 풀 대상 목록에 소스를 추가하고 공통 접근 자격 증명 세트를 만드는 것을 온보딩 프로세스^{onboarding process}에 포함해야 한다.

하이브리드 검색 순위 패턴

문자열 입력이 주어지면 순위 패턴이 데이터 세트와 아티팩트의 목록을 생성한다. 이 목록은 테이블 이름, 비즈니스 어휘 개념, 분류 태그 등의 문자열로 구성될 수 있다. 이는 연관 결과를 생성하기 위해 검색 엔진에서 사용하는 페이지 순위와 유사하다. 이 패턴의 성공 기준은 가장 관련성 높은 결과가 목록의 상위 다섯 건에 들어있는지 여부다. 검색 순위의 효과는 인사이트 시간을 줄이는 데 매우 중요하다. 예를 들어 연관 결과가 수 페이지 아래가 아닌 첫 페이지의 상위 세 건에 들어있다면, 사용자는 관련 없는 여러 결과를 검토하고 분석하는 데 시간을 낭비하지 않아도 된다. 하이브리드 검색 순위 패턴은 관련성과 인기도의 조합을 구현해 가장 관련성이 높은 데이터 세트와 아티팩트를 찾는다.

패턴에는 세 단계가 있다(그림 3-4 참조).

1. 구문 분석 단계

   검색은 일반적으로 평문 영어 입력 문자열로 시작된다. 결과 필터링 기준은 검색 외에도 여러 가지가 있을 수 있다. 검색 서비스는 각 데이터 세트와 아티팩트가 메타데이터를 기반으로 파생된 인덱싱 토큰이 있는 문서가 되는 전통적인 역인덱스$^{inverted index}$에 의해 뒷받침된다. 각 메타데이터의 범주는 인덱스의 특정 섹션과 연결할 수 있다. 예를 들어 데이터 세트 작성자로부터 파생된 메타데이터는 인덱스의 '작성자' 섹션과 연결된다. 따라서 creator:x 검색은 작성자 데이터 세트의 키워드 x와만 매칭되는 반면, 정규화되지 않은 원자 x는 데이터 세트 메타데이터의 모든 부분에 있는 키워드와 매칭된다. 구문 분석 프로세스의 또 나른 시작점은 인기 있는 테이블과 아티팩트 목록을 찾아보고 비즈니스 문제와 가장 관련이 있는 항목을 찾는 것이다.

2. **순위 단계**

    결과의 순서는 관련성과 인기도의 조합이다. 관련성은 테이블 이름, 열 이름, 테이블 설명, 메타데이터 속성 등에 입력된 텍스트의 퍼지 매칭$^{fuzzy matching}$을 기반으로 한다. 인기도 기반 매칭은 활동을 기반으로 한다. 즉, 많이 쿼리된 데이터 세트와 아티팩트는 검색 결과 목록에 먼저 표시되고, 적게 쿼리된 데이터 세트와 아티팩트는 검색 결과에서 뒤에 표시된다. 이상적인 결과는 인기도 있고 관련성도 높은 결과다. 여기에는 고려해야 할 몇 가지 다른 휴리스틱이 있다. 예를 들어, 새로 생성된 데이터 세트는 아직 인기가 없으므로 관련성에 더 높은 가중치를 둔다. 또 다른 휴리스틱은 보고된 문제 수와 데이터 세트가 임시 프로세스가 아닌 강화된 데이터 파이프라인의 일부로 생성됐는지 여부 같은 품질 지표를 기준으로 정렬하는 것이다.

3. **피드백 단계**

    관련성과 인기도 사이의 가중치는 피드백에 기반해 조정해야 한다. 검색 순위의 효과는 명시적으로나 묵시적으로 측정할 수 있다. '좋아요/싫어요' 평가의 결과를 표시해주는 명시적 형태나 상위 다섯 개 결과의 클릭률^{CTR}처럼 암시적 형태로 측정할 수 있다. 이렇게 하면 관련성 매칭의 가중치 및 퍼지 매칭 논리가 미세 조정된다.

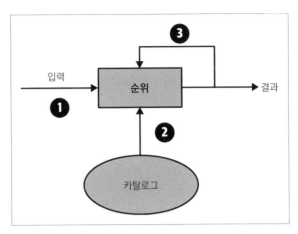

그림 3-4 하이브리드 검색 순위 패턴의 단계

하이브리드 검색 순위 패턴의 예로는 아문센^{Amundsen} 오픈소스 프로젝트(https://oreil.ly/BzyoZ)가 있다. 아문센은 데이터 세트와 아티팩트를 인덱싱한다. 입력 구문 분석에서는 정확한 매칭 개선을 위해 자동 완성^{type-ahead} 기능을 구현한다. 입력 문자열은 와일드카드와 키워드, 범주, 비즈니스 어휘 등을 지원한다. 다양한 유형의 필터를 사용해 입력을 더 좁힐 수 있다.

- 데이터 세트, 테이블, 스트림, 태그 등과 같은 범주별 검색
- column: users나 column_description: channels와 같은 keyword: value 필터링

아문센은 얇은 Elasticsearch 프록시 계층을 구현해 카탈로그와 상호 작용함으로써 퍼지 검색을 가능하게 한다. 메타데이터는 Neo4j에서 유지된다. 인덱스 구축을 위해서는 데이터 수집 라이브러리를 사용한다. 검색 결과에는 인라인 메타데이터의 하위 집합(테이블에 대한 설명과 테이블이 업데이트된 마지막 날짜)이 표시된다.

스코어링^{scoring}은 보통 어려운 문제이며 사용자 경험에 기초해 스코어링 기능을 조정하는 것을 포함한다. 다음은 구글의 데이터 세트 검색 서비스(https://oreil.ly/V2BEZ)에서 스코어링 기능에 사용된 휴리스틱이다.

데이터 세트의 중요도는 그 유형에 따라 다르다

다른 모든 상황이 같다면 스코어링 기능은 파일 데이터 세트보다 정형 테이블을 선호한다. 이때 전제는 데이터 세트 소유자가 하나의 데이터 세트를 하나의 테이블로 명시적으로 등록해야 하고, 이로써 더 많은 사용자가 해당 데이터 세트를 볼 수 있게 되는 것이다. 이 작업은 데이터 세트가 중요하다는 신호로도 사용할 수 있다.

키워드 매치의 중요성은 인덱스 섹션에 따라 다르다

예를 들어, 다른 모든 조건이 동일할 때 데이터 세트 경로의 키워드 매치는 데이터 세트를 읽거나 쓰는 작업보다 더 중요하다.

계보 팬아웃lineage fan-out은 인기를 나타내기 때문에 데이터 세트의 중요도를 나타내는 좋은 지표다

이 휴리스틱은 특히 많은 읽기 작업과 다운스트림 데이터 세트가 있는 데이터 세트를 선호한다. 이때 많은 프로덕션 파이프라인이 데이터 세트에 접근하는 경우 데이터 세트가 가장 중요할 가능성이 높다고 가정한다. 데이터 세트가 꼭지점이고 프로덕션 작업이 모서리이며 프로덕션 작업에서 데이터 세트로의 접근을 나타내는 그래프에서는 이 휴리스틱을 페이지랭크PageRank 근사치라고 할 수 있다.

소유자가 제공한 설명이 포함된 데이터 세트는 대체로 중요하다

데이터 세트 소유자는 우리의 사용자 인터페이스를 통해 다른 팀이 사용할 수 있도록 데이터 세트에 대한 설명을 제공할 수 있다. 이러한 설명의 존재는 데이터 세트 중요성의 신호로 간주된다. 데이터 세트 설명에서 키워드 매치가 발생하면 이 데이터 세트에도 더 높은 가중치가 적용된다.

하이브리드 검색 순위 패턴의 강점:

- 관련성과 인기도의 균형을 유지해 데이터 사용자가 가장 관련성이 높은 데이터를 신속하게 선정할 수 있다.
- 관련성 매치를 위해 광범위한 메타데이터를 추가해야 하는 첫 번째 날에 병목 현상이 발생하지 않는다. 패턴이 인기도 기반 순위를 더 많이 사용하는 동안 메

타데이터에 점진적으로 주석을 달 수 있다.

하이브리드 검색 순위 패턴의 약점:

- 조정된 데이터 세트의 필요성은 대체할 수 없다. 이 패턴은 비즈니스 세부 정보와 동기화된 메타데이터 세부 정보의 정확성에 따라 달라진다.
- 인기도와 관련성 사이의 적절한 균형을 맞추기가 어렵다.

하이브리드 검색 순위 패턴은 두 세계의 장점을 모두 제공하며, 광범위한 메타데이터를 사용할 수 있는 데이터 세트와 아티팩트의 경우 관련성 매치를 활용한다. 잘 선별 관리되지 않는 자산의 경우 인기도 매치에 의존한다.

카탈로그 접근 제어 패턴

검색 서비스의 목표는 데이터 세트와 아티팩트를 쉽게 찾을 수 있도록 하는 것이다. 그러나 접근 제어 정책이 위반되지 않도록 하는 것도 마찬가지로 중요하다. 검색 결과를 서로 다른 사용자에게 보여줄 때 특정 데이터 세트를 제외하거나 메타데이터 상세 내용의 수준을 다르게 할 수 있다. 이 패턴은 메타데이터 카탈로그에 접근 제어를 시행하고 세분화된 권한 부여 및 접근 제어를 위한 중앙 집중식 접근 방식을 제공한다.

카탈로그 접근 제어 패턴에는 세 단계가 있다.

분류

이 단계에서는 사용자와 데이터 세트 및 아티팩트가 범주로 분류된다. 사용자는 역할에 따라 데이터 관리자, 재무 사용자, 데이터 품질 관리자, 데이터 과학자, 데이터 엔지니어, 관리자 등의 그룹으로 분류된다. 이 역할이 검색 프로세스 중에 표시되는 데이터 세트와 아티팩트를 정의한다. 데이터 세트와 아티팩트에도 마찬가지로 재무, PII 등과 같은 사용자 정의 태그가 주석으로 추가될 수 있다.

정의

지정된 데이터 세트 또는 아티팩트에 대해 지정된 사용자에게 표시할 검색 세부 정보의 수준을 정책으로 정의한다. 예를 들어 재무 결과와 관련된 테이블은 재무 사용자로 제한될 수 있다. 마찬가지로 데이터 품질 관리자는 고급 메타데이터를 보고 로그 기록을 변경하도록 할 수 있다. 정책 정의는 크게 두 가지의 광범위한 버킷으로 나뉜다. 하나는 사용자를 기반으로 정책이 정의된 역할 기반 접근 제어[RBAC, Role-Based Access Control]이고, 다른 하나는 사용자 정의 태그, IP 주소를 기반으로 하는 지리적 태그, 시간 기반 태그 등과 같은 속성을 기반으로 정책이 정의된 속성 기반 접근 제어[ABAC, Attribute-Based Access Control]다.

시행

일반적으로 검색 결과에서 접근 제어 정책을 시행하는 세 가지 방법은 다음과 같다.

- 모든 사용자를 위한 기본 메타데이터: 검색 쿼리에 대한 응답 결과로 기본 메타데이터(이름, 설명, 소유자, 업데이트 날짜, 사용자 정의 태그 등)를 모든 사용자에게 접근 권한 여부에 관계없이 표시한다. 이렇게 접근하는 이유는 존재하는 데이터 세트와 아티팩트를 표시해 사용자의 생산성을 보장하기 위함이다. 데이터 세트가 요구 사항과 일치하면 사용자가 접근을 요청할 수 있다.
- 선택적 고급 메타데이터: 선별된 사용자가 접근 제어 정책에 따라 열 통계 및 데이터 미리 보기와 같은 고급 메타데이터를 가져온다.
- 열 및 행 마스킹: 접근 제어에 따라 동일한 데이터 세트의 열 개수는 물론 데이터 미리 보기의 행이 달라진다. 카탈로그를 업데이트한 것도 접근 제어가 자동으로 반영된다. 예를 들어 특정 열을 민감한 레이블로 지정하면 검색 결과가 데이터 미리 보기에 자동으로 반영되기 시작한다.

세분화된 권한 부여와 접근 제어를 위해 널리 사용되는 오픈소스 솔루션의 예로 아파치 Ranger가 있다(https://oreil.ly/R2Op6). 이 솔루션은 Atlas 카탈로그와 모든 Hadoop 에코시스템에 대한 보안 정책 구현을 위한 중앙 집중식 프레임워크를 제공한다. 이는 개별 사용자, 그룹, 접근 유형, 사용자 정의 태그, IP 주소와 같은 동적 태그 등을 기반으로 한 RBAC 및 ABAC 정책을 지원한다(그림 3-5 참조). 아파치 Ranger의 정책 모델은 행 필터링 및 데이터 마스킹 기능을 지원하도록 향상돼서 사용자가 테이블의 일부 행 또는 중요한 데이터에 대해 마스킹/수정된 값에만 접근할 수 있도록 했다. Ranger의 정책 유효 기간을 사용하면 지정된 기간 동안 정책이 유효하도록 구성할 수 있다. 예를 들어 수익 발표일까지 민감한 재무 정보에 대한 접근을 제한할 수 있다.

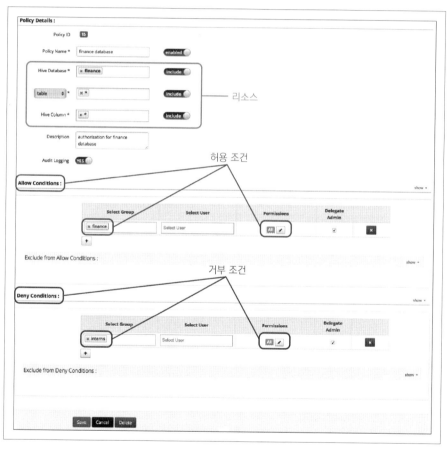

그림 3-5 아파치 Ranger에서 제공하는 중앙 집중식 접근 제어 정책 세부 정보의 스크린 샷
(Ranger wiki(https://oreil.ly/6e7JI))

카탈로그 접근 제어 패턴의 강점:

- 카탈로그 수준의 중앙 집중식 접근 제어 정책을 통해 쉽게 관리할 수 있다.
- 다양한 사용자 및 유스 케이스에 따라 조정 가능한 접근 제어 기능을 제공한다.

카탈로그 접근 제어 패턴의 약점:

- 카탈로그 접근 제어 정책이 데이터 원본 정책과 동기화되지 않을 수 있다. 예를 들어 데이터 사용자는 카탈로그 정책을 기반으로 메타데이터에 접근할 수 있지만, 백엔드 소스 정책을 기반으로 하는 실제 데이터 세트에는 접근할 수 없다.

카탈로그 접근 패턴은 검색 가능성과 접근 제어의 균형을 맞추기 위해 반드시 필요하다. 이 패턴은 단순한 휴리스틱은 물론 복잡하고 세분화된 인증 및 마스킹을 가능하게 하는 유연한 패턴이다.

요약

실제 배포에서는 큐레이팅되지 않거나 격리된 데이터 세트와 아티팩트가 있다. 이들은 속성 이름과 설명이 잘 정의돼 있지 않고 일반적으로 비즈니스 정의와 동기화돼 있지 않다. 검색 서비스는 연관된 데이터 세트와 아티팩트의 목록 작성 프로세스를 자동화해 여정 지도의 발견 단계를 크게 간소화할 수 있다.

4장

피처 저장소 서비스

지금까지는 요구되는 인사이트를 생성하는 데 사용할 수 있는 데이터 세트와 아티팩트를 발견했다. ML 모델의 경우, 피처를 발견하는 데는 추가적인 단계가 있다. 예를 들어 학습이 필요한 수익 예측 모델은 입력으로 시장별, 제품 라인별 등 이전 이익 수치가 필요할 것이다. 피처는 한 개 이상의 데이터 소스에서 직접 추출하거나 컴퓨팅을 통해 도출할 수 있는 데이터 속성이다. 예를 들어 사람의 나이, 센서에서 방출된 좌표, 텍스트의 단어 또는 지난 한 시간 동안의 평균 구입 수와 같은 집계 값이다. ML 모델에서 피처를 사용하려면 데이터 속성의 이력 값이 필요하다.

데이터 과학자는 ML 모델의 학습 데이터 세트를 만드는 데 상당한 시간을 소비한다. 학습과 추론을 위한 피처를 생성하기 위해 데이터 파이프라인을 구축하는 것은 힘든 일이다. 첫째, 데이터 과학자는 데이터스토어에 액세스하기 위해 로우레벨 코드를 작성해야 하므로 데이터 엔지니어링 기술이 필요하다. 둘째, 이러한 피처를 생성하는 파이프라인에는 언제나 일관되지 않게 구현된 것들이 있다. 즉, 학습과 추론을 위한 별도의 파이프라인이 있다. 셋째, 파이프라인 코드는 ML 프로젝트 전반에 걸쳐 복제되며 모델 구현의 일부로 포함되므로 재사용할 수 없다. 마지막으로, 피처는 변경 관리나 거버넌스가 없다. 이러한 측면은 전체 인사이트 시간에 영향을 미친다. 이는 데이터 사용자가 일반적으로 강력한 파이프라인을 개발하고 프로덕션에서 이를 모니터링할 수 있는 엔지니어링 기술이 부족하기 때문에 더욱 그렇다. 또한 피처 파이프라인은 ML 프로젝트 간에 공유되는 대신 반복적으로 새롭게 구축된다. ML 모델 구축 프로세스는 반복적이며, 다양한 피처 조합을 탐색해야 한다.

이상적으로는 피처 저장소 서비스가 ML 모델의 학습과 추론을 위해 잘 문서화되고, 통제되고, 버전이 지정되며, 큐레이팅된 피처를 제공해야 한다(그림 4-1 참조). 데이터 사용자는 최소한의 데이터 엔지니어링으로 모델을 구축하기 위해 피처를 검색하고 사용할 수 있어야 한다. 학습과 추론을 위한 피처 파이프라인 구현은 지속성이 있다. 게다가 피처는 ML 프로젝트에서 캐싱되고 재사용되므로 학습 시간과 인프라 비용이 절감된다. 이 서비스의 성공 척도는 피처화 시간이다. 피처 저장소 서비스가 더 많은 기능을 구축함에 따라 새로운 모델을 더 쉽고 빠르게 구축할 수 있게 되는 규모의 경제가 제공된다.

그림 4-1 다수의 데이터 프로젝트에 걸쳐 모델 학습 및 추론에 사용되는 피처들의 저장 공간으로서의 피처 저장소

여정 지도

피처 개발 및 관리는 ML 모델 개발의 중요한 부분이다. 데이터 프로젝트에서는 종종 공통 피처 세트를 공유해서 동일한 기능을 재사용할 수 있게 한다. 피처 수가 증가하면 새로운 데이터 프로젝트 구현 비용이 감소한다(그림 4-2 참조). 프로젝트 간에는 피처가 겹치는 일이 많다. 이 절에서는 피처 저장소 서비스에 대한 여정 지도의 주요 시나리오를 설명한다.

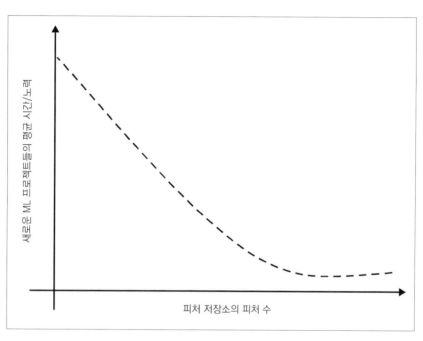

그림 4-2 피처 저장소의 사용 가능한 피처 수가 증가함에 따라
새로운 데이터 프로젝트에 필요한 시간과 노력이 줄어든다.

사용 가능한 피처 찾기

탐색 단계의 일부로 데이터 과학자들은 ML 모델을 구축하는 데 활용할 수 있는 사용 가능한 피처를 검색한다. 이 단계의 목표는 피처를 재사용하고 모델 구축에 드는 비용을 줄이는 것이다. 이 프로세스에는 사용 가능한 피처가 양호한지 여부와 현재 사용 방법을 분석하는 작업이 포함된다. 중앙 집중식 피처 저장소의 부족으로 인해 데이터 과학자들은 검색 단계를 건너뛴 뒤, 시간이 지남에 따라 복잡해지는 경향이 있는 임시용 학습 파이프라인을 개발하는 경우가 많다. 이런 파이프라인들은 모델 수가 증가함에 따라 관리하기 어려운 파이프라인 정글로 빠르게 바뀐다.

학습 세트 생성

모델 학습 중에는 모델을 학습하기 위해 하나 이상의 피처로 이뤄진 데이터 세트가 필요하다. 이러한 피처들의 기록 값을 포함하는 학습 세트는 예측 레이블과 함께 생성된다. 학습 세트는 데이터 소스에서 데이터를 추출하고 피처의 과거 데이터 값을 변환, 정리, 생성하는 쿼리를 작성해 준비한다. 학습 세트를 개발하는 데는 상당한 시간이 소요된다. 또한 피처 세트는 백필링^{backfilling}이라고 하는 프로세스를 통해 새로운 값으로 지속적으로 업데이트돼야 한다. 피처 저장소를 사용하면 모델을 구축하면서 피처에 대한 학습 데이터 세트를 사용할 수 있다.

온라인 추론을 위한 피처 파이프라인

모델 추론의 경우 피처 값이 모델에 대한 입력으로 제공되고, 이는 예측된 출력을 생성한다. 추론 중 피처를 생성하기 위한 파이프라인 로직은 학습 중에 사용되는 로직과 매칭돼야 하며, 그렇지 않으면 모델 예측이 틀릴 것이다. 파이프라인 로직 외에도, 온라인 모델의 추론을 위해 피처를 생성하는 데 드는 지연 시간이 짧아야 한다는 추가 요구 사항이 있다. 오늘날 ML 파이프라인에 내장된 피처 파이프라인은 재사용이 어렵다. 또한 학습 파이프라인 로직의 변경 사항은 이에 대응하는 모델 추론 파이프라인과 제대로 맞지 않을 수 있다.

피처화 시간 최소화

피처화 시간은 피처를 만들고 관리하는 데 소요되는 시간이다. 오늘날, 소비되는 시간은 크게 피처 연산과 피처 제공이라는 두 가지 범주로 나뉜다. 피처 연산에는 학습과 추론을 위한 피처를 생성하는 데이터 파이프라인이 포함된다. 피처를 제공할 때 중점을 두는 부분은 학습 중에 대량의 데이터 세트를 제공하는 것, 모델 추론 용도로 지연 시간이 짧은 피처 값을 제공하는 것, 데이터 사용자가 피처 간에 쉽게 검색하고 협업할 수 있도록 하는 것이다.

피처 계산

피처 연산은 원시 데이터를 기능으로 변환하는 프로세스다. 여기에는 모델 추론에 사용되는 현재 피처 값뿐만 아니라 피처의 과거 학습 값 생성을 위한 데이터 파이프라인 구축이 포함된다. 학습 데이터 세트는 지속적으로 새로운 샘플로 채워져야 한다. 피처 계산에는 두 가지 주요 과제가 있다.

첫째, 파이프라인 정글 관리의 복잡성이 있다. 파이프라인들은 소스 데이터스토어에서 데이터를 추출해 피처로 변환한다. 이러한 파이프라인들에는 여러 변환이 있으며, 프로덕션에서 발생하는 코너 케이스^{corner case}를 처리해야 한다. 프로덕션에서 대규모로 이를 관리하는 것은 악몽이다. 특히 딥러닝 모델의 경우 피처 데이터 샘플의 수가 계속 증가한다. 대규모 데이터 세트를 규모에 맞게 관리하려면 확장과 성능을 위한 분산 프로그래밍 최적화가 필요하다. 전체적으로 보면, 데이터 파이프라인을 구축하고 관리하는 것은 일반적으로 모델 생성 시 전체 인사이트 시간에서 가장 많은 시간을 소요하는 부분 중 하나다.

둘째, 특정 피처에 대한 학습과 추론을 위해 별도의 파이프라인들이 작성된다. 모델 학습은 일반적으로 일괄 처리 지향적^{batch-oriented}인 반면, 모델 추론은 거의 실시간 지연으로 스트리밍되므로 신선도 요구 사항이 다르기 때문이다. 학습 및 추론 파이프라인 연산의 불일치는 모델 정확성 문제의 주요 원인이며, 이를 프로덕션 규모에서 디버깅하는 것은 악몽이다.

피처 제공

피처 제공에는 학습을 위해 피처 값을 대량으로 제공하는 것과 짧은 지연으로 제공하는 것이 포함된다. 피처는 쉽게 발견할 수 있어야 하고 다른 기존 피처와의 비교 및 분석이 가능해야 한다. 일반적인 대규모 배포에서 피처 제공은 수천 개의 모델 추론을 지원한다. 데이터 사용자들이 프로토타이핑 중에 수백 개의 모델 순열에서 빠른 속도로 탐색하기 때문에 중복 피처를 피하는 것처럼 성능 확장도 주요 과제 중 하나다.

오늘날 일반적인 문제 중 하나는 학습 데이터 세트에서는 모델이 잘 수행되지만 프로덕션에서는 잘 수행되지 않는다는 것이다. 여러 가지 이유가 있겠지만, 핵심 문제는 레이블 누출^{label leakage}이라고 한다. 이는 모델 피처에 대해 잘못된 시점 값이 사용됨으로 인해 발생한다. 올바른 피처 값을 찾는 것은 까다로운 일이다. 예를 들어 Zanoyan 등은 그림 4-3에 설명된 예를 다룬다(https://oreil.ly/casp-). 이 그래프는 T1 시간에서의 예측을 위해 학습에서 선택한 피처 값을 보여준다. 여기서는 F1, F2, F3이라는 세 가지 피처가 표시돼 있다. 예측 P1의 경우 각각 학습 피처 F1, F2, F3에 대해 피처 값 7, 3, 8을 선택해야 한다. 그 대신 예측 후 피처 값(예: F1의 값 4)을 사용하는 경우, 값이 예측의 잠재적 결과를 나타내며 학습 중에 높은 상관관계를 잘못 나타내기 때문에 피처 누출이 발생할 수 있다.

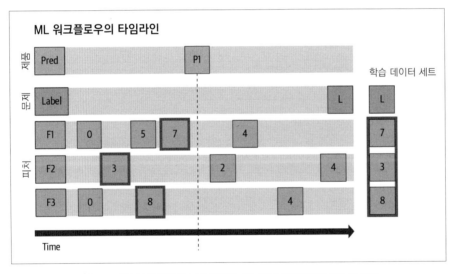

그림 4-3 예측 P1을 위한 학습 중 피처 F1, F2, F3에 대한 정확한 시점 값 선택.
실제 출력 결과인 레이블 L은 지도 학습 ML 모델의 학습을 위해 제공된다.

요구 사항 정의

피처 저장소 서비스는 피처의 중앙 저장소로, 장기간(몇 주 또는 몇 달)에 걸친 피처의 과거 값은 물론 몇 분에 걸친 준실시간 피처 값을 모두 제공한다. 피처 저장소의 요구 사항은 피처 연산과 피처 제공으로 나뉜다.

피처 연산

피처 연산에는 데이터 레이크 및 기타 데이터 소스와의 긴밀한 통합이 필요하다. 피처 연산 파이프라인에 대해 고려해야 할 것으로는 세 가지 차원이 있다.

우선, 지원해야 하는 피처의 다양한 유형을 고려해야 한다. 피처는 개별 데이터 속성과 연관돼 있거나 복합적으로 집계된 것일 수 있다. 또한 피처는 공칭 시간$^{nominal\ time}$에 비례해 지속적으로 변하는 대신 상대적으로 정적일 수 있다. 피처 연산에는 일반적으로 데이터 사용자가 현재 사용 중인 기능들과 유사한 다수의 원시 기능이 피처 스토어에서 지원 돼야 한다.

- 범주형 데이터를 숫자 데이터로 변환
- 피처가 서로 다른 분포에서 비롯된 경우 데이터 정규화
- 원-핫 인코딩 또는 피처 이진화
- 피처 비닝$^{feature\ binning}$(예: 연속 피처를 개별 피처로 변환)
- 피처 해싱$^{feature\ hashing}$(예: 원-핫 인코딩된 피처의 메모리 풋프린트$^{memory\ footprint}$를 줄이기 위함)
- 집계 피처 연산(예: 개수, 최솟값, 최댓값, 표준편차)

둘째, 피처 엔지니어링을 위해 지원돼야 하는 프로그래밍 라이브러리를 고려해야 한다. Spark는 대규모 데이터 세트로 작업하는 사용자 간의 데이터 랭글링에 선호된다. 작은 데이터 세트로 작업하는 사용자는 NumPy, pandas와 같은 프레임워크를 선호한다. 피처 엔지니어링 작업은 노트북^{notebook}, 파이썬 파일 또는 .jar 파일을 사용해 빌드되고

Samza, Spark, Flink, Beam과 같은 연산 프레임워크에서 실행된다.

셋째, 피처 데이터가 유지되고 있는 소스 시스템의 유형을 고려해야 한다. 소스 시스템은 일련의 관계형 데이터베이스, NoSQL 데이터스토어, 스트리밍 플랫폼, 파일 및 객체 저장소일 수 있다.

피처 제공

피처 저장소는 강력한 협업 기능을 지원해야 한다. 피처는 팀 간 공유가 가능하도록 정의되고 생성돼야 한다.

피처 그룹

피처 저장소는 두 가지 인터페이스를 갖고 있다. 즉, 저장소에 피처를 쓰는 것과 훈련 및 추론을 위한 읽기 피처다. 피처는 일반적으로 파일 또는 프로젝트별 데이터베이스에 기록된다. 피처는 동일한 처리 작업 또는 동일한 원시 데이터 세트에서 연산된 피처들을 기반으로 추가로 그룹화할 수 있다. 예를 들어 우버와 같은 카셰어링 서비스^{carsharing service}의 경우, 지리적 위치^{region}의 모든 트립 관련 피처는 트립 이력을 스캔하는 하나의 작업으로 모두 연산할 수 있기 때문에 피처 그룹으로 관리할 수 있다. 피처는 레이블(지도 학습의 경우)과 결합하고 훈련 데이터 세트로 구체화할 수 있다. 피처 그룹은 일반적으로 타임스탬프 또는 고객 ID와 같은 공통 열을 공유하므로 피처 그룹을 학습 데이터 세트로 결합할 수 있다. 피처 저장소는 TFRecords, Parquet, CSV, TSV, HDF5 또는 .npy 파일로 유지되는 학습 데이터 세트를 만들고 관리한다.

확장

확장^{scaling}과 관련해 몇 가지 고려해야 할 측면이 있다.

- 피처 저장소에서 지원할 피처 수
- 온라인 추론을 위해 피처 저장소를 호출하는 모델 수
- 오프라인 추론 및 학습을 위한 일간 모델 수

96

- 학습 데이터 세트에 포함되는 과거 데이터의 양
- 새 샘플이 생성될 때 피처 데이터 세트를 다시 채우는[backfill] 일간 파이프라인 수

추가로, 온라인 모델 추론과 관련해서는 특정한 성능 확장 요구 사항이 있다(예: 피처 값 연산을 위한 TP99 지연 시간 값). 온라인 학습에서는 학습 세트를 채우는 시간과 DB 스키마 변이를 고려해야 한다. 일반적으로 피처 기록은 12시간 미만이어야 하며 준실시간 피처 값은 5분 미만이어야 한다.

피처 분석

피처는 ML 프로젝트 전반에 걸쳐 재사용될 수 있도록 검색 가능하고 쉽게 이해할 수 있어야 한다. 데이터 사용자는 변환을 식별할 수 있을 뿐만 아니라 피처를 분석해서 특이치, 분포 드리프트, 피처 상관관계를 찾을 수 있어야 한다.

비기능 요구 사항

여느 소프트웨어 설계와 마찬가지로, 다음은 기능 저장소 서비스를 설계할 때 고려해야 할 주요 비기능 요구 사항[NFR] 중 일부다.

자동 모니터링 및 알림

서비스 상태를 모니터링하기 쉬워야 한다. 프로덕션 중에 발생하는 모든 문제는 자동 경보가 생성돼야 한다.

응답 시간

서비스가 피처 검색 쿼리에 밀리초 단위로 응답하도록 하는 것이 중요하다.

직관적인 인터페이스

피처 저장소 서비스를 효과적으로 사용하려면 조직 내의 모든 데이터 사용자에게 채택돼야 한다. 따라서 사용하기 쉽고 이해하기 쉬운 API, CLI와 웹 포털을 보유하는 것이 중요하다.

구현 패턴

기존 작업 지도에 따라 피처 저장소 서비스에 대한 자동화 수준은 두 가지가 있다(그림 4-4 참조). 각 수준은 현재 수동이거나 비효율적인 작업의 조합을 자동화하는 것에 해당한다.

하이브리드 피처 연산 패턴

피처 연산을 위한 일괄 처리 및 스트림 처리를 결합하는 패턴을 정의한다.

피처 레지스트리 패턴

학습과 추론을 위한 기능을 제공하는 패턴을 정의한다.

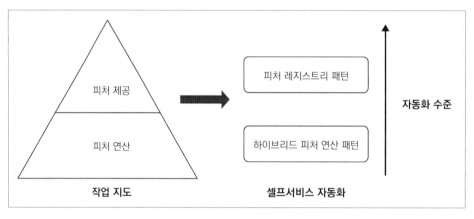

그림 4-4 피처 저장소 서비스의 다양한 자동화 수준

피처 저장소 서비스는 점점 더 인기를 얻고 있다. 우버의 Michelangelo(https://oreil.ly/56ukj), 에어비앤비의 Zipline(https://oreil.ly/cKwoi), 고젝^{Gojek}의 Feast(https://oreil.ly/foWgT), 컴캐스트^{Comcast}의 Applied AI(https://oreil.ly/pw9it), 로지컬클럭^{Logical Clock}의 Hopworks(https://oreil.ly/EMeHg), 넷플릭스의 Fact Store(https://oreil.ly/aiIZJ), 핀터레스트^{Pinterest}의 Galaxy(https://oreil.ly/sFSeL) 등이 인기 있는 오픈소스 피처 저장소 서비스의 예다. 요즘 뜨는 피처 스토어들이 잘 정리된 목록은 featurestore.org에서 볼 수 있다. 아키텍처 관점에서 이러한 각 구현에는 피처 연산과 피처 제공이라는 두 가지 핵심 구성

요소가 있다.

하이브리드 피처 연산 패턴

피처 연산 모듈은 다음의 두 가지 ML 시나리오 세트를 지원해야 한다.

- 대량 이력 데이터가 시간 단위로 계산되는 오프라인 학습 및 추론
- 몇 분 주기로 피처 값이 계산되는 온라인 학습 및 추론

하이브리드 피처 연산 패턴에는 세 가지 구성 요소가 있다(그림 4-5 참조).

일괄 처리 연산 파이프라인

전통적인 일괄 처리 작업에서는 몇 시간마다 또는 매일 ETL 작업으로 실행돼 과거 피처 값을 계산한다. 파이프라인은 대규모 타임 윈도우time-window에서 실행되도록 최적화돼 있다.

스트리밍 연산 파이프라인

실시간 메시지 버스의 데이터 이벤트에 대해 수행되는 스트리밍 분석을 통해 낮은 지연 시간으로 피처 값을 계산한다. 피처 값은 일괄 처리 파이프라인으로부터의 대량 이력 데이터로 다시 채워진다.

피처 사양

일관성을 보장하기 위해 데이터 사용자는 새로운 피처에 대한 파이프라인을 생성하는 대신 도메인 특화 언어DSL, Domain-Specific Language를 사용해 피처 사양을 정의한다. 사양은 데이터 소스와 종속성 및 피처를 생성하는 데 필요한 변환을 구체적으로 정의한다. 사양은 자동으로 일괄 처리 파이프라인과 스트리밍 파이프라인으로 변환된다. 이를 통해 사용자 개입 없이 학습과 추론을 위한 파이프라인 코드의 일관성이 보장된다.

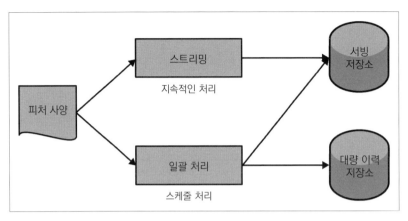

그림 4-5 하이브리드 피처 연산 패턴의 병렬 파이프라인

하이브리드 피처 연산 패턴의 예로는 우버의 Michelangelo(https://oreil.ly/56ukj)가 있다. Michelangelo는 아파치 Spark와 Samza의 조합을 구현한다. Spark는 일괄 처리 피처를 연산하는 데 사용되며 결과는 Hive에서 유지된다. 일괄 처리 작업은 피처 그룹을 연산하고, 이를 컬럼당 피처로서 단일 Hive 테이블에 쓴다. 예를 들어 우버이츠[Uber Eats](우버의 음식 배달 서비스)는 지난 7일 동안 레스토랑의 평균 식사 준비 시간 같은 피처들에 일괄 처리 파이프라인을 사용한다. 스트리밍 파이프라인의 경우 Kafka 토픽은 Samza 스트리밍 작업과 함께 소비돼 Cassandra에서 키-값 형식으로 유지되는 준실시간 피처 값을 생성한다. 히스토리 피처의 대량 사전 연산 및 과거 피처의 로딩이 정기적으로 Hive에서 Cassandra로 이뤄진다. 예를 들어 우버이츠는 지난 1시간 동안 레스토랑의 평균 식사 준비 시간과 같은 피처에 스트리밍 파이프라인을 사용한다. 피처는 학습 및 예측 시간에 모델로 전송되는 피처를 선택, 변환, 결합하는 도메인 특화 언어[DSL]를 사용해 정의된다. 도메인 특화 언어는 일반적으로 사용되는 완전한 함수 집합을 가진 순수한 함수형 언어인 스칼라의 하위 집합으로 구현된다. 데이터 사용자는 자신의 사용자 정의 함수를 추가할 수도 있다.

하이브리드 피처 연산 패턴의 강점:

- 일괄 처리 및 스트리밍 타임 윈도우에 걸쳐 최적의 피처 연산 성능을 제공한다.
- 피처를 정의하는 DSL은 학습과 추론을 위한 파이프라인 구현 불일치에 관련된 모순을 방지한다.

하이브리드 피처 연산 패턴의 약점:

- 이 패턴을 프로덕션 환경에서 구현하고 관리하는 것은 쉽지 않다. 데이터 플랫폼이 상당히 성숙해야 한다.

하이브리드 피처 연산 패턴은 일괄 처리와 스트리밍 모두에 최적화된 피처의 연산을 구현하기 위한 고급 접근 방식이다. 아파치 Beam과 같은 프로그래밍 모델은 일괄 처리와 스트리밍의 격차를 점점 더 줄이고 있다.

피처 레지스트리 패턴

피처 레지스트리 패턴을 사용하면 피처를 쉽게 검색하고 관리할 수 있다. 또한 온라인/오프라인 학습 및 추론을 위한 피처 값을 제공하는 데도 효과적이다. 이러한 유스 케이스에 대한 요구 사항은 리니 등(https://oreil.ly/sFfDJ)이 관찰한 바와 같이 매우 다양하다. 일괄 학습 및 추론을 위해서는 효율적인 대량 액세스가 필요하다. 실시간 예측을 위해서는 저지연, 레코드당 액세스가 필요하다. 단일 저장소는 다음과 같은 이유로 과거 피처와 준실시간 피처 모두에 적합하지 않다. a) 데이터스토어는 포인트 쿼리 또는 대량 액세스에 효율적이지만, 둘 다에는 적합하지 않다. b) 빈번한 대량 액세스는 포인트 쿼리의 지연 시간에 부정적인 영향을 미쳐 공존하기 어렵다. 유스 케이스에 관계없이 피처는 표준 이름canonical name을 통해 식별된다.

피처 레지스트리 패턴은 피처 발견 및 관리 시 피처 및 학습 데이터 세트를 게시하고 발견하기 위한 사용자 인터페이스다. 피처 레지스트리 패턴은 피처 버전을 비교해 시간에 따른 피처 진화를 분석하는 도구로도 사용된다. 새 데이터 과학 프로젝트를 시작할 때 데이터 과학자는 일반적으로 피처 레지스트리에서 사용 가능한 피처를 스캔하고, 사용하려는 모델 중 피처 저장소에 아직 존재하지 않는 새 피처만 추가한다.

피처 레지스트리 패턴에는 다음과 같은 구성 요소가 있다.

피처 값 저장소

피처 값을 저장한다. 대량 저장소를 위한 일반적인 솔루션으로는 Hive(우버와 에어비앤비에서 사용), S3(컴캐스트에서 사용), 구글 BigQuery(고젝에서 사용)가 있다. 온라인 데이터의 경우 일반적으로 Cassandra와 같은 NoSQL 저장소가 사용된다.

피처 레지스트리 저장소

피처, 피처 버전 정보, 피처 분석 데이터, 피처 문서를 연산하기 위한 코드를 저장한다. 피처 레지스트리는 피처/피처 그룹/학습 데이터 세트 메타데이터에 대한 자동 피처 분석, 피처 종속성 추적, 피처 작업 추적, 피처 데이터 미리 보기, 키워드 검색을 제공한다.

피처 레지스트리 패턴의 예로는 Hopsworks 피처 저장소(https://oreil.ly/7c_fx)가 있다. 사용자가 피처 저장소를 SQL 또는 프로그래밍 방식으로 쿼리하면 피처 저장소는 피처를 데이터프레임으로 반환한다(그림 4-6 참조). Hopworks 피처 저장소의 피처 그룹 및 학습 데이터 세트는 Spark/NumPy/pandas 작업에 연결돼 있어 필요할 때 피처를 재현하고 재연산할 수 있다. 피처 그룹 또는 학습 데이터 세트 외에도 피처 저장소는 피처 값의 클러스터 분석, 피처 상관관계, 피처 히스토그램, 설명 통계를 살펴보는 데이터 분석 단계를 수행한다. 예를 들어 피처 상관 정보를 사용하면 중복 피처를 식별할 수 있고, 피처 히스토그램을 사용하면 공변량 이동을 발견할 수 있으며, 군집 분석을 사용하면 이상치를 찾아낼 수 있다. 피처 레지스트리에서 이러한 통계에 액세스할 수 있으면 사용자가 사용할 피처를 결정하는 데 도움이 된다.

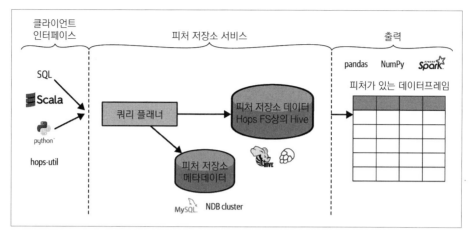

그림 4-6 피처 저장소에 대한 사용자 쿼리는 데이터프레임을 생성한다(pandas, NumPy 또는 Spark 등 널리 사용되는 형식으로 표시됨. Hopsworks 문서(https://oreil.ly/2o1e0) 참고)

피처 레지스트리 패턴의 강점:

- 학습 데이터 세트와 피처 값의 성능 기준에 맞는 성능을 제공한다.
- 데이터 사용자의 피처 분석 시간을 단축한다.

피처 레지스트리 패턴의 약점:

- 수백 개의 모델을 제공하는 동안 잠재적인 성능 병목 현상이 나타난다.
- 피처가 계속 증가해 피처 분석을 위한 확장을 지속한다.

요약

오늘날 모델 제공 및 학습 중에 피처에 접근하는 원칙이 되는 방법은 없다. 피처는 여러 ML 파이프라인 간에 쉽게 재사용할 수 없으며 ML 프로젝트는 협업 및 재사용 없이 격리된 상태로 작동한다. 피처가 ML 파이프라인에 깊이 내장돼 있다는 점을 감안할 때, 새 데이터가 도착하면 정확히 어떤 피처를 다시 연산해야 하는지 정확히 파악할 방법이 없다. 오히려 피처를 업데이트하기 위해 전체 ML 파이프라인을 실행해야 한다. 피처 저장소는 이러한 증상을 해결하고 ML 모델 개발에서 규모의 경제를 가능하게 한다.

5장

데이터 이동 서비스

비즈니스 문제를 해결하기 위한 인사이트를 개발하는 과정에서 지금까지 기존 데이터 세트와 그 메타데이터, 그리고 인사이트를 개발하는 데 사용할 수 있는 재사용 가능한 아티팩트와 피처를 발견하는 방법에 대해 논의했다. 인사이트를 구축하기 위해서는 종종 서로 다른 데이터 웨어하우스 또는 애플리케이션 데이터베이스의 데이터 속성을 집계해야 한다. 예를 들어, 매출 대시보드에는 청구, 제품 코드, 특별 혜택에서 가져온 속성을 공통 데이터스토어로 이동한 다음 쿼리하고 조인해서 대시보드를 몇 시간마다 또는 실시간으로 업데이트해야 한다. 데이터 사용자는 16%의 시간을 데이터 이동에 소비한다(https://oreil.ly/qdbsF). 오늘날 데이터 이동은 이기종 데이터 소스 간의 데이터 이동을 조정하고, 소스와 대상 간의 데이터 정확성을 지속적으로 검증하며, 데이터 소스에서 일반적으로 발생하는 스키마 또는 구성 변경에 적응하는 데 어려움을 겪는다.

다양한 소스의 데이터 속성을 적시에 사용할 수 있도록 보장하는 것은 주된 어려움 중 하나다. 데이터를 사용 가능하게 만드는 데 소요되는 시간은 생산성에 영향을 미치고 전체 인사이트 시간을 늦춘다. 이상적으로는 데이터 사용자가 소스, 대상, 데이터 이동 일정을 선택해서 데이터 이동을 할 수 있도록 셀프서비스화돼야 한다. 데이터 이동 서비스의 성공 기준은 데이터 가용성에 대한 시간을 줄이는 것이다.

여정 지도

이 절에서는 데이터 과학자의 여정 지도에서 데이터 이동이 필요한 다양한 시나리오를 설명한다.

소스 간 데이터 집계

전통적으로 트랜잭션 데이터 소스의 데이터는 분석 목적으로 데이터 웨어하우스에 집계 됐다. 오늘날에는 트랜잭션 데이터베이스, 행동 데이터, 지리 공간 데이터, 서버 로그, IoT 센서 등을 포함하는 정형, 반정형, 비정형 데이터를 포함하도록 다양한 데이터 소스 가 크게 증가했다. 이러한 소스에서 데이터를 집계하는 것은 데이터 사용자에게 도전적 인 일이다.

여기에 애플리케이션 설계를 위한 마이크로서비스 패러다임(https://oreil.ly/2kHMq)의 출 현으로 데이터 소스가 점점 더 고립돼 복잡성을 더하고 있다. 이 패러다임에서 개발자 는 마이크로서비스에 가장 적합한 다양한 기본 데이터스토어와 데이터 모델을 선택할 수 있다. 실제 환경에서 일반적인 데이터 사용자는 다양한 데이터 사일로와 씨름해야 하며, 일반적으로 팀 간 조정, 제품 기반 트랜잭션, 행동 클릭스트림 데이터, 마케팅 캠페인, 청 구 활동, 고객 지원 티켓, 판매 기록 등을 관리한다. 이 시나리오에서 데이터 이동 서비 스의 역할은 데이터 레이크라는 중앙 리포지터리 내에서 데이터 집계를 자동화하는 것 이다.

원시 데이터를 전문 쿼리 엔진으로 이동

점점 더 많은 쿼리 처리 엔진이 다양한 유형의 쿼리 및 데이터 워크로드에 최적화되고 있다. 예를 들어, 시계열 데이터 세트의 데이터 분할slice-and-dice 분석의 경우 데이터는 Druid(https://oreil.ly/hmCP4)와 Pinot(https://oreil.ly/_hu7N) 같은 전문 분석 솔루션으로 복사된다. 데이터 이동을 단순화하면 작업에 적합한 분석 도구를 활용할 수 있다. 클라 우드 기반 아키텍처에서는 쿼리 엔진이 점점 데이터 레이크에서 직접 실행되고 있으므로 데이터를 이동할 필요성이 줄어든다.

처리된 데이터를 서빙 저장소로 이동

데이터가 소프트웨어 애플리케이션에서 키-값 쌍$^{key-value\ pair}$으로 처리되고 저장돼 수백만 명의 최종 사용자에게 제공되는 시나리오를 생각해보자. 적절한 성능과 확장을 보장하려면 데이터 모델 및 일관성 요구 사항에 따라 올바른 NoSQL 저장소를 서빙 저장소$^{serving\ store}$로 선택해야 한다.

소스 전반의 탐색적 분석

모델 구축의 초기 단계에서 데이터 사용자는 다양한 데이터 속성을 탐색해야 한다. 이러한 속성을 모두 데이터 레이크에서 사용할 수 있는 것은 아니다. 탐색 단계에서는 빠른 프로토타이핑을 위해 전체 테이블이 아니라 데이터 샘플이 필요하다. 프로토타이핑 작업의 반복적 특성을 고려할 때 포인트 앤 클릭$^{point-and-click}$ 기능으로 데이터 이동을 자동화하는 것은 매우 중요하다. 이 시나리오는 데이터 레이크 내에서 정기적으로 집계해야 하는 데이터 세트를 결정하기 위한 사전 단계로 사용된다.

데이터 가용성 확보 시간 최소화

오늘날의 데이터 가용성 확보 시간은 이 절에서 설명하는 네 가지 활동에 사용된다. 이 소요 시간을 최소화하는 것이 데이터 이동 서비스의 목표다.

데이터 수집 구성 및 변경 관리

데이터는 반드시 소스 데이터스토어에서 읽고 대상 데이터스토어에 기록해야 한다. 데이터스토어에서 데이터를 읽고 쓰려면 해당 기술에 특화된 어댑터가 필요하다. 데이터스토어를 관리하는 소스 팀들은 데이터를 읽을 수 있도록 구성해야 한다. 소스 데이터스토어의 성능 영향과 관련된 문제를 처리하는 것은 일반적인 일이다. 이 프로세스는 Jira 티켓으로 추적되며 며칠이 걸릴 수 있다.

초기 구성 후에는 소스 및 대상 데이터스토어에서 스키마 및 구성 변경이 발생할 수 있다. 이러한 변경은 더 이상 사용되지 않거나 다른 의미를 나타내기 위해 변경됐을 수 있는 특정 데이터 속성에 의존하는 다운스트림 ETL 및 ML 모델을 방해할 수 있으므로 사전에 조정돼야 한다. 데이터 이동이 일회성이 아닌 한 소스 데이터를 대상에서 올바르게 사용할 수 있노록 하려면 지속적인 변경 관리가 필요하다.

규정 준수

데이터를 시스템 간에 이동하기 전에 먼저 규정 준수 여부를 확인해야 한다. 예를 들어, 소스 데이터스토어가 PCI(https://oreil.ly/j8aBX)와 같은 규정 준수 법률을 따르는 경우 데이터 이동은 명확한 비즈니스 타당성과 함께 문서화돼야 한다. 개인 식별 정보[PII] 속성이 있는 데이터의 경우 전송 중일 때와 대상 데이터스토어에서 암호화돼야 한다. 일반 데이터 보호 규정[GDPR](https://oreil.ly/K7Yqz)과 캘리포니아 소비자 개인정보 보호법[CCPA](https://oreil.ly/eIBY6) 같은 새로운 데이터 권리 법률은 소스 데이터스토어에서 분석을 위해 이동시킬 데이터에 대한 추가 제재가 있다. 규정 준수 검증은 적용되는 규정에 따라 상당한 시간이 소요될 수 있다.

데이터 품질 검증

데이터 이동 시에는 소스와 대상이 동일한지[in parity] 확인해야 한다. 실제 배포 환경에서는 소스 오류, 어댑터 실패, 집계 문제 등과 같은 다양한 이유로 품질 오류가 발생할 수 있다. 데이터 이동 중 데이터 패리티[data parity] 모니터링은 데이터 품질 오류를 발견하지 못하거나 비즈니스 지표 및 ML 모델의 정확성에 영향을 미치지 않도록 하기 위해 반드시 필요하다.

데이터 이동 중에는 대상의 데이터가 소스의 데이터와 정확히 닮아있지 않을 수 있다. 대상 데이터는 필터링, 집계됐거나 소스 데이터의 변환된 뷰일 수 있다. 예를 들어 애플리케이션 데이터가 여러 클러스터에 걸쳐 분할^{sharded}된 경우 대상에 단일 집계된 구체화된 뷰가 필요할 수 있으며, 프로덕션에 배포하기 전에 변환을 정의하고 검증해야 한다.

현재 상용 및 오픈소스 솔루션이 다양하게 제공되고 있지만, 데이터 이동 서비스를 구현하는 데 적합한 솔루션은 없다. 이 장의 나머지 부분에서는 데이터 이동 서비스를 구축하기 위한 요구 사항과 설계 패턴을 다룬다.

요구 사항 정의

데이터 이동 서비스에는 네 가지 주요 모듈이 있다.

수집 모듈

소스에서 대상 데이터스토어로 데이터를 한 번 또는 지속적으로 복사하는 것을 담당한다.

변환 모듈

소스에서 대상으로 복사되는 데이터의 변환을 담당한다.

규정 준수 모듈

분석 목적으로 데이터를 이동함으로써 규정 준수 요구 사항을 충족한다.

검증 모듈

소스와 대상 간의 데이터 패리티를 보장한다.

이러한 각 구성 요소에 대한 요구 사항은 산업 규정, 플랫폼 기술의 성숙도, 인사이트 유스 케이스의 유형, 기존 데이터 프로세스, 데이터 사용자의 기술 등 여러 요소에 따라 각 배포마다 달라진다. 이 절에서는 데이터 이동 서비스와 관련된 요구 사항을 정의하기 위해 데이터 사용자가 고려해야 하는 측면을 다룬다.

수집 요구 사항

데이터 수집 요구 사항의 일부로 세 가지 중요한 부분을 정의해야 한다.

소스 및 대상 데이터스토어 기술

데이터스토어에서 데이터를 읽고 쓰려면 기술 특화 어댑터가 필요하다. 사용 가능한 솔루션은 지원하는 어댑터마다 다르다. 따라서 현재 배포된 데이터스토어를 나열하는 것이 중요하다. 표 5-1에 널리 사용되는 데이터스토어의 범주가 나와 있다.

표 5-1 요구 사항 수집의 일부로 수집할 데이터스토어의 범주

데이터스토어 범주	인기 있는 예시
트랜잭션 데이터베이스	Oracle, SQL Server, MySQL
NoSQL 데이터스토어	Cassandra, Neo4j, MongoDB
파일 시스템	Hadoop FileSystem, NFS appliance, Samba
데이터 웨어하우스	Vertica, Oracle Exalogic, AWS Redshift
오브젝트 저장소	AWS S3
메시징 프레임워크	Kafka, JMS
이벤트 로그	Syslog, NGNIX logs

데이터 규모

데이터 엔지니어가 이해해야 하는 규모의 주요 측면은 다음과 같다.

- 행의 개수로 볼 때 테이블의 크기가 얼마나 큰가(즉, 수천 개의 행이 있는지, 수십억 개의 행이 있는지)?
- TB 단위로 표의 대략적인 크기는 얼마인가?
- 지속적으로 복사해야 하는 테이블의 수는 얼마인가?

규모의 또 다른 측면은 삽입, 업데이트, 삭제 횟수와 관련해 테이블이 빠르게 변경되는지 여부를 추정하는 변화율이다. 데이터 엔지니어는 데이터 크기와 업데이트 속도를 통해

확장 요구 사항을 추정할 수 있다.

허용 가능한 새로 고침 지연

탐색적 유스 케이스의 경우, 데이터 이동은 일반적으로 일회성 이동이다. 지속적인 데이터 복사의 경우 그림 5-1과 같이 몇 가지 옵션이 있다. 그림에서 예약된 데이터 복사는 연속 작업 대신 일괄 처리(주기적)로 구현할 수 있다. 일괄 처리 작업에서는 테이블을 전체 복사하거나 마지막 변경 사항의 증분만 복사할 수 있다. 연속 복사의 경우, 소스의 변경 사항이 준실시간(초 또는 분 단위)으로 대상에 전송된다.

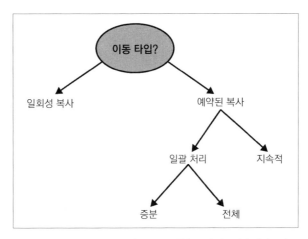

그림 5-1 다양한 유형의 데이터 이동 요청을 보여주는 의사 결정 트리

변환 요구 사항

데이터 이동 중에는 대상이 소스의 정확한 복제본이 아닐 수 있다. 데이터 이동 서비스의 일부로 서비스에서 지원해야 하는 다양한 유형의 변환을 정의하는 것이 중요하다. 변환에는 네 가지 범주가 있다.

형식 변환

가장 일반적인 형식은 대상 데이터가 소스 테이블의 복제본이 되는 것이다. 대상 데이터는 업데이트의 추가 로그이거나 테이블의 업데이트, 삽입, 삭제를 나타내는 변경 이벤트 목록이 될 수도 있다.

자동화된 스키마 진화

예약된 데이터 이동에서는 소스 테이블의 스키마가 업데이트될 수 있다. 데이터 이동 서비스는 변화에 자동으로 적응할 수 있어야 한다.

필터링

원본 소스 테이블 또는 이벤트에는 대상 데이터에서 필터링해야 하는 필드가 있을 수 있다. 예를 들면, 소스 테이블의 일부 열 서브 세트만 대상 데이터에 필요할 수 있다. 추가로, 중복 레코드를 제거하기 위해 필터링을 사용할 수 있다. 삭제된 레코드를 필터링하려면 분석 유형에 따라 특별한 처리가 필요할 수 있다. 예를 들어 재무 분석에서는 실제 삭제(하드 삭제) 대신 삭제 플래그(소프트 삭제)로 표시된 삭제된 레코드를 사용할 수 있어야 한다.

집계

소스 데이터가 여러 사일로에 걸쳐 분할sharded되는 시나리오에서는 변환 논리가 하나의 구체화된 뷰를 집계하고 생성한다. 집계는 여러 소스를 조인해 데이터를 더욱 풍부하게 하는 것을 포함할 수 있다.

규정 준수 요구 사항

데이터 이동 중에는 규정 준수에 대한 여러 측면을 고려해야 한다. 그림 5-2는 고려해야 할 매슬로우의 욕구 계층 구조를 보여준다. 삼각형의 맨 아래에는 규정 준수를 위한 3A인 인증authentication, 접근 제어access control, 감사 추적audit tracking이 있다. 그 위에 암호화 및 마스킹과 관련해 개인 식별 정보PII를 처리할 때 고려해야 할 사항이 있다. 다음은 SOX, PCI 등과 같은 규정 준수 관련 요구 사항이다. 맨 위에는 CCPA, GDPR 등의 법률에 따른 데이터 권한 준수가 있다.

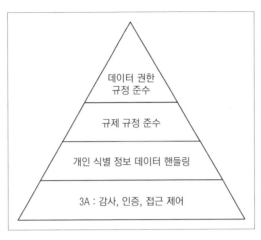

그림 5-2 데이터 이동 중에 고려해야 할 규정 준수 요구 사항의 계층

검증 요구 사항

데이터 이동 프로세스에서는 소스와 대상이 동일한지 확인하는 것이 중요하다. 분석 유형과 관련 데이터의 특성에 따라 서로 다른 패리티 검사 요구 사항을 정의할 수 있다. 예를 들어 행 개수 패리티는 모든 소스 데이터가 대상에 반영되는 것을 보장한다. 또한 샘플링 패리티는 데이터 이동 중에 소스 및 대상의 레코드가 정확히 일치하고 데이터 손상(예: null로 표시되는 데이터 열)이 없는지 확인하기 위해 행의 하위 집합을 비교한다. 열 값분포 및 교차 테이블 참조 무결성 등 여러 다른 품질 검사가 있으며, 이 검사들은 9장에서 다룬다. 오류가 감지되면 경고를 발생시키거나 대상 데이터를 사용할 수 없도록 데이터 이동 서비스를 구성해야 한다.

비기능적 요구 사항

모든 소프트웨어 설계와 마찬가지로 다음은 데이터 이동 서비스 설계에서 고려해야 하는 몇 가지 주요 비기능적 요구 사항[NFR]이다.

새로운 소스 데이터스토어에 대한 온보딩 용이성

서비스에 온보딩하는 데이터 원본 소유자의 경험을 단순화하고 광범위한 소스 및 대상 데이터스토어를 지원한다.

자동화된 모니터링 및 장애 복구

데이터 이동 서비스는 데이터 이동 실패의 체크포인트를 확인하고 복구할 수 있어야 한다. 이는 특히 큰 테이블을 이동할 때 중요하다. 또한 솔루션에는 포괄적인 모니터링 및 경고 프레임워크가 있어야 한다.

데이터 소스 성능에 대한 성능 영향 최소화

데이터 이동은 애플리케이션 사용자 경험에 직접적인 영향을 미칠 수 있으므로 데이터 소스의 성능을 저하시켜서는 안 된다.

솔루션 확장

데이터의 지속적인 증가를 감안할 때 서비스는 매일 수천 건의 예약된 데이터 이동을 지원해야 한다.

커뮤니티에서 광범위하게 사용되는 오픈소스 기술

오픈소스 솔루션을 선택할 때 여러 가지 사용되지 않는 프로젝트graveyard project가 있다는 점에 유의해야 한다. 오픈소스 프로젝트가 성숙하고 커뮤니티에서 광범위하게 사용되는지 확인한다.

구현 패턴

데이터 이동 서비스는 수집, 변환, 규정 준수, 검증 모듈이라는 네 가지 주요 작업을 수행해야 한다. 이 장에서는 수집 및 변환 모듈을 구현하는 패턴에 중점을 둔다. 규정 준수 및 검증 모듈의 패턴은 일반적인 구성 요소이며 각각 9장과 18장에서 다룬다. 수집과 변환을 위한 기존 작업 지도에 따라 데이터 이동 서비스에 대한 자동화 수준은 세 가지가 있다(그림 5-3 참조).

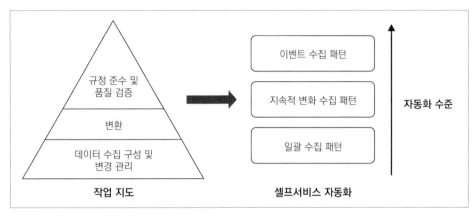

그림 5-3 데이터 이동 서비스의 다양한 자동화 수준

일괄 수집 패턴

일괄 수집batch ingestion은 빅데이터 진화 초기에 널리 사용됐던 전통적인 패턴이며, 일회성 및 예약된 데이터 이동 모두에 적용된다. '일괄 처리batch'라는 용어는 소스에 대한 업데이트가 함께 그룹화된 다음 주기적으로 대상으로 이동됨을 의미한다. 일괄 수집은 일반적으로 실시간 업데이트 요구가 없는 대규모 소스의 데이터 이동에 사용된다. 일괄 처리는 일반적으로 6~24시간 단위로 예약된다.

일괄 수집 패턴에는 세 단계가 있다(그림 5-4 참조).

1. 파티션 단계

복사할 소스 테이블은 데이터 이동을 병렬화하기 위해 더 작은 청크chunk로 논리적으로 분할된다.

2. 지도 단계

각 청크는 매퍼mapper(MapReduce의 용어)에 할당된다. 매퍼는 쿼리를 실행해 소스 테이블에서 데이터를 읽고 대상에 복사한다. 더 많은 매퍼를 사용하면 동시 데이터 전송 작업 수가 많아져 작업 완료 속도가 빨라질 수 있다. 그러나 데이터베이스의 로드 load도 증가해 잠재적으로 소스가 포화될 수 있다. 증분 테이블 복사의 경우, 매퍼는 마지막 업데이트 이후 소스 테이블에 대한 삽입, 업데이트, 삭제를 처리한다.

3. 축소 단계

매퍼의 출력은 스테이징 파일로 저장되고 리듀서reducer에 의해 대상 데이터스토어의 단일 구체화 뷰로 결합된다. 리듀서는 변환 기능을 구현할 수도 있다.

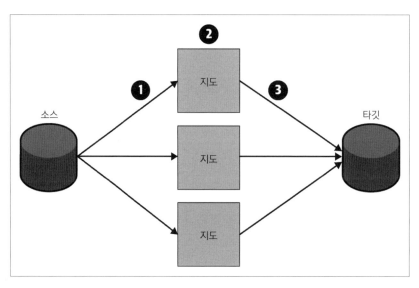

그림 5-4 일괄 수집 패턴에는 (MapReduce의) 지도 단계를 이용해 소스 데이터 개체를 분할함으로써 대상 데이터 개체로 병렬 복사하는 것이 포함된다.

일괄 수집 패턴의 구현 중 인기 있는 것은 아파치 Sqoop(https://oreil.ly/iqArX)이다. Sqoop은 일반적으로 관계형 데이터베이스와 파일 시스템 간에 HDFS Hadoop Distributed File System와 아파치 Hive로 대량의 데이터를 이동할 때 사용된다. 이는 클라이언트–서버 모델로 구현되는데, 클라이언트는 소스 및 대상 데이터스토어에 설치되고 데이터 이동은 클라이언트와 대응하는 Sqoop 서버에 의해 MapReduce 작업으로 오케스트레이션 된다. 데이터스토어에 연결하기 위한 기술 특화 어댑터는 클라이언트에 설치된다(최신

Sqoop2 버전에서는 드라이버가 서버에 설치됨). 데이터 이동은 소스 클라이언트의 매퍼가 소스에서 데이터를 전송하는 동안 대상 클라이언트의 리듀서가 데이터를 복사 및 변환하는 MapReduce 작업이다. Sqoop은 상위 워터마크를 기반으로 전체 테이블 새로 고침과 증분 테이블 복사를 모두 지원한다.

일괄 수집 패턴의 강점:

- 광범위한 소스 및 대상 데이터스토어에 적용할 수 있는 전통적인 데이터 이동 패턴이다. 데이터 소스 소유자가 소스 데이터스토어를 온보딩, 관리, 유지 관리 하는 데 최소한의 노력만 필요하다.
- 매일 수천 개의 예약된 데이터 이동으로까지 확장할 수 있다. MapReduce를 활용해 장애 복구를 구현한다.
- 기본적으로 복사 후 데이터 유효성 검사를 지원한다.

일괄 수집 패턴의 약점:

- 준실시간 데이터 새로 고침을 지원하지 않는다.
- 소스 데이터스토어의 성능에 잠재적으로 영향을 미칠 수 있다. 제한 규정 준수 상태의 소스 데이터스토어를 연결하는 데 사용되는 JDBC 연결과 관련된 잠재적인 규정 준수 문제가 있다.
- 영구 삭제hard delete가 수반되는 증분 테이블의 새로 고침 및 데이터 변환 기능에 대한 지원이 제한적이다.

일괄 수집은 빅데이터 여정의 초기 단계에 있는 조직에 좋은 시작점이며, 분석 팀의 성숙도에 따라서는 일괄 처리 지향적인 것으로도 충분할 수 있다. 데이터 엔지니어링 팀은 일반적으로 이 패턴을 사용해 사용 가능한 데이터 소스에 대한 빠른 적용 범위를 확보한다.

변경 데이터 캡처 수집 패턴

조직이 성숙해지면 일괄 수집을 넘어 변경 데이터 캡처^{CDC, Change Data Capture} 패턴으로 이동한다. 이 패턴은 짧은 지연 시간(몇 초 또는 몇 분)으로 대상에서 소스 업데이트가 필요한 지속적인 데이터 이동에 적용 가능하다. CDC는 소스에서 모든 변경 이벤트(업데이트, 삭제, 삽입)를 캡처하고 대상에 업데이트를 적용한다. CDC 패턴은 일반적으로 CDC 패턴을 사용해 연속 업데이트가 수행되는 동안, 소스 테이블을 처음으로 전체 복사할 때 사용되는 일괄 수집과 함께 사용한다.

CDC 수집 패턴에는 세 단계가 있다(그림 5-5 참조).

1. CDC 이벤트 생성

CDC 어댑터는 소스 데이터베이스에 설치되고 구성된다. 이 어댑터는 사용자 지정 테이블에 대한 삽입, 업데이트, 삭제를 추적하기 위한 소스 데이터스토어 특화 소프트웨어다.

2. 이벤트 버스에 게시된 CDC

CDC는 이벤트 버스에 게시되며 하나 이상의 분석 유스 케이스에서 사용할 수 있다. 버스의 이벤트는 내구성이 뛰어나며 오류가 발생한 경우 재생 가능하다.

3. 이벤트 병합

각 이벤트(삽입, 삭제, 업데이트)는 대상 테이블에 적용된다. 최종 결과는 소스 테이블보다 짧은 지연 시간이 있는 테이블의 구체화 뷰다. 대상 테이블에 해당하는 메타데이터는 새로 고침 타임스탬프와 기타 속성을 반영하기 위해 데이터 카탈로그에 업데이트된다.

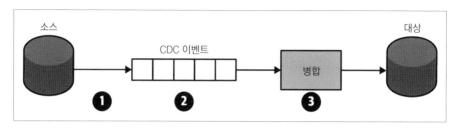

그림 5-5 CDC 수집 패턴의 단계

CDC 수집 패턴 중에는 병합 단계를 거치지 않고 직접 이벤트를 사용할 수 있는 변형도 있다(즉, 그림 5-5의 3단계 제외). 이 변형 패턴은 일반적으로 원시 CDC 이벤트가 비즈니스 특정 이벤트로 변환되는 시나리오에 적용된다. 또 다른 변형은 CDC 이벤트를 시간 기반 저널$^{time-based\ journal}$로 저장하는 것이다. 이는 일반적으로 리스크 및 사기^{fraud} 탐지 분석에 유용하다.

CDC 수집 패턴 중 오픈소스 구현 형태로 인기 있는 것은 아파치 Kafka(https://oreil.ly/mH9yU)와 결합된 Debezium(https://debezium.io)이다. Debezium은 지연 시간이 짧은 CDC 어댑터다. 데이터베이스 기술에 관계없이 표준화된 이벤트 모델에서 커밋된 데이터베이스 변경 사항을 캡처한다. 이벤트는 변경된 내용, 시기 및 위치를 설명한다. 이벤트는 아파치 Kafka에 하나 이상의 Kafka 토픽(일반적으로 데이터베이스 테이블당 하나의 토픽)으로 게시된다. Kafka는 모든 이벤트가 복제되고 완전히 정렬되도록 보장하며, 많은 소비자가 업스트림 시스템에 거의 영향을 주지 않으면서 동일한 데이터 변경 이벤트를 독립적으로 사용할 수 있게 한다. 병합 프로세스 중에 오류가 발생하는 경우 중단된 지점에서 정확히 다시 시작할 수 있다. 이벤트는 정확히 한 번$^{exactly-once}$ 또는 최소한 한 번$^{at-least-once}$ 정확하게 전달된다. 각 데이터베이스/테이블에 대한 모든 데이터 변경 이벤트는 업스트림 데이터베이스에서 발생한 것과 동일한 순서로 전달된다.

CDC 레코드를 구체화된 대상 테이블로 병합하기 위해 널리 사용되는 접근 방식은 MapReduce를 사용하는 일괄 처리 지향적 방식 또는 Spark와 같은 기술을 사용하는 스트리밍 지향적 방식이다. 인기 있는 오픈소스 솔루션으로는 MapReduce(그림 5-6

참조)를 사용하는 아파치 Gobblin(https://oreil.ly/8rvyX)과 Spark를 사용하는 우버의 Marmaray(https://oreil.ly/Va_Vc)가 있다. Gobblin의 병합 구현에는 역직렬화/추출, 포맷 변환, 품질 검증, 대상에 대한 쓰기가 포함된다. Gobblin과 Marmaray는 모두 어떤 소스에서 어떤 대상으로든 데이터 이동을 할 수 있도록 설계됐다.

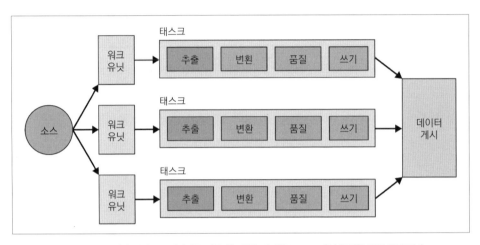

그림 5-6 소스에서 대상으로 데이터를 이동하는 동안 아파치 Gobblin에서 구현한 내부 처리 단계 (SlideShare(https://oreil.ly/yDSUB) 참조)

CDC 패턴의 강점:

- CDC 패턴은 소스 데이터스토어에 미치는 성능 영향을 최소화하면서 대상을 업데이트하는 지연 시간이 짧은 솔루션이다.
- CDC 어댑터는 광범위한 데이터스토어에 사용할 수 있다.
- 데이터 이동 과정에서 필터링 또는 데이터 변환을 지원한다.
- 증분 수집incremental ingestion을 사용해 대형 테이블을 지원한다.

CDC 패턴의 약점:

- CDC 어댑터의 최적 구성 옵션을 선택하는 데 필요한 전문 지식이 없으면 온보딩이 쉽지 않다.

120

- Hadoop MapReduce 대신 Spark를 사용하는 병합 구현에서는 약 10억 행 이상의 매우 큰 테이블에서 문제가 발생할 수 있다.
- 증분 변경 내용을 추적하려면 CDC 열이 있는 테이블이 필요하다.
- 필터링 또는 데이터 변환을 제한적으로 지원한다.

이 접근 방식은 빠르게 이동하는 대용량 데이터에 적합하며, 널리 사용되고 가장 인기 있는 접근법 중 하나다. 오류 없는 업데이트 추적 및 대규모 업데이트 병합을 보장하려면 소스 팀과 데이터 엔지니어링 팀 간의 운영 성숙도가 필요하다.

이벤트 집계 패턴

이벤트 집계 패턴은 사기 탐지, 알림, IoT 등을 위해 실시간으로 지속적인 이벤트를 집계해야 하는 애플리케이션 이벤트뿐만 아니라 로그 파일을 집계하는 일반적인 패턴이다. 이 패턴은 웹 액세스 로그, 광고 로그, 감사 로그, Syslog, 센서 데이터 등 로그의 수가 증가함에 따라 적용 범위가 넓어진다.

이 패턴에는 여러 소스에서 집계하고, 단일 스트림으로 통합하고, 이를 일괄 처리 또는 스트리밍 분석에 사용할 수 있도록 하는 작업이 포함된다. 이 패턴에는 두 단계가 있다 (그림 5-7 참조).

1. 이벤트 전달

에지 노드, 로그 서버, IoT 센서 등으로부터의 이벤트 및 로그가 집계 단계로 전달된다. 로그를 실시간으로 푸시하기 위해 경량 클라이언트가 설치된다.

2. 이벤트 집계

여러 소스의 이벤트가 정규화되고 변환돼 하나 이상의 대상에서 사용할 수 있다. 집계는 스트리밍 데이터 흐름을 기반으로 한다. 이벤트 스트림은 버퍼링돼 주기적으로 데이터스토어 대상에 업로드된다.

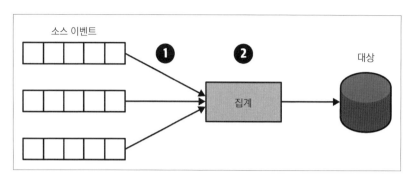

그림 5-7 이벤트 집계 패턴의 단계

이 패턴의 구현 중 인기 있는 것이 아파치 Flume(https://oreil.ly/Dvyf_)이다. 데이터 이동 작업의 일부로, 구성 파일에서는 이벤트 소스와 데이터가 집계되는 대상을 정의한다. Flume의 소스 구성 요소는 소스에서 로그 파일과 이벤트를 가져와 데이터가 처리되는 집계 에이전트로 보낸다. 로그 집계 처리는 메모리에 저장되고 대상으로 스트리밍된다.

Flume은 기본적으로 웹 서버에서 생성된 대량의 로그 파일을 Hadoop으로 빠르고 안정적으로 스트리밍할 수 있도록 설계됐으며, 오늘날에는 Kafka 브로커, 페이스북, 트위터Twitter와 같은 소스의 데이터를 포함해 이벤트 데이터를 처리하도록 진화했다. 다른 인기 있는 구현으로는 Fluent Bit(https://fluentbit.io)과 Fluentd(https://oreil.ly/FjUAB)가 있으며, 오픈소스 로그 수집기log collector 및 로그 집계기log aggregator로 널리 사용된다.

이벤트 집계 패턴의 강점:

- 이벤트 집계 패턴은 로그와 이벤트에 최적화된 실시간 솔루션이다. 신뢰성, 가용성이 높고 횡적 확장성이 뛰어나다.
- 소스 성능에 미치는 영향을 최소화한다.
- 확장성과 커스터마이징이 용이하며 운영 오버헤드를 최소화한다.
- 데이터 이동 프로세스 중 필터링과 데이터 변환을 지원한다.
- 대량의 로그 및 이벤트 데이터를 처리하도록 확장된다.

이벤트 집계 패턴의 약점:

- 소스 이벤트에 대한 정렬을 보장하지 않는다.
- 메시지를 정확히 한 번만 전달하지 않고 최소 한 번 전달하기 때문에 대상에서 중복 이벤트를 처리해야 한다.

요약하면, 이 패턴은 로그 및 이벤트 데이터에 최적화돼 있다. 시작하기는 쉽지만, 데이터 순서가 맞지 않는 데이터와 중복 레코드를 처리할 수 있는 분석 유스 케이스를 위해 설계됐다.

요약

데이터는 테이블, 스트림, 파일, 이벤트 등의 형태로 나타날 수 있다. 분석 유형에 따라 새로 고침 지연 및 일관성 측면에서 데이터 이동 요구 사항이 다를 수 있다. 데이터 이동 서비스는 데이터 플랫폼의 요건과 현재 상태에 따라 이 장에서 설명한 하나 이상의 패턴을 사용해 어떤 소스 간에 데이터를 어떤 대상으로든 이동할 수 있게 설계돼야 한다.

6장
클릭스트림 추적 서비스

인사이트를 만드는 과정에서 점점 더 중요해지는 요소 중 하나는 '클릭스트림 데이터 clickstream data'로 알려진 행동 데이터를 수집, 분석, 집계하는 것이다. 클릭스트림은 애플리케이션 또는 웹 사이트 내에서 방문자의 행동을 나타내는 일련의 이벤트다. 여기에는 클릭, 보기 및 페이지 로드 시간, 방문자가 사용하는 브라우저 또는 장치 등과 같은 관련 컨텍스트가 포함된다. 클릭스트림 데이터는 고객 트래픽 분석, 마케팅 캠페인 관리, 시장 세분화, 세일즈 퍼널 분석 sales funnel analysis 등과 같은 비즈니스 프로세스 인사이트에 중요하다. 또한 제품 경험을 분석하고, 사용자 의도를 이해하고, 다양한 고객 세그먼트에 대한 제품 경험을 개인화하는 데 중요한 역할을 한다. A/B 테스트는 클릭스트림 데이터 스트림을 사용해 비즈니스 상승 효과를 계산하거나 제품 또는 웹 사이트의 새로운 변경 사항에 대한 사용자 피드백을 캡처한다.

클릭스트림 데이터를 마케팅 담당자, 데이터 분석가, 데이터 과학자, 제품 관리자와 같은 점점 더 많은 데이터 사용자가 사용하게 되면서 클릭스트림 데이터의 수집, 보강, 소비와 관련해 세 가지 중요한 문제점이 생겨났다. 첫째, 데이터 사용자는 분석 요구 사항에 따라 제품 및 웹 페이지에 새로운 추적 비콘 tracking beacon을 지속적으로 추가해야 한다. 이러한 비콘을 추가하는 것은 셀프서비스가 아니며 계측 비콘을 추가할 위치, 사용할 계측 라이브러리, 사용할 이벤트 분류를 결정하기 위한 전문 지식이 필요하다. 마케팅, 이메일 캠페인 등을 위한 새로운 도구로 이벤트를 보내려면 기존 추적 코드를 반복적으로 업데이트해야 한다. 둘째, 클릭스트림 데이터는 인사이트 생성에 사용되기 전에 집계, 필터링, 보강돼야 한다. 예를 들어, 봇 생성 트래픽에 대한 원시 이벤트를 필터링해야 한다. 이러한 데이터를 대규모로 처리하는 것은 매우 어렵다. 셋째, 클릭스트림 분석은 트랜잭션 기록과 실시간 클릭스트림 데이터에 대한 액세스를 필요로 한다. 더 나은 사용자 경험을 위한 맞춤형 개인화와 같은 여러 클릭스트림 유스 케이스에서 분석은 준실시간으로 이뤄져야 한다. 이러한 문제는 클릭 시간 지표에 영향을 미치며, 이는 개인화, 실험, 마케팅 캠페인 성과와 같은 점차 늘어나는 유스 케이스에 대한 선체 인사이트 시간에 영향을 미친다.

이상적인 셀프서비스 클릭스트림 서비스는 SaaS 애플리케이션 및 마케팅 웹 페이지 내에서 계측 비콘의 작성을 단순화한다. 이 서비스는 이벤트 데이터의 집계, 필터링, ID 연결, 컨텍스트 보강을 자동화한다. 데이터 사용자는 유스 케이스 요구에 따라 데이터 이벤트를 일괄 및 스트리밍으로 모두 사용할 수 있다. 서비스 자동화를 사용하면 수집, 보강, 소비 전반에서 클릭 시간 지표가 개선돼 전체 인사이트 시간이 최적화된다. 이 장에서는 특별히 클릭스트림 데이터에 대한 보강 패턴을 다루고, 8장에서는 일반적인 데이터 준비 패턴을 다룬다.

여정 지도

마케팅 캠페인에서는 최적화를 위한 다양한 목표가 존재한다. 판매 수익 증대, 고객 유지 개선, 브랜드 범위 확대 등이 그 예다. 인사이트는 웹 추적 이벤트(클릭, 뷰, 전환), 광고 추적 이벤트(광고 노출, 비용), 인벤토리 데이터베이스(제품, 재고, 마진), 고객 주문 추적(고객, 주문, 크레딧^{credit})으로 구성된 원시 데이터에서 추출해야 한다. 인사이트는 온라인 광고 실행과 그 광고가 목표 기능에 미치는 영향(클릭, 보기, 보기 시간, 광고 비용/전환 비율 등) 사이의 상관관계를 제공한다. 인사이트를 통해 마케팅 담당자는 고객을 브랜드로 이끄는 여정을 이해하고 신규 구독자가 (신규, 복귀, 교차 구매 고객 중) 어디에서 오는지 이해하는 체계적인 방법을 제공받을 수 있다. 마찬가지로 웹 트래픽 분석은 트래픽을 가져오는 소스,

인기 키워드, 다른 트래픽 소스 방문자로부터의 전환율, 캠페인에 연결된 코호트 분석 cohort analysis 등에 대한 인사이트를 제공한다. 제품 흐름을 이해하면 평가판 고객이 인보이스 기능에서 어려움을 겪고 있어 고객 관리 지원이 필요하다거나 하는 시나리오의 발견에 도움이 된다.

클릭스트림 데이터는 다양한 페르소나에서 사용된다.

- 다양한 종류의 마케팅 캠페인을 통해 브랜드, 수익화, 리텐션을 개선하려는 마케팅 담당자. 마케팅 담당자는 클릭스트림 및 오프라인 데이터를 사용해 고객 경험에 대한 360도 프로필을 만든다. 그림 6-1은 집계된 클릭스트림 이벤트를 사용해 다양한 고객의 여정 지도 경험을 구성하는 방법을 보여준다.
- 클릭스트림 인사이트를 사용해 고객 세분화, 개선이 필요한 제품 흐름 등을 파악하려는 데이터 분석가
- 클릭스트림 분석을 사용해 제품에 개인화를 구축함으로써 다양한 고객 세그먼트에 더 잘 맞추고자 하는 애플리케이션 개발자
- 영향도 측정을 위해 클릭스트림 지표를 사용해 A/B 시나리오를 실행하는 실험자
- 프로덕션 기능 채택을 위한 예측 모델링을 수행하고자 표준화된 클릭스트림 이벤트를 사용하는 데이터 과학자
- 제품 기능의 성능에 대한 실시간 데이터에 관심이 있는 제품 관리자

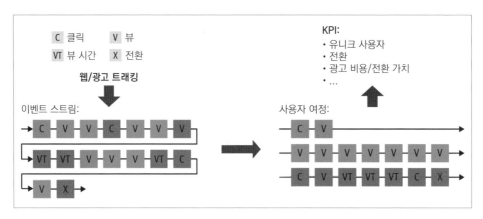

그림 6-1 개별 고객 경험 지도를 구성하는 데 사용되는 집계된 클릭스트림 이벤트
(Spark Summit(https://oreil.ly/aacWw))

각 클릭스트림 유스 케이스에는 다음의 세 가지 주요 구성 요소가 포함된다.

- 고객의 클릭과 뷰를 캡처하기 위해 제품과 웹 페이지에 추적 코드를 추가
- 비콘에서 데이터를 수집한 뒤 집계, 상관, 정리, 보강
- 실시간 클릭스트림 이벤트와 데이터 레이크의 기록 데이터를 결합해 인사이트 생성

클릭 시간 지표 최소화

클릭 시간 지표에는 계측 관리, 수집된 이벤트 보강, 데이터 소비에 대한 분석 시간이 포함된다(그림 6-2 참조).

그림 6-2 클릭스트림 서비스를 위한 핵심 구성 요소

계측 관리

클릭스트림 이벤트를 생성하려면 제품 또는 웹 페이지 내에 계측 비콘이 필요하다. 비콘은 일반적으로 모든 요청에 대해 페이지로 로드되는 자바스크립트^{JavaScript} 추적기로 구현되고 뷰, 클릭 및 기타 동작에 대한 세부 정보와 함께 수집기 서비스로 JSON POST 요청을 보낸다. 비콘 이벤트는 클라이언트 측(예: 고객이 결제 버튼을 누르는 모바일 앱)과 서버 측(예: 고객의 결제 지불 거래 완료) 모두에서 수집 가능하다.

오늘날 기업 내에서 대규모로 계측을 관리하는 데는 몇 가지 도전 과제가 있다. 첫째, 라이브러리 및 수집 프레임워크의 복제본이 다수 존재한다. 그 프레임워크들은 신뢰할 수 없을지도 모른다. 둘째, 이메일 마케팅 도구, 실험 도구, 캠페인 도구 등 서드 파티 툴과의 통합 운영을 위해 비콘을 지속적으로 업데이트해야 한다. 툴 통합 시에는 비콘 코드에서 이벤트를 직접 추적하고 데이터를 포착해 해당 서비스로 전송해야 한다. 각각의 새로운 서비스에는 그에 맞는 추적 코드를 추가해야 한다. 셋째, 추적 스키마의 이벤트 속성 및 속성 기준이 일관되지 않아 데이터가 지저분해진다. 전반적으로 보면, 그림 6-3과 같이 아키텍처에 일관성이 없으며 데이터 수집 및 배포에 대한 가시성 또는 제어가 없다.

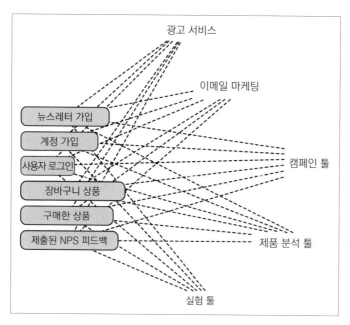

그림 6-3 각 비콘은 데이터를 여러 다른 툴과 프레임워크에 전송하도록 개별적으로 구성된다.

이벤트 보강

계측 비콘에 의해 수집된 이벤트를 정리하고 보강해야 한다. 대부분의 유스 케이스에 다음의 네 가지 사항이 필요하다.

봇 필터링

인터넷을 가로지르는 봇들이 웹 페이지를 크롤링하고 있다. 일반적으로 웹 사이트 트래픽의 1/3 이상이 봇에 의해 발생한다. 봇에 의해 트리거trigger된 이벤트는 방문자당 고객 인터랙션 및 전환과 관련된 주요 지표를 왜곡하기 때문에 필터링이 필요하다. 이는 마케팅 캠페인, 실험, 기여, 최적화 등과 관련된 통찰력의 유효성에 영향을 미친다. 이에 봇 관련 트래픽은 정확하게 식별해야 한다는 문제가 있다. 오늘날 그 접근 방식은 액세스 패턴의 세부 정보를 분석하는 규칙을 기반으로 한다.

세션화

원시 클릭스트림 이벤트는 고객 행동을 더 잘 이해하기 위해 세션으로 쪼개진다. 세션(https://oreil.ly/-BrSZ)은 두 개 이상의 장치 및(또는) 사용자 간의 짧은 대화형 정보 교환이다. 예를 들면 사용자가 웹 사이트를 탐색했다가 종료하는 것, IoT 장치를 주기적으로 깨워서 작업을 수행한 다음 다시 절전 모드로 전환하는 것이 있다. 상호 작용에는 순서가 있는 일련의 이벤트가 발생하며 시작과 끝이 있다. 웹 분석에서의 세션은 특정 웹 사이트에 방문 중인 사용자의 행동을 나타낸다. 세션을 사용하면 구매 빈도가 가장 높은 경로, 사용자가 특정 페이지로 이동하는 방법, 사용자가 이탈하는 시기와 이유, 일부 획득 유입 경로가 다른 페이지보다 효율적인지 등의 질문에 답할 수 있다. 세션의 시작과 끝은 결정하기 어렵고 관련된 이벤트가 없는 기간에 의해 정의되는 경우가 많다. 세션은 이벤트가 도착하지 않고 지정된 '지연' 기간(반복 분석을 통해 결정됨)이 경과한 후 새 이벤트가 도착하면 시작된다. 지정된 지연 기간 내에 새 이벤트가 도착하지 않는 경우에도 세션은 유사한 방식으로 종료된다.

풍부한 컨텍스트

효과적으로 인사이트를 추출하기 위해 클릭스트림 이벤트는 기기 유형, 브라우저 유형, OS 버전과 같은 사용자 에이전트 세부 정보를 추가 컨텍스트로 사용해 보강된다. IP2Geo는 MaxMind(https://oreil.ly/Ak6TQ)와 같은 조회 서비스를 활용해 IP 주소를 기반으로 지리적 위치를 추가한다. 이 작업은 다른 많은 웹 추적 솔루션과 유사하게 클라이언트 측에서 자바스크립트 태그를 사용해 사용자 상호 작용 데이터를 수집한다.

대규모 데이터를 보강하는 것은 전반적으로 매우 어려우며 특히 이벤트 순서 정렬, 집계, 필터링, 보강에서 그렇다. 여기에는 인사이트 분석을 위해 실시간으로 처리되는 수백만 개의 이벤트가 포함된다.

인사이트 쌓기

실시간 대시보드는 E2E 고객 여정, 고객 360도 프로필, 개인화 등을 파악하는 데 사용된다. 실시간으로 사용자 행동을 추적하면 추천 내용을 업데이트하고, 고급 A/B 테스트를 수행하거나 고객에게 알림을 보낼 수 있다. 인사이트를 쌓으려면 이벤트 스트림과 일괄 처리 데이터 간의 복잡한 상관관계가 필요하다. 처리에는 초당 수백만 개의 이벤트가 포함되며, 1초 미만으로 이벤트를 처리하고 전달한다. 글로벌 기업의 경우 전 세계적으로 치리가 분신돼야 한다.

처리를 위해서는 고객 ID가 상호 연결돼야 한다(이를 ID 스티칭identity stitching이라고 함). ID 스티칭 시에는 정확하게 일치하는 프로필을 가지기 위해 가능한 한 많은 식별자와 고객을 일치시킨다. 이는 원시 이벤트를 좀 더 정확하게 분석하고 고객 경험을 모든 접점에 맞게 조정하는 데 도움이 된다. 오늘날 고객은 다수의 장치를 사용해 상호 작용을 한다. 데스크톱 컴퓨터에서 웹 사이트 탐색을 시작하다가, 이를 모바일 장치로 옮겨서 계속하고, 다른 장치를 사용해 구매 결정을 내릴 수 있다. 이 고객이 동일한 고객인지 다른 고객인지 아는 것이 중요하다. 단일 파이프라인의 모든 이벤트를 추적하면 IP 주소를 매칭해서 고객 이벤트를 상호 연관시킬 수 있다. 상관관계의 또 다른 예는 고객이 이메일을 열 때 쿠키 ID를 사용한 다음 쿠키가 이메일 주소 해시 코드를 추적하도록 하는 것이다.

오늘날에는 E2E 대시보드를 만드는 데 지연되는 문제가 있는데, 제품 분석 대시보드의 경우 일반적으로 최대 24시간이 걸린다. 고객의 온라인 여정 지도는 구매 결정에 영향을 미치는 다양한 접점과 채널로 인해 매우 복잡하다. 기업의 자체 웹 사이트만을 사용해 고객 행동을 추적하는 것은 라스트 터치 어트리뷰션 모델last-touch attribution model[1]을 사용하는 것과 유사하고, 완전한 그림을 제공하지 않는다.

---

1   고객의 마지막 접점에만 크레딧을 부여하는 모델 – 옮긴이

요구 사항 정의

클릭스트림 플랫폼은 광범위한 유스 케이스를 지원하며, 여기에는 다양한 문제점이 있다. 다음은 문제점의 우선순위를 매기기 위한 체크리스트다.

계측 요구 사항 체크리스트

오늘날 대부분의 기업에는 웹 페이지와 제품 페이지를 구성하기 위한 잘 정의된 이벤트 분류나 표준화된 도구가 없다. 이 체크리스트는 집계해야 하는 이벤트 유형 및 소스에 초점을 맞춘다.

이벤트에서 캡처된 속성

이벤트 속성, 즉 누구인지, 무엇인지, 어디인지와 도메인 세부 정보 및 이벤트 유형(페이지 뷰, 클릭 등)을 정의한다.

클라이언트 측 이벤트 수집

모바일 클라이언트, 데스크톱 응용프로그램, 웹 응용프로그램의 인벤토리를 수집한다.

타사 소스 수집

구글, 페이스북 픽셀, 광고 대행사 등 타사 소스의 로그 데이터와 통계를 집계할 필요가 있는지 판단한다. 각 에이전시에 해당하는 웹훅webhook을 식별한다.

서버 측 이벤트 수집

백엔드 애플리케이션 서버에서 이벤트를 캡처해야 하는지 여부를 결정한다.

속도와 피드

비콘 수, 이벤트 생성 비율, 이벤트 보존 기간에 대한 대략적인 추정치를 가져온다.

보강 요구 사항 체크리스트

원시 클릭스트림 데이터는 일반적으로 유스 케이스의 요구 사항에 따라 보강된다. 보강은 원치 않는 이벤트 정리, 추가 정보 소스 결합, 다양한 시간 세분화 단위에 대한 요약, 데이터 개인정보 보호의 조합이다. 다음은 예상되는 보강 작업의 체크리스트다.

봇 필터링

실제 사용자 활동 중에서 봇 트래픽을 필터링한다. 특히 제품 변경에 대한 사용자 참여를 예측하는 유스 케이스에서 활용된다.

사용자 에이전트 구문 분석

브라우저 유형과 모바일인지 데스크톱인지 등의 추가 세부 정보가 클릭스트림 이벤트와 연결된다. 이러한 정보는 사용자 활동 차이와 그 정보의 속성을 연관시키는 것을 목적으로 하는 유스 케이스에 필요하다.

IP2Geo

위치를 추적해 지역 간 제품 사용 방식의 차이를 더 잘 이해할 수 있다.

세션화

특정 세션 및 세션 전체에서 사용자의 활동을 분석하는 유스 케이스에 활용된다.

다양한 시간대에 걸친 이벤트 데이터 요약

개별 이벤트 세부 정보와 이에 대한 장기간의 사용자 활동 추세를 확인해야 하는 다양한 요구 사항이 있는 유스 케이스에서 활용된다.

개인정보 필터링

사용자 개인정보 보호 규정 준수를 따라 IP 주소 제거가 필요한 유스 케이스 등에 사용된다.

특정 유스 케이스에서는 원시 데이터에 액세스하거나 클릭스트림 이벤트에 대한 사용자 정의 토픽 구조 및 파티셔닝 스키마를 정의할 필요가 있다. 사용자를 식별하는 데 사용되는 다양한 옵션을 이해하는 것이 중요하다. 옵션으로는 계정 로그인(사용자의 작은 하위 집합), 쿠키 식별(크로스 디바이스crossdevice 환경에서는 작동하지 않으며 삭제, 만료, 차단됨), 디바이스 핑거프린팅(사용자를 식별하는 확률적 방법), IP 일치(동적 IP와 공유 IP에서는 식별에 문제가 있음) 등이 있다.

구현 패턴

기존 작업 지도에 따르면, 클릭스트림 서비스에 대한 자동화 수준은 세 가지가 있다(그림 6-4 참조). 각 수준은 현재 수동이거나 비효율적인 작업 조합의 자동화에 상응한다.

계측 패턴

제품 및 마케팅 웹 페이지 내에서 추적 비콘 관리를 단순화한다.

보강 패턴

클릭스트림 이벤트의 정리 및 보강을 자동화한다.

소비 패턴

이벤트 처리를 자동화해 다양한 유스 케이스에 대한 실시간 인사이트를 생성한다.

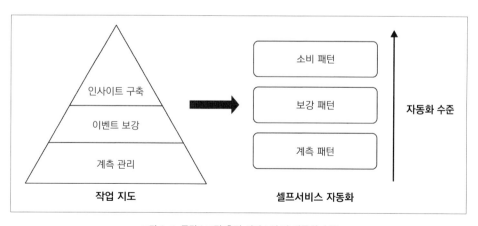

그림 6-4 클릭스트림 추적 서비스의 각 자동화 수준

계측 패턴

계측 패턴은 제품 및 웹 페이지에서 계측 비콘 관리를 단순화한다. 이는 가용한 비콘을 업데이트, 추가, 나열해 데이터 사용자가 셀프서비스로 사용할 수 있도록 한다. 전통적으로 비콘은 페이지와 함께 로드되는 자바스크립트 추적기로 구현된다. 비콘은 이메일 캠페인 관리, 실험 플랫폼, 웹 분석 서비스 등에 대한 JSON 'POST' 요청을 프로바이더provider에게 보낸다. 팀이 새 프로바이더를 추가하면 이벤트를 프로바이더에게 보내도록 비콘 코드를 업데이트해야 한다. 계측 패턴에서는 전달 로직을 사용해 기존 비콘을 각각 업데이트하는 대신 다음과 같이 작동하는 프록시 모델을 구현한다.

이벤트 수집

이벤트는 웹 페이지, 모바일 앱, 데스크톱 앱, 백엔드 서버에서 생성된다. 타사 서버의 이벤트는 웹훅을 사용해 수집된다. 클라이언트 측 이벤트는 자바스크립트 추적기 및 픽셀의 형태다. 각 이벤트에는 이벤트 이름, 이벤트 속성, 이벤트 값 정의 형식의 분류가 있다. 이벤트는 프록시 엔드포인트로 전송된다.

이벤트 확인

스키마 속성 및 데이터에 대한 이벤트는 엔드포인트에서 확인된다. 부적합한 이벤트는 종종 위반을 야기하거나 액세스를 차단시킨다. 이벤트 품질 검증은 사전 예방적 탐지 및 피드백 루프를 만드는 데 도움이 된다.

대상에 대한 프록시 이벤트

이벤트가 다수의 태그를 사이트에 로드하지 않고 다수의 프로바이더에게 전달된다. 이 접근 방식의 장점은 추적 코드를 복잡하게 하지 않으면서 더 적은 수의 비콘을 로드한다는 것이다.

이 패턴을 오픈소스로 구현한 것이 Segment(https://oreil.ly/DPDue)와 RudderStack (https://oreil.ly/7BUGK)이다.

패턴을 설명하기 위해 Segment에 대한 내용을 다뤄본다. Segment는 게시자—구독자 접근 방식을 사용해 클릭스트림 이벤트에 대한 프록시를 구현한다. 이벤트는 메시지 버스(예: Kafka)에 추가된다. 이메일 도구, 웹 분석과 기타 배포된 솔루션에 대한 프로바이더가 구독자로 추가된다. 새로운 솔루션이 추가되면 비콘을 변경할 필요는 없고, 단지 구독자를 이벤트 메시지 버스에 추가하면 된다. 비콘의 단순성을 고려할 때 데이터 사용자가 비콘을 직접 추가하고 관리하는 것이 더 쉽다.

규칙 기반 보강 패턴

이러한 패턴은 인사이트를 추출하기 위해 클릭스트림 데이터를 보강하는 데 중점을 둔다. 보강 패턴은 원시 이벤트를 분석, 필터링하고 개선한다. 패턴은 규칙 기반이며 더 간편한 추론(휴리스틱heuristic)을 위해 데이터 사용자에 의한 확장이 가능해야 한다. 주요 보강 패턴은 봇 필터링, 세션화, 사용자 컨텍스트 보강과 관련이 있다.

봇 필터링 패턴

이 패턴은 인간 사용자와 봇을 구분하는 규칙을 정의한다. 규칙은 여러 패턴에 대한 상세한 분석을 기반으로 Spark 또는 R(https://oreil.ly/kdomJ) 패키지를 사용해 구현된다. 봇 액세스를 구별하기 위한 몇 가지 일반적인 점검 사항은 다음과 같다.

- 이미지 *끄기*
- 빈 리퍼러referrer
- 페이지 히트hit rate가 너무 *빠름*
- 깊이 우선 또는 폭 우선 사이트 검색
- 클라우드 프로바이더로부터 시작됨
- 쿠키를 허용하지 않음(각각의 히트가 순방문자unique visitor로부터 발생)
- 리눅스Linux 또는 알 수 없는 운영체제로부터 흔히 발생함
- 오래됐거나 알 수 없는 브라우저 버전으로 스푸핑된 사용자 에이전트 문자열을 사용

이 규칙들의 조합은 봇 트래픽을 예측하기 좋은 변수가 된다.

봇 필터링 분석은 일반적으로 방문자 ID가 아닌 IP 주소, 사용자 에이전트, 운영체제별로 말아올려진다. 쿠키가 없기 때문에 모든 봇 히트는 새로운 방문자를 생성한다. 봇에는 각 페이지에 대한 예측 가능한 액세스 타임스탬프도 있다. 선형 회귀를 매우 예측 가능한 액세스 타임스탬프에 적용했을 때 결정 계수$^{R\ squared}$ 값이 1에 매우 가깝다는 것은 봇 트래픽을 나타내는 좋은 지표다.

세션화 패턴

이 패턴은 규칙을 기반으로 한다. 일반적으로 접근하는 방식은 이벤트가 도착하지 않고 통과하는 지연 시간(일반적으로 30분)을 통한 것이다. 세션화 시에는 클릭스트림 이벤트에 대해 SQL 쿼리가 지속적으로 실행되며 세션 마커를 생성한다. 이러한 쿼리를 윈도우 SQL 함수$^{window\ SQL\ function}$라고 하며, 시간 또는 행으로 정의된 창을 사용해 제한된 쿼리를 지정한다. AWS Kinesis(https://oreil.ly/gm-tC)는 슬라이딩 윈도우$^{sliding\ window}$, 텀블링 윈도우$^{tumbling\ window}$, 스태거 윈도우$^{stagger\ window}$라는 세 가지 유형의 윈도우 쿼리 함수를 제공한다. 세션화 시, 스태거 윈도우는 파티션 키 조건과 일치하는 첫 번째 이벤트가 도착할 때 열리므로 대안으로 사용하기 좋다. 스태거 윈도우는 이벤트가 스트림에 도착하는 순서에 의존하지 않고 이벤트 생성 시기에 의존한다.

사용자 컨텍스트 보강 패턴

인사이트를 효과적으로 추출하기 위해 클릭스트림 이벤트에는 지리적 위치와 브라우저 버전 같은 사용자 에이전트 세부 정보를 추가해 컨텍스트를 보강한다. 이 패턴을 오픈소스로 구현한 것이 Divolte Collector(https://divolte.io)로서, 비콘을 수집하고 이벤트를 보강한다(그림 6-5 참조). 보강 중에는 URL 구조의 도메인 특화 식별자(예: 제품 ID, 페이지 유형 등)가 파싱된다. 사용자 에이전트 및 IP2Geo 정보는 즉시 추출된다. 결과적으로 클릭 이벤트는 Kafka 큐에 게시되며 ETL 또는 로그 파일의 구문 분석 없이 인사이트 생성에 직접 사용할 수 있다.

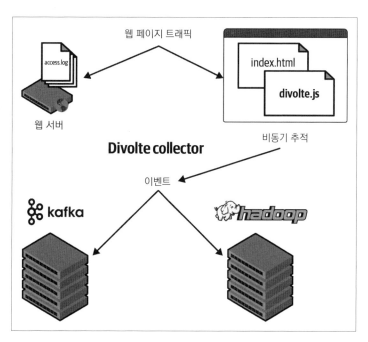

그림 6-5 오픈소스 Divolte Collector(https://divolte.io)를 통한 비콘 데이터의 흐름

소비 패턴

소비 패턴은 마케팅 캠페인이 어떻게 퍼포먼스를 내고 있는지, 실험이 리텐션, 성장, 교차 판매에 어떻게 영향을 미치고 있는지 등과 관련된 ML 모델과 실시간 대시보드의 강화를 위해 클릭스트림 데이터 소비에 초점을 맞춘다. 이 처리 패턴은 일괄 처리 지표와 상호 관련된 스트리밍 데이터를 결합하며, CEP^Complex Event Processing(복합 이벤트 처리)라고 한다. CEP 패턴은 윈도우 설정 기능을 사용하며 일괄 처리 중 또는 일괄 처리 간의 이벤트 전반에 걸친 패턴의 일반적인 검색 및 상관관계를 포함하고 있다. 클릭스트림 소비의 맥락에서 CEP를 구현하는 두 가지 방법이 있다.

- 아파치 NiFi 및 Pulsar(https://oreil.ly/MZQE2) 같은 메시지 처리 프레임워크를 사용해 타임스탬프로 식별된 개별 이벤트 처리가 가능하다.

- 아파치 Druid(https://oreil.ly/nbgYO) 및 Pinot와 우버의 M3(https://oreil.ly/RTb6P) 같은 시계열 데이터스토어 형태의 서빙 레이어를 사용해 레코드 수준 업데이트와 일괄 벌크 로드batch bulk load를 모두 처리 가능하다.

메시징 프레임워크 패턴을 설명하기 위해 아파치 Pulsar를 다루겠다. Pulsar는 지리적 복제, 멀티테넌시, 유니파이드 큐, 스트리밍 기능을 갖추고 있으며, 계층화된 아키텍처를 기반으로 구축된 강력한 발행 구독pub-sub 모델이다. 데이터는 상태 비저장 '브로커broker' 노드에서 제공하는 반면 데이터 스토리지는 '부키bookie' 노드에서 처리한다. 이 아키텍처는 브로커와 부키를 독립적으로 확장할 수 있다는 이점이 있다. 이는 동일한 클러스터 노드에 데이터 처리 및 데이터 스토리지를 함께 배치하는 기존 메시징 시스템(예: 아파치 Kafka)에 비해 더 탄력적이고 확장성이 높다. Pulsar는 SQL과 유사한 이벤트 처리 언어로 작동한다. 처리를 위해 Pulsar CEP 처리 로직이 여러 노드(CEP 셀이라고 함)에 배포된다. 각 CEP 셀은 인바운드 채널, 아웃바운드 채널과 처리 로직으로 구성된다. 이벤트는 일반적으로 사용자 ID와 같은 키를 기반으로 분할partition된다. 파티션된 키가 동일한 모든 이벤트는 동일한 CEP 셀로 라우팅routing된다. 이벤트는 각 단계에서 다른 키를 기반으로 분할해 여러 차원에 걸쳐 집계가 가능하다.

시계열 서빙 레이어를 설명하기 위해 아파치 Druid를 다룬다. Druid는 각 열이 개별적으로 저장되는 열 지향 저장소를 구현한다. 이렇게 하면 빠른 스캔, 순위, 그룹화를 지원하는 특정 쿼리에 필요한 열만 읽을 수 있다. Druid는 빠른 검색 및 필터링을 위해 문자열 값에 대해 반전된 인덱스를 생성하고 진화하는 스키마와 중첩된 데이터를 우아하게 처리한다. 그리고 여러 데이터 작업자에 걸쳐 데이터를 샤딩sharding해서 시간을 기준으로 데이터를 지능적으로 분할한다(그림 6-6 참조). 그 결과, 시간 기반 쿼리는 전통적인 데이터베이스보다 훨씬 빠르다. 네이티브 JSON 기반 언어(https://oreil.ly/JK7MR) 외에도 Druid는 HTTP 또는 JDBC를 통해 SQL(https://oreil.ly/4Ver2)을 지원한다. 초당 수백만 개의 이벤트를 수집하고 수년간의 데이터를 유지하며 1초 미만의 쿼리를 제공하도록 확장할 수 있다. 서버를 추가하거나 제거하는 것만으로 규모를 확장하거나 축소하면 Druid

가 자동으로 재조정된다.

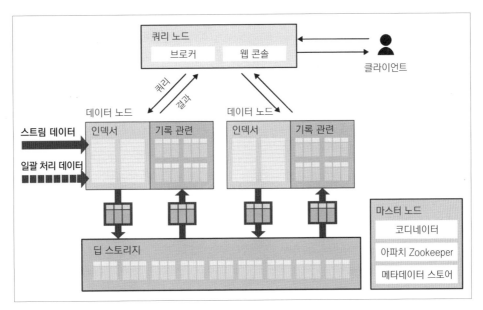

그림 6-6 아파치 Druid(http://druid.apache.org)의 여러 데이터 노드에서 시간 기반 샤딩으로 처리되는 사용자 쿼리

요약

클릭스트림 데이터는 온라인 실험, 마케팅 등의 고객 행동과 관련된 여러 인사이트에 대한 중요한 데이터 세트를 대표한다. 수백만 명의 고객과 세분화된 계측 비콘을 사용하는 대부분의 SaaS 기업에서는 클릭스트림 데이터의 자동 수집 및 분석을 주요 기능으로 사용한다.

2부

셀프서비스 데이터 준비

7장

데이터 레이크 관리 서비스

이제 인사이트를 개발하는 데 필요한 데이터를 발견하고 수집했으니 다음 단계인 데이터 준비로 넘어가보자. 데이터는 데이터 레이크에서 집계된다. 데이터 레이크는 페타바이트 규모의 정형, 반정형, 비정형 데이터를 집계하기 위한 중앙 데이터스토어가 됐다. 수익 예측을 위한 모델 개발의 예를 생각해보자. 데이터 과학자는 몇 주와 몇 달에 걸쳐 수백 개의 서로 다른 모델을 탐색하곤 한다. 이때 실험을 재검토하려면 모델을 재현할 방법이 필요하다. 일반적으로 소스 데이터는 업스트림 파이프라인에 의해 수정돼 실험을 재현하는 것이 간단하지 않다. 이 예에서는 데이터 레이크가 데이터의 버전 관리 및 롤백을 지원해야 한다. 마찬가지로 이 외에도 복제본 간의 일관성 보장, 기본 데이터의 스키마 진화, 부분 업데이트 지원, 기존 데이터 업데이트를 위한 ACID 일관성 등과 같은 데이터 수명주기 관리 작업들이 있다.

데이터 레이크가 중앙 데이터 웨어하우스로 인기를 얻기는 했지만, 전통적인 데이터 수명주기 관리 작업에 대한 지원은 부족하다. 이를 위해 여러 가지 방법으로 대체 해결 방법을 만들어야 하고, 이는 여러 가지 고충을 야기한다. 첫째, 원시 데이터 수명주기 작업에 자동화된 API가 없고 재현성 및 롤백, 데이터 제공 계층 프로비저닝 등에 대한 엔지니어링 전문 지식이 필요하다. 둘째, 동시 읽기-쓰기 작업에 대한 레이크lake의 일관성 부족을 수용하기 위해 애플리케이션을 이용한 대체 해결 방법이 필요하다. 또한 규정 준수를 위해 고객의 기록을 삭제하는 것과 같은 증분 업데이트의 최적화 수준이 매우 낮다.

셋째, 스트림과 일괄 처리를 결합한 통합 데이터 관리가 불가능하다.

대체 방안들은 일괄 처리 및 스트림(람다^{lambda} 아키텍처라고 함)에 대해 별도의 처리 코드 경로를 필요로 하거나 모든 데이터를 이벤트(카파^{kappa} 아키텍처라고 함)로 변환해야 하는 데, 이는 대규모 관리가 쉽지 않다. 그림 7-1은 람다 및 카파 아키텍처를 보여준다. 이는 데이터 레이크 관리에 소요되는 시간에 영향을 미쳐서 전체 인사이트 구축 프로세스를 느리게 만든다. 셀프서비스가 부족하면, 데이터 사용자가 데이터 레이크 관리 작업을 수행하는 데 있어서 데이터 엔지니어링 팀에 의한 병목 현상을 겪는다.

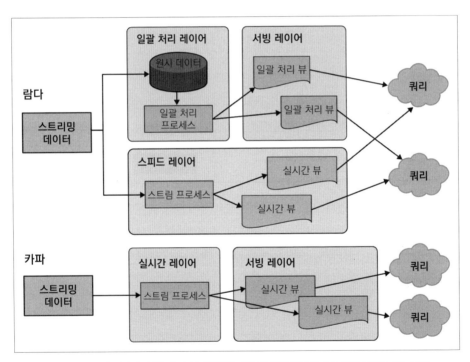

그림 7-1 람다 및 카파 아키텍처. 람다 아키텍처에는 별도의 일괄 처리 및 속도 처리 계층이 있는 반면, 카파는 통합된 실시간 이벤트 처리 계층이다(Talend(https://oreil.ly/qZPqV)).

셀프서비스 데이터 레이크 관리 서비스는 원시 데이터 수명주기 관리 기능의 실행을 자동화하고 데이터 사용자가 호출할 수 있는 API와 정책을 제공하는 것이 이상적이다. 이 서비스는 레이크에 트랜잭션 ACID[1] 기능을 제공하고 데이터에 필요한 증분 업데이트를 최적화한다. 이는 이벤트를 일괄 처리 테이블에 추가할 수 있도록 해서 스트리밍 및 일괄 처리 뷰를 통합한다. 이로써 데이터 사용자는 기존 쿼리 프레임워크를 활용해 기록 및 실시간 레코드를 결합한 인사이트를 구축할 수 있다. 전반적으로, 데이터 레이크 관리 작업이 모든 데이터 파이프라인의 기본이라는 점을 감안할 때 이러한 작업을 자동화하면 전체 인사이트 시간이 단축된다.

여정 지도

오늘날 전반적인 여정 지도에서 데이터 관리 작업을 실행하는 것은 마치 데이터 엔지니어와 데이터 사용자가 탱고를 추는 것과 유사하다. 데이터 사용자는 이러한 작업을 실행하기 위해 Jira 티켓을 생성한다. 데이터 엔지니어는 여러 프로젝트 팀의 경쟁적 우선순위에 따라 일반적인 전후 처리 및 지연 작업을 수행한다. 이 경우 일반적으로 확장성이 떨어지고 전체 여정 지도를 느려지게 만든다. 데이터 레이크 관리 서비스를 통해 데이터 사용자는 병목 현상 없이 이러한 작업을 실행할 수 있다. 전체 여정 지도 중에서 상호 작용 접점은 절의 나머지 부분에서 다룬다.

원시 수명주기 관리

데이터가 레이크 내에서 수집되면 개체 저장소에 버킷이 생성돼 데이터와 연결된 파일을 유지한다. 버킷은 메타데이터 카탈로그에 추가돼 서로 다른 처리 엔진에 액세스할 수 있게 된다. 표 7-1은 레이크에 대한 기본적인 데이터 수명주기 관리 작업의 문제점을 요약한 것이다.

---

1 데이터베이스 트랜잭션이 안전하게 수행된다는 것을 보장하기 위한 성질인 원자성, 일관성, 고립성, 지속성을 가리키는 약어 – 옮긴이

표 7-1 레이크의 원시 데이터 수명주기 관리와 관련된 문제점

원시 수명주기 작업	문제점	적용 대안
작업 실패로 인해 탐색, 모델 학습, 손상 해결에 필요한 데이터 **버전 관리**. 작업 실패는 데이터를 일관성 없는 상태로 남겨두고 고통스러운 복구 프로세스가 발생	스냅샷을 생성하고 복원하는 명확한 프로세스가 없다. 특정 시점에서 특정 테이블 속성의 값을 쉽게 얻을 수 있는 방법이 없다. 실패한 작업/트랜잭션을 버전 또는 타임스탬프에 따라 롤백할 수 있는 방법이 없다.	스냅샷은 정책을 기반으로 생성된다. 모델의 재현성을 위해 데이터의 복사본이 여러 개 생성되므로 스토리지 비용이 증가한다. 기록 데이터에 액세스하기 위해 전체 스냅샷이 샌드박스(sandbox) 네임스페이스에 복원되고 분석을 위해 액세스할 수 있게 된다. 이 프로세스에는 데이터 엔지니어의 도움이 필요하다.
소스 데이터 세트의 변경 사항을 관리하기 위한 **스키마 진화**	스키마가 진화하면 다운스트림 분석이 작동하지 않을 수 있다. 레이크 수집 시 데이터 세트 스키마의 검증 지원이 없다.	소스 데이터 세트와 다운스트림 분석 간에 격리 데이터 레이어를 생성한다. 이는 완전한 것이 아니며, 모든 스키마 변경에 대해 작동하지는 않는다.
레이크 데이터를 웹 애플리케이션 및 분석에 효율적으로 노출하기 위한 **데이터 서비스 계층**	처리된 레이크 데이터에 대한 읽기-쓰기는 키-값, 그래프, 문서, 시계열과 같은 모든 데이터 모델에 효율적이지 않을 수 있다. 데이터 사용자는 최적이 아닌 차선으로 어디에나 적용 가능한 관계형 모델에 만족한다.	관계형 모델에 맞게 애플리케이션의 데이터 모델을 수정한다.
데이터 액세스 및 사용에 대한 중앙 집중식 추적. 데이터 변경 사항을 감사하는 것은 데이터 규정 준수 및 시간 경과에 따라 데이터가 어떻게 변경됐는지 이해하기 위한 간단한 디버깅 측면에서 모두 중요하다.	여러 사용자와 서비스에 걸친 데이터 세트 업데이트 및 액세스를 추적하기 어렵다. 중앙 집중식 감사 기능이 부족하면 액세스 제어와 관련된 사각지대가 생긴다.	애드혹 스크립트 및 감사 모니터링

일반적인 작업 중 하나는 데이터 롤백이다. 데이터 파이프라인이 다운스트림 소비자 측에 잘못된 데이터를 기록하는 이유는 인프라 불안정성부터 데이터 흐트러짐, 파이프라인의 버그까지 아우르는 다양한 문제 때문이다. 단순 추가가 있는 파이프라인의 경우 롤백은 날짜 기반 파티셔닝으로 처리된다. 이전 레코드에 대한 업데이트 및 삭제가 수반되면 롤백이 매우 복잡해지기 때문에 데이터 엔지니어가 이러한 복잡한 시나리오를 처리해야 한다.

또한 데이터의 증분 업데이트도 기본적인 작업이다. 빅데이터 형식은 원래 불변성을 위해 설계됐다. 고객이 데이터 삭제를 요청할 수 있는 데이터 권한 준수의 출현으로 레이크 데이터의 업데이트는 필수가 됐다. 빅데이터 형식의 불변성으로 인해, 레코드를 삭제한다는 것은 나머지 모든 레코드를 읽고 새 파티션에 쓰는 것으로 해석된다. 빅데이터의 규모를 감안할 때 이는 상당한 오버헤드를 유발할 수 있다. 오늘날의 일반적인 해결 방법은 세분화된 파티션을 만들어 데이터 다시 쓰기의 속도를 높이는 것이다.

데이터 업데이트 관리

데이터 레이크의 표는 여러 개의 파일 업데이트로 변환될 수 있다(그림 7-2 참조). 데이터 레이크는 ACID 데이터베이스가 제공하는 것과 동일한 무결성 보장을 제공하지 않는다. 분리로 인해 쓰기 작업이 데이터를 업데이트하는 동안 부분 데이터를 가져오는 영향 판독기가 누락된다. 마찬가지로, 동시 쓰기 작업은 데이터를 손상시킬 수 있다. 업데이트 일관성의 또 다른 측면은 궁극적 일관성 모델에 대해 모든 복제본으로 쓰기 작업이 전파되지 않을 수 있다는 것이다. 쓰기 후 읽기 작업이 오류를 반환하는 경우도 있다. 누락된 ACID 보장을 수용하기 위해 애플리케이션 코드에서 대안을 구현한다. 대안으로는 업데이트 누락 시 재시도를 하거나, 사용 중인 애플리케이션이 손상된 데이터를 읽는 것을 방지하기 위해 실행 중에 데이터를 사용하지 못하도록 제한하는 블랙아웃^{blackout} 시간을 부여하는 것, 완료 및 오류 발생 시 롤백을 위해 업데이트를 수동으로 추적하는 것이 있다.

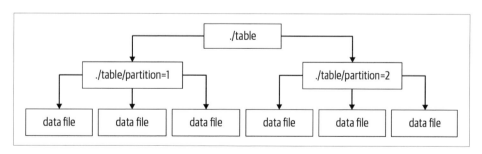

그림 7-2 테이블 업데이트는 여러 데이터 파일을 업데이트하는 것으로 변환될 수 있다
(Slide-Share(https://oreil.ly/phZmD)).

일괄 처리 및 스트리밍 데이터 흐름 관리

전통적으로 인사이트는 결과론적이었고 일괄 처리로 운영됐다. 인사이트를 실시간으로 예측 가능하게 됨에 따라, 진행 중인 업데이트 스트림과 과거 데이터 테이블 모두 분석이 필요해졌다. 이상적으로는 스트리밍 이벤트를 일괄 처리 테이블에 추가할 수 있으므로 데이터 사용자가 테이블의 기존 쿼리를 간단히 활용할 수 있다. 기존 데이터 레이크 기능에는 몇 가지 제한이 있다(https://oreil.ly/~ GmR0). 데이터가 기록되는 동안 일관성 있는 데이터를 읽고, 다운스트림 처리를 지연시키지 않고 최신 데이터를 처리하며, 처리량이 좋은 큰 테이블에서 점진적으로 읽는 것 등이다. 오늘날 적용되는 해결 방법으로는 앞에서 설명한 람다 및 카파 아키텍처가 있다.

데이터 레이크 관리 시간 최소화

데이터 레이크 관리 시간에는 원시 수명주기 관리, 데이터 업데이트의 정확성, 일괄 처리 및 스트리밍 데이터 관리에 소요되는 시간이 포함된다. 이들 각각은 시간이 많이 소요되며 기술적 문제는 앞서 '여정 지도' 절에서 다뤘다.

요구 사항

기존의 배포에 대해 이해해야 할 요구 사항으로는 기능 요구 사항 외에도 네임스페이스 관리 요구 사항, 레이크에서 지원되는 데이터 형식, 데이터 서비스 계층의 유형이라는 세 가지 범주가 있다.

네임스페이스 영역

데이터 레이크 내에서 영역^{zone}은 데이터의 논리적 및(또는) 물리적 분리를 허용한다. 네임스페이스는 현재 워크플로우, 데이터 파이프라인 프로세스, 데이터 세트 속성을 기반으로 다양한 영역으로 구성될 수 있다. 다음은 대부분의 기업에서 레이크의 보안, 체계, 민첩성을 유지하기 위해 사용하는 일반적인 네임스페이스 구성(그림 7-3 참조)이다(https://oreil.ly/qrd5j).

브론즈 존

트랜잭션 데이터스토어에서 수집된 원시 데이터를 위한 영역으로서 원시 데이터 및 장기 보존을 위한 매립장이라고 할 수 있다. 민감한 데이터는 암호화되고 토큰화된다. 이 영역에서는 원시 데이터의 손상을 방지하기 위해 최소한의 프로세싱이 수행된다.

실버 존

필터링, 정리, 증강된 데이터가 있는 중간 데이터가 포함된 스테이징 영역이다. 데이터는 브론즈 존에서 데이터 품질 검증과 기타 처리가 수행된 후 이 영역에서 다운스트림 분석을 위한 '진실의 근원'이 된다.

골드 존

비즈니스 수준으로 집계되고 지표와 함께 사용할 준비가 된 정제된 데이터를 포함한다. 이는 전통적인 데이터 웨어하우스를 나타낸다. 처리된 출력과 표준화된 데이터 레이어가 이 영역에 저장된다.

데이터 사용자는 미리 생성된 네임스페이스namespace 외에도 탐색을 위해 샌드박스 네임스페이스를 생성하는 기능을 필요로 할 수 있다. 샌드박스 영역은 최소한의 거버넌스를 갖고 있으며 일반적으로 30일 후에 삭제된다. 또한 규제 준수가 증가함에 따라 민감한 영역 또는 위험 영역이라고 하는 새로운 영역이 생성된다. 이 영역은 거버넌스가 높고 선별된 데이터 담당자로 액세스를 제한한다. 부정 행위 감지, 재무 보고 등과 같은 선별된 유스 케이스에서 사용된다.

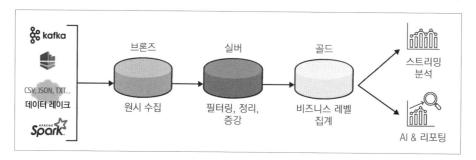

그림 7-3 데이터 레이크 내의 일반적인 네임스페이스 구성(데이터브릭스(Databricks, https://oreil.ly/eROqr))

지원되는 파일 형식

레이크의 데이터 형식은 여러 가지가 될 수 있다. 데이터 형식은 인사이트를 위한 성능과 확장의 맥락에서 중요한 역할을 한다. 요구 사항 수집의 일환으로 현재 배포된 형식을 이해하고 파일 형식 변환에 투자하면 유스 케이스 요구 사항에 더 잘 부합할 수 있다.

데이터 형식은 포맷의 견고성(즉, 데이터 손상 시나리오에 대해 포맷이 얼마나 잘 테스트됐는지)과 널리 사용되는 SQL 엔진 및 분석 플랫폼과의 상호 운용성에 대한 부분에서 균형을 맞춰야 한다. 다음은 고려해야 할 다양한 요구 사항이다.

표현성

포맷이 지도, 레코드, 목록, 중첩된 데이터 구조 등과 같은 복잡한 데이터 구조를 표현할 수 있는가?

견고성

포맷이 잘 정의돼 있고 쉽게 이해할 수 있는가? 손상 시나리오와 기타 예외 케이스에 대해 테스트가 잘됐는가? 견고성의 다른 중요한 측면은 포맷의 단순성이다. 형식이 복잡할수록 직렬화 및 역직렬화 드라이버에서 버그가 발생할 가능성이 높아진다.

공간 효율성

데이터의 간결한 표현은 언제나 최적화의 기준이 된다. 공간 효율성은 a) 데이터를 이진으로 표현하는 능력과 b) 데이터를 압축하는 능력이라는 두 가지 요소를 기반으로 한다.

액세스 최적화

이 기준은 응용프로그램 쿼리에 대한 응답으로 액세스되는 데이터양(바이트)을 최소화한다. 이는 쿼리 유형에 따라 크게 달라지며, 어디에나 적용 가능한 방법은 없다 (예: select * 쿼리 vs. 제한된 수의 열 값을 기반으로 필터링하는 쿼리). 액세스 최적화의 또 다른 고려 사항은 병렬 실행을 위해 파일을 분할하는 기능이다.

사용 가능한 포맷에 대해서는 좋은 글들이 꽤 있다(https://oreil.ly/kT-5b). 주요 포맷은 다음과 같다.

텍스트 파일

가장 오래된 형식 중 하나다. 사람이 읽을 수 있고 상호 운용이 가능하지만, 공간과 접근 최적화 측면에서 상당히 비효율적이다.

CSV/TSV

이 형식에는 비효율적인 이진 표현과 액세스에 관련된 제한이 있다. 또한 복잡한 데이터 구조를 이 형식으로 표현하기는 어렵다.

JSON

이 형식은 애플리케이션 개발자에게 가장 표현성이 있고 범용적인 형식 중 하나다. 이 목록의 다른 형식과 비교하면 공간 및 액세스 측면 모두에서 최적화되지 않았다.

SequenceFile

Hadoop에서 가장 오래된 파일 형식 중 하나다. 데이터는 키-값이 쌍으로 표시됐다. 자바가 쓰기 가능한 인터페이스를 사용해 Hadoop에 액세스하는 유일한 방법이었을 때 인기가 있었다. 가장 큰 문제는 상호 운용성이었고, 일반적인 정의가 없었다.

Avro

스키마가 파일 헤더와 함께 저장된다는 점을 제외하면 SequenceFile과 유사하다. 형식은 표현성이 있고 상호 운용이 가능하다. 이진 표현에는 오버헤드가 있으며, 최적화가 최고로 잘된 것은 아니다. 전반적으로 범용 워크로드에 적합하다.

ORCFile

고급 상용 데이터베이스에서 사용되는 열 기반 포맷이다. Hadoop 에코시스템에서 이 포맷은 RCfile 포맷의 후속 포맷으로 여겨지고 있는데, 이는 데이터를 문자열로 저장하는 데 비효율적이었다. ORCFile은 강력한 Hortonworks 지원과 최근의 흥미로운 발전(https://oreil.ly/Pfmyt)을 통해 PPD[Push Predicate Down]와 향상된 압축 기능을 제공한다.

Parquet

ORCFile과 유사하며 클라우데라[Cloudera]의 지원을 받는다. Parquet는 구글 Dremel 논문(https://oreil.ly/M7xBw)의 최적화를 구현한다.

인코딩과 함께 사용할 수 있는 다양한 압축 기술로 zlib, gzip, LZO, Snappy 등이 널리 사용된다. 압축 기법은 대체로 인코딩에 독립적이지만, 주로 개별 값(예: 토큰화, prefix 압축 등)에 의존하는 열 압축 기술과 값 시퀀스(예: Run-Length 인코딩[RLE] 또는 델타 압축)에 의존하는 것을 구별하는 것이 중요하다. 표 7-2에는 온디스크 레이아웃 포맷에 대한 설명이 요약돼 있다.

표 7-2 데이터 지속성 파일 형식 비교

	표현성	견고성	이진 & 압축	액세스 최적화	생태계
텍스트 파일	◑	●	○	○	●
CSV/TSV	◑	◕	◑	○	●
JSON	◕	●	◑	○	●

(이어짐)

	표현성	견고성	이진 & 압축	액세스 최적화	생태계
SequenceFile	◑	◑	◐	○	○
Avro	●	●	◔	◑	◔
ORCFile	●	●	●	●	●
Parquet	●	◕	●	●	●

서빙 레이어

레이크에 유지되는 데이터는 정형, 반정형, 비정형일 수 있다. 반정형 데이터의 경우 키-값, 그래프, 문서 등과 같은 다양한 데이터 모델이 있다. 데이터 모델에 따라 최적의 성능과 확장을 위해서는 적절한 데이터스토어를 활용해야 한다. 다양한 데이터 모델을 지원하는 수많은 NoSQL 솔루션이 있다. NoSQL은 확장성, 가용성, 성능 대신 트랜잭션 SQL 기능의 절충을 고려할 때 '비SQL'로 강조되는 경우가 많다(CAP 정리[2]가 전형적으로 등장한다). NoSQL은 SQL 충실도보다는 다양한 데이터 모델을 지원하는 것임을 인식하는 것이 중요하다. 올바른 데이터 모델을 선택해 애플리케이션과 데이터스토어 간의 임피던스 불일치impedance mismatch를 줄이는 '비관계형 SQL'로 기억해야 한다. 위키백과에 NoSQL 정의가 잘 나와 있다(https://oreil.ly/pURvC). 'NoSQL(즉, 'nonSQL' 또는 'non relational') 데이터베이스는 관계형 데이터베이스에 사용되는 표 관계 이외의 방법으로 모델링된 데이터의 저장 및 검색을 위한 메커니즘을 제공한다.' NoSQL 솔루션 주제에 관해서는 여러 권의 책이 나와 있다. 다음은 가장 일반적으로 사용되는 데이터 모델에 대한 간략한 요약이다.

키-값 데이터 모델: 데이터 모델 중 가장 쉽다. 응용프로그램은 임의의 데이터를 값 또는 블롭blob 집합으로 저장한다(최대 크기에 제한이 있을 수 있음). 저장된 값이 불투명해 응용프

---

2   CAP 정리 또는 브루어의 정리는 일관성, 가용성, 분할내성이라는 세 가지 조건을 모두 만족하는 분산 컴퓨터 시스템이 존재하지 않음을 증명한 정리다. – 옮긴이

로그램에서 스키마 해석을 수행해야 한다. 키-값 저장소는 단순히 키로 값을 검색하거나 저장한다. 대표적인 예로는 Riak, Redis, Memcache, Hazelcast, Aerospike, AWS DynamoDB 등이 있다.

넓은 열 데이터 모델: 넓은 열wide-column 데이터베이스는 관계형 데이터베이스와 유사하게 데이터를 행과 열로 구성한다. 논리적으로 연관된 열은 열 패밀리column family라는 그룹으로 나뉜다. 열 패밀리 내에서 새 열을 동적으로 추가할 수 있으며 행은 드문드문할 수 있다(즉, 행에 모든 열에 대한 값이 있을 필요가 없다). Cassandra와 같은 구현을 사용하면 열 패밀리의 특정 열에 대한 인덱스를 생성해 행 키가 아닌 열 키로 데이터를 검색할 수 있다. 행에 대한 읽기 및 쓰기 작업은 일반적으로 단일 열 패밀리에서 원자적atomic이지만, 일부 구현은 다수의 열 패밀리에 걸쳐 전체 행에 대한 원자성atomicity을 제공한다. 대표적인 예로는 Cassandra, HBase, Hypertable, Accumulo, 구글 Bigtable 등이 있다.

문서 데이터 모델: 문서 필드는 키-값 저장소와 달리 이 필드의 값을 사용해 데이터를 쿼리하고 필터링하는 데 사용할 수 있다. 단일 문서는 RDBMS의 여러 관계형 테이블에 분산될 수 있는 정보가 포함될 수 있다. MongoDB와 기타 구현은 전체 문서를 다시 작성하지 않고도 애플리케이션이 문서의 특정 필드 값을 수정할 수 있도록 내부 업데이트를 지원한다. 단일 문서의 여러 필드에 대한 읽기 및 쓰기 작업은 원자적이다. 저장할 데이터 필드가 각 요소 간에 다른 경우, 빈 열이 많을 수 있으므로 관계형 또는 열 지향 저장소가 최선이 아닐 수 있다. 문서 저장소는 모든 문서가 동일한 구조를 가질 필요가 없다. 대표적인 예로 MongoDB, AWS DynamoDB(제한된 기능), Couchbase, CouchDB, Azure Cosmos DB 등이 있다.

그래프 데이터 모델: 그래프 데이터베이스에는 노드와 에지라는 두 가지 정보가 저장된다. 노드는 엔티티이며 에지는 노드 간의 관계를 나타낸다. 노드와 에지는 모두 테이블의 열과 유사하게 해당 노드 또는 에지에 대한 정보 제공 속성을 가질 수 있다. 에지는 관계의 특성을 나타내는 방향을 가질 수도 있다. 대표적인 예로는 Neo4j, OrientDB, Azure

Cosmos DB, Giraph, 아마존 Neptune 등이 있다.

위에서 나열한 데이터 모델 외에도 메시지 저장소, 시계열 데이터베이스, 다중 모델 저장소 등과 같은 다른 모델도 있다. 그림 7-4는 AWS를 예로 들어 클라우드 내에서 사용할 수 있는 데이터스토어를 보여준다.

Database type	Use cases	AWS service
Relational	Traditional applications, ERP, CRM, e-commerce	Amazon Aurora, Amazon RDS, Amazon Redshift
Key-value	High-traffic web apps, e-commerce systems, gaming applications	Amazon DynamoDB
In-memory	Caching, session management, gaming leaderboards, geospatial applications	Amazon ElastiCache for Memcached, Amazon ElastiCache for Redis
Document	Content management, catalogs, user profiles	Amazon DocumentDB (with MongoDB compatibility)
Wide column	High scale industrial apps for equipment maintenance, fleet management, and route optimization	Amazon Keyspaces (for Apache Cassandra)
Graph	Fraud detection, social networking, recommendation engines	Amazon Neptune
Time series	IoT applications, DevOps, industrial telemetry	Amazon Timestream
Ledger	Systems of record, supply chain, registrations, banking transactions	Amazon QLDB

그림 7-4 AWS 클라우드에서 점차 증가되는 데이터 모델 지원 목록(AWS(https://oreil.ly/Na6aQ))

구현 패턴

기존 작업 지도에 따라 데이터 수명주기 관리 서비스에 대한 자동화는 세 가지 수준이 있다(그림 7-5 참조). 각 수준은 현재 수동이거나 비효율적인 작업 조합을 자동화하는 것에 해당한다.

데이터 수명주기 기본 패턴

기본 작업primitive operation과 증분 데이터 업데이트를 단순화한다.

트랜잭션 패턴

데이터 레이크 업데이트에서 ACID 트랜잭션을 지원한다.

고급 데이터 관리 패턴

스트리밍 및 일괄 처리 데이터 흐름을 통합한다.

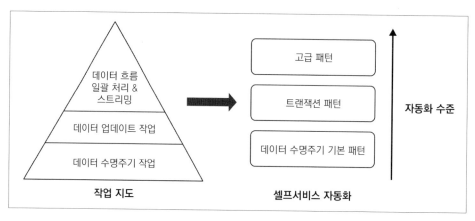

그림 7-5 데이터 수명주기 관리 서비스를 위한 다양한 수준의 자동화

데이터 수명주기 기본 패턴

데이터 사용자가 정책과 API를 통해 기본 작업을 실행할 수 있도록 하는 것이 이 패턴의 목표다. 여기에는 네임스페이스 생성, 데이터 제공 계층에의 데이터 저장, 파티션 생성, 감사 규칙 생성, 스키마 진화 처리, 데이터 버전 관리에 대한 정책이 포함된다. 또한 데이터 업데이트는 기본 작업이며 데이터를 최적화하는 것이 목표다. 스키마 진화, 데이터 버전 관리, 증분 데이터 업데이트와 관련된 패턴에 대한 세부 정보를 다뤄보자.

스키마 진화

다운스트림 분석이 변경의 영향을 받지 않도록 스키마 변경을 자동으로 관리하는 것이 목표다. 즉, 진화하는 스키마에 대해 기존 쿼리를 재사용하고 쿼리 중의 스키마 불일치 오류를 방지하고자 하는 것이다. 열 이름 변경, 테이블의 시작과 중간 또는 끝에 열 추가, 열 제거, 열 순서 변경, 열 데이터 유형 변경 등 다양한 스키마 변경이 있다. 이에 대한 접근법(https://oreil.ly/QElz_)은 역방향 및 순방향 진화를 모두 처리할 수 있는 데이터 형식을 사용하는 것이다. 역방향 호환성을 통해 이전 스키마를 사용해서 생성된 데이터를 읽기 위해 새로운 스키마를 사용할 수 있으며, 순방향 호환성을 통해 새로운 스키마를 사용해서 생성된 데이터를 읽기 위해 이전 스키마를 사용할 수 있다. 응용프로그램은 즉시 업데이트되지 않을 수 있으며 새로운 기능의 도움 없이 항상 새 스키마의 데이터를 읽어야 한다.

일반화해보면, 스키마 진화는 데이터 형식, 스키마 변경 유형, 기본 쿼리 엔진의 기능이다. 스키마 변경 유형이나 스키마에 따라 변경 내용이 다운스트림 분석에 지장을 줄 수 있다. 예를 들어 아마존 Athena(https://oreil.ly/TF3Q0)는 읽기 스키마schema-on-read 쿼리 엔진이다. Athena에서 테이블이 생성되면 데이터를 읽을 때 스키마를 적용하고, 기본 데이터를 변경하거나 다시 쓰지 않는다. Parquet와 ORC는 인덱스 또는 이름으로 읽을 수 있는 열 데이터 스토리지 형식이다. 데이터를 이 형식 중 하나로 저장하면 Athena 쿼리를 실행하는 동안 스키마 불일치 오류가 발생하지 않는다.

데이터 버전 관리

사용자가 특정 시점에 데이터를 쿼리할 수 있도록 시간 이동 기능을 구현하는 것이 이 패턴의 목표다. 이는 재현성, 롤백, 감사의 학습을 위해 필요하다. 데이터브릭스 Delta(https://oreil.ly/8BX-4)는 이 패턴의 구현 사례이며, 델타 테이블 또는 디렉터리에 기록하면 모든 작업이 자동으로 버전화된다. 다른 버전에 액세스하는 방법으로는 타임스탬프를 사용하거나 버전 번호를 사용하는 두 가지 방법이 있다. 내부적으로 모든 표는 Delta Lake 트랜잭션 로그에 기록된 모든 커밋의 합계 결과다. 트랜잭션 로그는 테이블의 원래 상태에서 현재 상태로 가져올 세부 정보를 기록한다. 트랜잭션 로그에 열 번 커밋된 후 Delta Lake는 체크포인트 파일을 Parquet 형식으로 저장한다. 이 파일들을 통해 Spark는 해당 시점의 테이블 상태를 반영하는 최신 체크포인트 파일로 바로 갈 수 있게 된다.

증분 업데이트

이 패턴은 데이터 레이크에서 증분 업데이트를 최적화하는 것을 목표로 한다. 패턴의 예는 Hudi^{Hadoop Upsert Delete and Incremental}(https://oreil.ly/GKXKG)로, 몇 분 정도면 HDFS의 데이터에 변형을 적용할 수 있다. Hudi는 관련 파티션의 모든 Parquet 파일에서 Bloom 필터 인덱스(https://oreil.ly/5ffCm)를 로드하고 업데이트를 위해 수신되는 키를 기존 파일에 매핑함으로써 레코드를 업데이트하거나 삽입해 태그를 지정한다. Hudi는 파티션별로 삽입을 그룹화하고 새 필드를 할당한 후 로그 파일이 HDFS 블록 크기에 도달할 때까지 해당 로그 파일에 추가한다. 스케줄러는 몇 분마다 시간 제한 압축 프로세스를 시작해 우선순위가 지정된 압축 목록을 생성한다. 압축은 비동기식으로 실행된다. 모든 압축 반복에서 가장 많은 로그가 있는 파일이 먼저 압축되는 반면, Parquet 파일을 다시 쓰는 비용이 파일의 업데이트 수에 따라 상각되지 않기 때문에 작은 로그 파일이 마지막으로 압축된다.

트랜잭션 패턴

이 패턴은 데이터 레이크에서 ACID(원자성^{Atomicity}, 일관성^{Consistency}, 격리^{Isolation}, 내구성^{Durability}) 트랜잭션 구현에 중점을 둔다. Delta Lake, Iceberg(https://oreil.ly/Tqs_B), 아파치 ORC(https://oreil.ly/ocz2F)(Hive 3.x에서)와 같은 몇 가지 구현 패턴이 있다.

패턴을 설명하기 위해 Delta Lake ACID 구현에서의 높은 수준의 세부 정보를 다뤄보자. 구현에 대한 이해를 위한 세부 사항은 데이터브릭스(https://oreil.ly/O8jyD)를 참조하면 된다.

사용자가 테이블을 수정하는 작업(예: 삽입, 업데이트, 삭제)을 수행할 때마다 Delta Lake는 해당 작업을 일련의 개별 단계로 나눈다. 그런 다음 이러한 작업이 커밋으로 알려진 순서가 지정된 원자 단위로 트랜잭션 로그에 기록된다. Delta Lake 트랜잭션 로그는 Delta Lake 테이블에서 시작 후 수행된 모든 트랜잭션의 정렬된 레코드다. 사용자가 처음으로

Delta Lake 테이블을 읽거나 마지막으로 읽은 이후 수정된 열린 테이블에서 새 쿼리를 실행하면, Spark가 트랜잭션 로그를 확인해 테이블에 게시된 새 트랜잭션을 확인한 뒤 최종 사용자의 테이블을 새로운 변경 사항으로 업데이트한다. 이렇게 하면 사용자의 테이블 버전이 항상 최신 쿼리의 마스터 레코드와 동기화된다.

원자성은 레이크에서 수행된 작업(삽입 또는 업데이트 등)이 완전히 완료되거나 전혀 완료되지 않도록 하는 것을 보장한다. 트랜잭션 로그는 Delta Lake가 원자성을 보장할 수 있는 메커니즘이다. Delta Lake는 완벽하게 완전히 실행되는 트랜잭션만을 기록하고 해당 기록을 단일 진실 소스로 사용해 직렬화 가능한 격리[serializable isolation]를 지원한다. 동시 쓰기–쓰기 업데이트의 경우 최적 동시성 제어[optimistic concurrency control]를 사용한다. Delta Lake는 현재 다중 테이블 트랜잭션과 외래 키를 지원하지 않는다.

고급 데이터 관리 패턴

고급 데이터 관리 패턴은 단일 기존 테이블 내에서 스트리밍 이벤트 데이터를 결합한다(그림 7-6 참조). 데이터 사용자는 타임 윈도우 기능에서 기존 쿼리를 사용해 결합된 스트리밍 및 일괄 처리 데이터에 액세스할 수 있다. 이를 통해 일괄 처리나 스트리밍 중 하나를 선택할 필요 없이 새로운 데이터가 도착할 때 데이터를 지속적이고 점진적으로 처리할 수 있다.

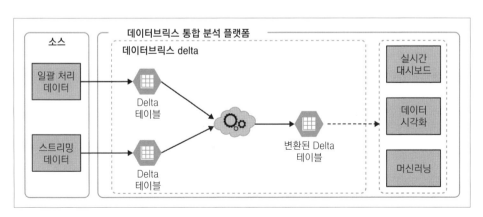

그림 7-6 일괄 처리 및 스트림 데이터를 하나의 데이터브릭스 Delta 테이블(Caserta(https://oreil.ly/Mi4uo))로 병합

기본 기능 구성 블록이 레이크에 없는 관계로 일괄 처리 분석과 스트리밍 분석은 전통적으로 별도로 처리돼 왔다. 예를 들어, 파티션에서 마지막으로 사용된 이후 변경된 레코드를 추적하는 메커니즘이 없다. upsert(업데이트를 진행할 때 데이터가 있다면 업데이트update를 하고, 없다면 인서트insert를 하는 것)는 새로운 데이터를 파티션에 게시하는 문제를 신속하게 해결할 수 있지만, 다운스트림 소비자들은 과거 시점 이후 어떤 데이터가 변경됐는지 알지 못한다. 새 레코드를 식별할 원시 레코드가 없는 경우 전체 파티션이나 테이블의 모든 것을 스캔하고 다시 계산해야 히므로 많은 시간이 소요될 수 있고 근 규모에서는 실현이 어렵다. 통합 스트리밍 및 일괄 처리 뷰를 구현하는 데 필요한 다른 패턴들이 있다. 그림 7-7은 이런 누락된 원시 요소primitives와 함께 이들이 Delta Lake에서 어떻게 구현되는지 보여준다. 스트리밍 데이터 수집, 일괄 백필batch backfill, 대화형 쿼리는 별도의 노력 없이 즉시 사용 가능하다.

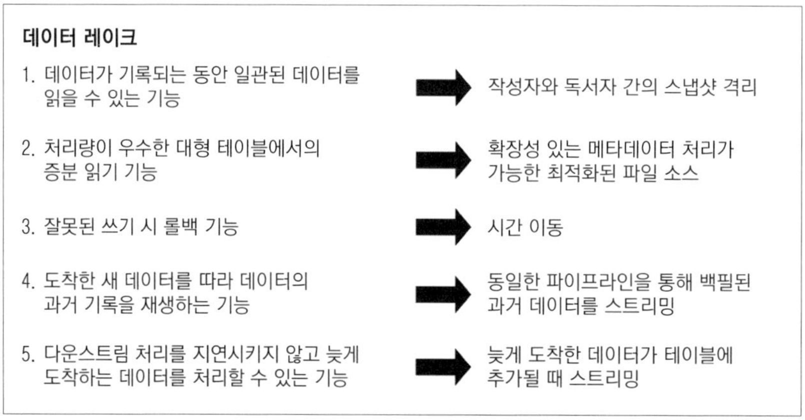

데이터 레이크

1. 데이터가 기록되는 동안 일관된 데이터를 읽을 수 있는 기능 ➡ 작성자와 독서자 간의 스냅샷 격리

2. 처리량이 우수한 대형 테이블에서의 증분 읽기 기능 ➡ 확장성 있는 메타데이터 처리가 가능한 최적화된 파일 소스

3. 잘못된 쓰기 시 롤백 기능 ➡ 시간 이동

4. 도착한 새 데이터를 따라 데이터의 과거 기록을 재생하는 기능 ➡ 동일한 파이프라인을 통해 백필된 과거 데이터를 스트리밍

5. 다운스트림 처리를 지연시키지 않고 늦게 도착하는 데이터를 처리할 수 있는 기능 ➡ 늦게 도착한 데이터가 테이블에 추가될 때 스트리밍

그림 7-7 필수 데이터 레이크 원시 요소와 이러한 요소들이 Delta Lake에서 구현되는 방법 (Dataricks(https://oreil.ly/b-n0v))

요약

전통적으로 데이터는 데이터 웨어하우스에 집계되고 일괄 처리로 분석됐다. 웨어하우스에서는 데이터 수명주기 관리의 요구를 지원했다. 빠르게 데이터 레이크로 넘어가보면, 데이터 레이크에서는 데이터스토어, 처리 엔진, 스트리밍 및 일괄 처리 프로세스 등의 복잡한 조합을 고려해서 동일한 데이터 수명주기 관리 요구 사항을 지원해야 한다. 전통적인 데이터 웨어하우스에서와 유사하게 이러한 작업을 자동화하는 것이 데이터 레이크 관리의 목표다.

8장
데이터 랭글링 서비스

레이크 내에 데이터가 집계됐으므로, 이제 보편적인 데이터 구조화, 정리, 보강, 유효성 검사를 아우르는 데이터 랭글링에 집중할 준비가 됐다. 랭글링wrangling은 오류, 이상값, 결측값, 대체값, 데이터 불균형, 데이터 인코딩을 선별하는 반복적인 프로세스다. 프로세스의 각 단계는 인사이트를 생성하기 위한 가장 탄탄한 데이터값을 생성하는 것을 목표로 데이터가 '다시 랭글링될re-wrangled' 수 있는 새로운 잠재적 방법을 도출한다. 랭글링은 데이터의 본질에 대한 인사이트를 제공해서 인사이트를 생성하기 위한 더 나은 질문을 할 수 있게 해준다.

데이터 과학자는 랭글링에 상당한 시간과 수작업을 들인다(그림 8-1 참조). 랭글링은 시간 소모적일 뿐 아니라 불완전하고 신뢰할 수 없으며 오류가 발생하기 쉽고, 그 외에도 몇 가지 문제점을 수반한다. 첫째, 데이터 사용자는 탐색 분석 중에 많은 데이터 세트를 만지기 때문에 데이터의 속성을 발견하고 준비에 필요한 랭글링 변환 작업을 신속하게 찾아내는 것이 중요하다. 현재로서는 데이터 세트 속성을 알아내고 적용해야 하는 랭글링 작업을 결정하는 것이 임시 및 수동으로 이뤄지고 있다. 둘째, 랭글링 변환을 적용하려면 파이썬, 펄, R과 같은 프로그래밍 언어로 특유의 스크립트를 작성하거나 마이크로소프트 엑셀Microsoft Excel과 같은 도구를 사용해 지루한 수동 편집을 수행해야 한다. 데이터 사용자는 데이터의 양, 속도, 다양성이 증가함에 따라 효율적이고 안정적이며 반복적인 방식으로 대규모 변환을 적용하기 위해 로우레벨 코딩 기술을 필요로 한다. 세 번째 문제점은 이러한 변환을 일상적이고 안정적으로 운영하고 일시적인 문제가 데이터 품질에 영향을 미치지 않도록 사전에 예방해야 한다는 것이다. 이러한 문제점은 생산적이고 신뢰할 수 있는 인사이트를 생성하는 과정에서 데이터를 신뢰할 수 있게 만드는 데 필요한 랭글링 시간에 영향을 미친다. 랭글링은 인사이트를 생성하는 핵심 단계이며 전체 인사이트 시간에 영향을 미친다.

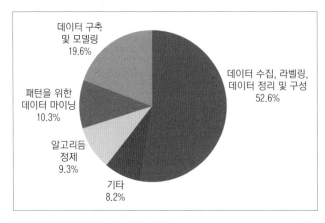

그림 8-1 데이터 과학자가 다양한 활동에 소비한 시간(2017 Data Scientist Report, https://oreil.ly/5nW30)

이상적인 셀프서비스 데이터 랭글링 서비스는 프로덕션 규모로 시각화, 변환, 배포, 운영 프로세스를 가속화한다. 다양한 도메인 온톨로지, 데이터 추출 및 변환 규칙, 스키마 매핑을 감안할 때 데이터 랭글링을 위해 어디에나 들어맞는 해결책은 없다. 이 서비스는 데이터 사용자에게 대화형의 상세한 시각적 표현을 제공해 데이터를 세분화된 수준에서 좀 더 심도 있게 탐색하고 이해할 수 있도록 한다. 그리고 사용자를 위해 현재 데이터를 지능적으로 평가해 랭글링 변환 순위 제안 목록을 추천한다. 데이터 사용자는 로우레벨 프로그래밍 없이도 쉽게 변환을 정의할 수 있다. 변환 기능은 데이터 및 변환 유형의 규모에 가장 적합한 실행을 통해 적절한 처리 프레임워크로 자동 컴파일된다. 데이터 사용자는 데이터 세트에 대한 품질 검증 규칙을 정의하고 저품질 데이터가 깨끗한 데이터 세트를 오염시키는 것을 사전에 방지할 수 있다. 전반적으로 이 서비스는 광범위한 데이터 사용자에게 지능적이고 민첩한 데이터 랭글링을 제공해 궁극적으로 좀 더 정확한 인사이트를 제공한다.

여정 지도

데이터 랭글링 여정은 프로젝트에 관계없이 일반적으로 다음과 같은 작업으로 구성된다.

발견

일반적으로 첫 번째로 진행되는 단계다. 이 단계에서는 메타데이터 카탈로그를 활용해 데이터와 스키마의 속성, 분석에 필요한 랭글링 변환을 이해한다. 비전문 사용자는 어떤 변환이 필요한지 결정하는 것이 어렵다. 이 프로세스에는 레코드 매칭, 즉 데이터 세트끼리 식별자를 공유하지 않거나 식별자를 신뢰하기 어려운 경우에도 여러 데이터 세트 간의 관계를 찾는 작업이 포함된다.

검증

데이터 필드의 값이 1/0이 아닌 부울 참/거짓과 같은 구문 제약 조건을 준수하는지 확인하는 것을 포함해 여러 차원의 검증이 있다. 분포 제약은 데이터 속성의 값 범위를 검증한다. 교차 속성 검사는 교차 데이터베이스 참조 무결성(예: 고객 데이터베이스에 업데이트된 신용카드가 구독 청구 데이터베이스에 올바르게 업데이트되고 있는지)을 검증한다.

구조화

데이터의 형태와 크기는 매우 다양하다. 데이터 형식은 다운스트림 분석 요구 사항에 일치하지 않을 수 있다. 예를 들어 고객 쇼핑 트랜잭션 로그의 레코드에는 하나 이상의 항목이 포함돼 있는 반면, 재고 분석에는 구매 항목의 개별 레코드가 필요할 수 있다. 또 다른 예로는 우편번호, 주 이름 등의 특정 속성을 표준화하는 것이 있다. 이처럼 ML 알고리듬은 종종 원시 형식의 데이터를 사용하지 않으며, 일반적으로 원-핫 인코딩을 사용해 만든 카테고리 등의 인코딩 작업이 필요하다.

정리

정리에서 고려해야 할 측면은 여러 가지다. 가장 일반적인 형태는 이상값, 결측값, null 값, 생성된 인사이트를 왜곡할 수 있는 불균형 데이터를 제거하는 것이다. 정리에는 데이터 품질 및 일관성에 대한 지식이 필요하다. 즉, 다양한 데이터 값이 최종 분석에 어떤 영향을 미칠 수 있는지 알고 있어야 한다. 또 다른 고려 사항으로는 데이터 세트 내 중복된 레코드의 제거가 있다.

보강

보강은 고객 프로파일 데이터 보강처럼 다른 데이터 세트와의 결합을 포함한다. 예를 들어, 농업 회사들은 날씨 정보 예측으로 생산 예측을 보강할 수 있다. 고려해야 할 또 다른 측면은 데이터 세트에서 새로운 형태의 데이터를 도출해내는 것이다.

결측값, 오류값, 극단값, 중복값과 같은 데이터 품질 문제는 분석을 저해하며 문제를 찾고 해결하는 데 많은 시간을 필요로 한다. 기업이 데이터 중심화되면서 데이터 분석가, 데이터 과학자, 제품 관리자, 마케팅 담당자, 데이터 엔지니어, 애플리케이션 개발자 등 다양한 데이터 사용자가 데이터 랭글링을 사용하고 있다. 랭글링 여정 지도는 빅데이터의 4V(볼륨Volume, 속도Velocity, 다양성Variety, 진실성Veracity)도 고려해야 한다.

랭글링 시간 최소화

랭글링 시간에는 탐색적 데이터 분석, 데이터 변환 정의, 프로덕션 규모의 구현이 포함된다.

요구 사항 정의

데이터 랭글링 요구 사항을 결정할 때는 데이터 속성을 대화식으로 반복적으로 탐색해서 정의한다. 데이터 사용자의 범위를 고려할 때 데이터 랭글링에는 프로그래머와 비프로그래머 데이터 사용자를 모두 지원하는 도구가 필요하다. 데이터 과학자는 일반적으로 파이썬 pandas나 R 라이브러리와 같은 프로그래밍 프레임워크를 사용하는 반면 프로그래머가 아닌 사용자는 시각화 솔루션에 의존한다.

시각화 도구에는 몇 가지 고려할 문제가 있다. 첫째, 다차원적이고 규모가 커지는 상황에서는 시각화가 어렵다. 대규모 데이터 세트의 경우 동적 집계 보기와 같은 빠른 연결 선택을 활성화하는 것이 어렵다. 둘째, 다양한 형태의 정형, 반정형, 비정형 데이터마다 가장 적합한 다양한 유형의 시각화가 있다. 분석 결과를 얻고 시각화 툴이 그것을 읽는 데이터 조작에 너무 많은 시간을 쓴다. 셋째, 지저분하거나 불확실하거나 누락된 데이터를 추론하는 데 시각화 도구의 도움을 받기가 쉽지 않다. 자동화 도구는 이상 징후를 식별하는 데 도움이 될 수 있지만, 오류를 결정하는 것은 상황에 따라 다르므로 사람의 판단이 필요하다. 시각화 도구가 이 프로세스를 용이하게 할 수는 있지만, 분석가는 이상 징후의 맥락을 읽어야 하고 필요한 뷰를 수동으로 구성해야 하므로 상당한 전문 지식이 필요하다.

데이터 큐레이팅

이 단계는 랭글링에 대한 요구 사항을 바탕으로 대규모 데이터 변환 기능을 구축하는 데 초점을 맞춘다. 데이터 사용자는 데이터 변환을 지속적으로 대규모로 적용하기 위해 데이터 변환을 자동화해야 한다. 대규모 데이터 변환을 구현하는 일반적인 패턴이 있지만(다음 장에서 다룸), 인기 있는 접근 방식은 데이터의 반복적인 시각적 편집을 데이터 세트에 적용시키는 랭글링 규칙으로 변환하는 시각적 분석 도구를 사용하는 것이다(칸델Kandel 연구진 논문 참조, https://oreil.ly/RbAcE).

데이터 큐레이션을 위한 시각적 분석 프레임워크는 몇 가지 주요 과제를 제시한다.

- 대규모 데이터 세트를 위한 확장성
- 유사 데이터 세트에 자동으로 적용되는 인텔리전스(수동 개입 감소)
- 정확성, 데이터 품질 문제, 데이터 재형식화, 다양한 유형의 데이터 값 간 변환 규격 지원

- 사람의 입력을 통해 학습하고 데이터 변환 프로세스에 대화형 변환 이력을 활용

종합해보면, 시각적 분석은 활발한 연구 영역이다. 전문가들은 적절한 시각적 인코딩이 데이터 문제의 탐지를 어떻게 촉진하고 대화형 시각화가 데이터 변환 사양의 생성을 어떻게 용이하게 하는지 알아내기 위해 노력하고 있다.

운영 모니터링

큐레이션이 프로덕션에 배포된 후에는 정확성과 성능의 SLA$^{Service Level Agreement}$에 대해 지속적으로 모니터링해야 한다. 데이터 정확도를 위한 모델 생성, 예약된 작업으로의 검증 실행, 랭글링 기능 확장, 운영 문제 디버깅 등이 여기에 포함된다.

주요 과제는 처리 실패 처리, 작업 재시도 및 최적화 구현, 데이터 문제의 디버깅 패턴이다. 데이터 품질에 대한 운영 모니터링 관련 주제는 18장에서 자세히 다룬다.

요구 사항 정의

기업은 데이터 조직의 현재 상태, 생성된 인사이트의 데이터 품질에 대한 민감성, 데이터 사용자의 전문성 측면에서 서로 다르다. 랭글링 서비스 구축의 접근법은 우선 여정 지도에서 큐레이팅 시간을 늦추는 작업에 집중하는 것이다. 랭글링 여정의 이해, 검증, 구조화, 정리, 보강 단계에서 문제점을 평가하기 위한 설문지가 포함된 『Principles of Data Wrangling』이라는 책(https://oreil.ly/iZ50D)을 독자들에게 권한다.

구현 패턴

기존 작업 지도에 따라 랭글링 서비스에 대한 자동화 수준은 세 가지가 있다(그림 8-2 참조). 각 수준은 현재 수동이거나 비효율적인 작업 조합을 자동화하는 것에 해당한다.

탐색적 데이터 분석 패턴

데이터 세트에 대한 이해를 촉진해 랭글링 변환을 정의한다.

분석 변환 패턴

프로덕션 규모로 변환을 구현한다.

자동화된 품질 시행 패턴

데이터 품질 추적 및 디버깅을 위한 모니터링을 운영한다. 이 패턴과 관련된 세부 사항은 18장에서 다룬다.

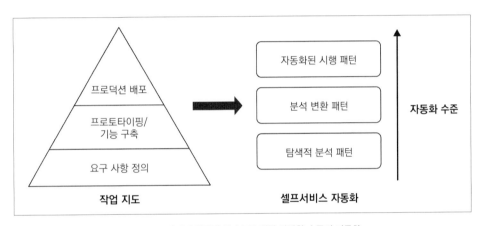

그림 8-2 데이터 랭글링 서비스를 위한 다양한 수준의 자동화

탐색적 데이터 분석 패턴

탐색적 데이터 분석^{EDA, Exploratory Data Analysis} 패턴은 데이터에 필요한 데이터 랭글링 변환이 무엇인지 알아내기 위해 데이터 세트를 이해하고 요약하는 것에 중점을 둔다. 이는 ML 또는 대시보드 모델링에 뛰어들기 전에 수행해야 할 중요한 단계다. 데이터 이해의 세 가지 구성 요소는 다음과 같다.

- 구조 발견은 데이터가 일관되고 올바른 형식인지 확인하는 데 도움이 된다.

- 콘텐츠 발견은 데이터 품질에 중점을 둔다. 데이터의 형식을 지정하고 표준화하고 적시에 효율적으로 기존 데이터와 적절히 통합해야 한다.
- 관계 발견은 서로 다른 데이터 세트 간의 연결을 식별한다.

데이터 구성을 이해하면 예측 알고리듬을 효과적으로 선택하는 데 도움이 된다.

데이터 사용자의 스펙트럼을 고려할 때, 필요한 프로그래밍 기술에는 세 가지 탐색적 데이터 분석 패턴이 있다. 필요한 패턴을 오름차순으로 정리하면 다음과 같다.

- 시각 분석은 데이터 무결성, 통계 분포, 완전성 등에 대한 읽기 쉬운 시각적 관점을 제공한다. 데이터 시각화 및 관련된 데이터 요약을 제공하는 몇 가지 구현 사례로는 Profiler(https://oreil.ly/NtROm), Data Wrangler(https://oreil.ly/SKUba), Trifacta가 있다. Rapid-Miner(https://oreil.ly/ZqwIB)는 분석 프로세스의 설계를 위한 직관적인 그래픽 사용자 인터페이스를 제공하며 프로그래밍이 필요하지 않다.
- 파이썬의 pandas(https://oreil.ly/gDhMe) 라이브러리와 같은 전통적인 프로그래밍 라이브러리를 사용하면 데이터 사용자가 단일 파이썬 문을 사용해 분석하고 변환할 수 있다. 마찬가지로 R의 dplyr 라이브러리는 메모리와 메모리 외부 모두에서 DataFrame과 유사한 객체로 작업하기 위한 빠르고 일관된 도구를 제공한다.
- 아파치 Spark와 같은 빅데이터 프로그래밍 API는 스칼라, 자바, 파이썬, R과 같은 다양한 언어가 사용되는 대규모 데이터 세트 운영 시 사용하기 쉬운 API를 개발자에게 제공한다. 전통적인 프로그래밍 라이브러리는 일반적으로 데이터 샘플 작업에 적합하지만 확장성이 떨어진다. Spark는 RDD, DataFrame, Datasets 등 데이터 속성을 분석하기 위해 다양한 API 추상화를 제공한다. 데이터 구조가 정형, 반정형, 비정형인지에 따라 유스 케이스별로 적절한 API를 선택해야 한다. RDD, DataFrame, Datasets의 장단점을 잘 분석한 내용을 데이터브릭스 블로그(https://oreil.ly/v518s)에서 다루고 있다.

특수한 문제들에 사용할 데이터 랭글링 변환을 검색하고 학습하는 곳에 ML 기술이 점점 더 많이 적용되고 있다. 데이터 속성에 대한 수동 이해는 머신러닝으로 보완되며, 훨씬 더 많은 사용자 그룹이 더 짧은 시간에 달성할 수 있다.

분석 변환 패턴

이 패턴은 프로덕션 규모의 데이터에 랭글링 변환을 적용하는 데 집중한다. 프로그래밍 외의 두 가지 일반적인 패턴은 시각적 분석과 드래그 앤 드롭drag-and-drop ETL 정의 프레임워크다. 이 절에서는 주로 데이터 랭글링의 맥락에서 사용되는 시각적 분석에 중점을 둔다. 다른 변환 패턴은 일반적인 것들로 11장에서 다룬다.

시각적 분석은 데이터 시각화, 변환, 검증을 통합하는 대화형 시스템을 통해 랭글링 데이터를 가능하게 해준다. 이 패턴은 구체화 시간을 크게 줄이고 수동 편집 대신 편집 가능한 강력한 변환의 사용을 촉진한다. 이 패턴은 다음과 같이 작동한다.

1. 데이터 사용자는 데이터 시각화와 상호 작용해 데이터 속성을 이해한다. 데이터 탐색 프로세스 중에 변환 기능을 정의할 수 있다.
2. 시각적 분석 패턴은 변환 기능을 더 광범위한 데이터 세트에 자동으로 매핑한다. 이 도구는 사용자 입력을 기반으로 데이터 세트에 적용할 수 있는 패턴을 학습한다.
3. 변환transformation은 일정에 따라 지속적으로 실행되는 재사용 가능한 ETL 프로세스로 자동 변환convert돼 정기적으로 데이터를 로드한다. 변환은 스트리밍 분석의 맥락에서도 적용될 수 있다.

이 패턴은 대화형 데이터 시각화 및 변환을 하나의 환경으로 가져옴으로써 변환 구축 프로세스를 획기적으로 간소화한다.

이 패턴을 설명하기 위해 예를 들고자 하는 스탠포드Stanford의 Wrangler(https://oreil.ly/k5w_q)는 데이터 변환을 생성하기 위한 대화형 시스템이다. Wrangler는 시각화된 데이터의 직접 조작과 이와 관련된 변환의 자동 추론을 결합해서 분석가가 해당 작업의 가능 여부를 반복적으로 탐색하고 그 효과를 미리 볼 수 있도록 한다. Wrangler는 시맨틱 데이터 유형을 활용해 검증과 타입 변환을 지원한다. 대화형 히스토리는 변환 스크립트의 검토, 세분화, 주석을 지원한다. 사용자는 몇 번의 클릭만으로 null 필드를 특정 값으로 설정하고, 불필요하거나 특이한 데이터를 제거하고, 필드에서 데이터 변환을 수행해 정규화할 수 있다.

요약

데이터 랭글링은 데이터를 유용하게 만드는 프로세스다. 원시 데이터는 항상 신뢰할 수 있는 것은 아니며 현실을 적절히 반영하지 못할 수도 있다. 데이터 랭글링을 위한 셀프서비스 프레임워크에 투자함으로써 기업은 전반적인 인사이트 시간을 크게 줄일 수 있다. 랭글링 서비스는 데이터 시각화, 변환, 검증을 통합해 프로세스를 자동화한다.

9장

데이터 권한 거버넌스 서비스

이제 데이터가 랭글링됐으니 인사이트를 만들 준비가 됐다. 여기서 인사이트 추출에 사용되는 대부분의 데이터는 고객 상호 작용에서 직간접적으로 수집되므로 단계가 하나 더 있다. 데이터 세트에 고객 세부 정보, 특히 이름, 주소, 주민등록번호 등과 같은 PII가 포함된 경우 기업은 데이터 사용이 사용자의 데이터 선호 사항^{preference}을 준수하는지 확인해야 한다. 그림 9-1과 같이 GDPR(https://oreil.ly/KsoJf), CCPA(https://oreil.ly/LaVGj), 브라질 일반 데이터 보호법(https://oreil.ly/K6dCp), 인도 개인 데이터 보호 법안(https://oreil.ly/VZXG9) 등 데이터 권한 규제가 점점 많아지고 있다. 이러한 법률은 고객의 선호에 따라 고객 데이터를 수집, 사용, 삭제하도록 요구한다. 데이터 권한에는 다음과 같은 다양한 고려 사항이 있다.

데이터 권한 수집

개인 데이터 수집과 수집된 정보 범주에 대해 통지받을 권리

데이터 권한 사용

처리(데이터의 사용 방법)를 제한할 권리, 개인정보 판매를 거부할 권리, 정보가 판매되는 제3자의 신원

데이터 권한 삭제

애플리케이션과 공유된 개인 데이터 및 제3자와 공유된 데이터를 삭제할 권리

데이터 권한에 대한 액세스

고객의 개인 데이터에 액세스할 수 있는 권리, 데이터가 부정확하거나 불완전한 경우 수정할 권리, 개인이 개인 데이터를 얻고 재사용할 수 있는 데이터 이식성에 대한 권리

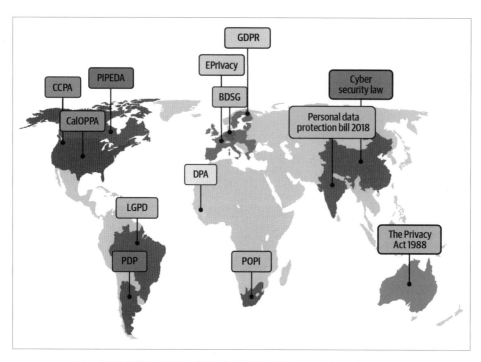

그림 9-1 전 세계적으로 등장하는 새로운 데이터 권한 법률(Piwik PRO(https://oreil.ly/zxVMi))

규정 준수를 보장하려면 데이터 사용자와 데이터 엔지니어가 함께 작업해야 한다. 데이터 과학자와 기타 데이터 사용자는 규정 준수 위반에 대한 걱정 없이 맞닥뜨린 유스 케이스에서 사용 가능한 모든 데이터를 쉽게 찾을 수 있는 방법을 원한다. 데이터 엔지니어는 모든 고객 데이터 사본을 올바르게 적재했음을 보장하고, 포괄적이고 시기적절하며 감사 가능한 방식으로 사용자의 권한을 실행해야 한다.

1장의 소개에서 언급한 바와 같이 규정 준수란 고객의 지침에 따라 데이터가 사용되고

있는지 확인하는 동시에 인사이트를 사용해 고객 만족도를 높일 수 있는 능력 간의 균형을 유지하는 행위다. 문제를 해결하기 위해 보편적으로 적용할 수 있는 단순한 휴리스틱은 없다. 오늘날의 데이터 거버넌스와 관련해서는 몇 가지 어려움이 있다.

첫째, 고객의 데이터가 올바른 유스 케이스에만 사용되도록 하는 것은 유스 케이스가 점점 세분화됨에 따라 어려워진다. 데이터 사용자는 어떤 유스 케이스에 어떤 고객 데이터를 사용할 수 있는지 이해해야 한다. 둘째, 적용 가능한 고객 데이터를 추적하는 것은 데이터 사일로와 고객 키로 매핑할 단일 식별자(특히 시간이 지남에 따라 획득된 식별자)가 부족하다는 점을 감안할 때 쉽지 않다. 데이터 사용자와의 엄격한 조정이 없으면 파생 모델을 찾기 어렵다. 원본 데이터, 기록 사본, 파생 데이터와 타사 데이터 세트에 대한 포괄적인 카탈로그가 필요하다. 셋째, 고객 데이터 권한 요청을 적시에 실행하고 감사를 받아야 한다. 요청이 사기가 아닌지 확인하기 위해 적절한 조치가 필요하다. 내부 스키마가 리버스 엔지니어링에 노출되지 않도록 보장하면서 상호 운용 가능한 형식으로 고객의 모든 개인 데이터를 패키지화하는 것은 쉽지 않다.

이러한 어려움들은 규정 준수 시간에 영향을 미치므로 전체적인 인사이트 시간이 늘어나게 만든다. 새로운 유스 케이스에서는 사용 가능하며 허용된 데이터를 먼저 식별해야하므로 시간이 더 오래 걸린다. 글로벌 법률이 진화함에 따라 데이터 범위에 대해 기존 유스 케이스도 지속적으로 재평가해야 하므로 지속적인 비용이 발생한다. 또한 데이터 엔지니어링 팀은 수백만의 고객과 그들의 요청을 지원하기 위해 상당한 시간을 투자한다.

이상적인 셀프서비스 데이터 권한 거버넌스 서비스는 데이터의 수명주기(생성 위치, 변환 방법, 다양한 유스 케이스에서의 사용 방법 등)를 추적한다. 이 서비스는 데이터 권한 요청의 실행을 자동화하고 올바른 유스 케이스에 대해서만 데이터에 액세스할 수 있도록 한다. 규정 준수 시간을 최소화하면 전체적인 인사이트 시간이 향상된다.

여정 지도

데이터는 경험의 생명선이며 발견, 구축, 학습, 배포 후 개선 등 여정 지도의 모든 단계에서 필요하다. 데이터 권한을 통해 사용자는 모든 기업과 공유되는 개인 데이터를 완전히 제어할 수 있다. 고객이 다양한 유스 케이스에 대한 데이터 사용 동의를 변경할 수 있으므로 거버넌스 서비스의 역할은 진행형이다. 애플리케이션을 실행하는 기업은 고객 데이터에 대한 액세스를 수집, 관리, 제공할 책임이 있으며 데이터 컨트롤러로 정의된다. 기업에서 이메일 마케팅, SEO 등에 타사 도구를 사용하는 경우 해당 도구 공급 업체는 데이터 프로세서^{data processor}다. 컨트롤러는 프로세서 전반에 걸쳐 데이터 권한 적용을 시행할 책임이 있다.

데이터 권한 요청 실행

고객은 데이터 권한 적용을 요청할 수 있다. 고객은 데이터 권한 시행과 관련해 다양한 기대치를 갖고 있다.

- 개인 데이터는 필요한 경우에만 저장해야 한다.
- 개인 데이터는 요청 시 또는 계정 해지 시 삭제돼야 한다.
- 개인 데이터는 사용자 동의하에서만 처리돼야 한다.

오늘날 대부분의 기업에서는 요청 처리가 반자동화돼 있으며 전담 데이터 엔지니어 팀이 참여하고 있다. 이러한 요청을 자동화하려면 고객으로부터 어떤 데이터가 수집됐는지, 데이터가 어떻게 식별됐는지, 모든 데이터 소스와 데이터 레이크에서 어디에 위치하는지, 어떻게 고객 선호가 유지되는지, 데이터가 인사이트 생성에 어떻게 사용되는지, 어떻게 데이터가 파트너와 공유되는지 그리고 어떤 유스 케이스를 통해 생성된 인사이트의 데이터와 계보가 처리되는지 확인해야 한다. 그런 다음 데이터 엔지니어는 고객 요청을 실행하기 위한 워크플로우를 코드화해야 한다.

데이터 세트 발견

원시 데이터에서 생성된 인사이트의 품질은 사용 가능한 데이터의 기능이다. 데이터 과학자, 분석가와 광범위한 사용자는 주어진 유스 케이스에서 어떤 데이터를 사용할 수 있는지 이해해야 한다. 특히 데이터 사용자는 최대한 많은 데이터를 분석해 모델이 정확하기를 원한다. 데이터 사용자는 고객 선호를 기반으로 분석에 사용할 수 있는 데이터를 가능한 한 빨리 발견하고 액세스하려고 한다. 오늘날의 과제는 고객의 데이터 요소와 다양한 유스 케이스의 매트릭스^{matrix}로 간주될 수 있는 이러한 세분화된 선호를 유지하는 것이다. 각 유스 케이스에 대해 고객 데이터의 필터링된 보기를 만들어야 하며, 유스 케이스에 대한 데이터를 필터링하기 위해 데이터 수집과 데이터 세트 준비에 대한 로직을 만들어야 한다.

고객이 특정 유스 케이스에서 제외해주기를 바랄 수 있다. 예를 들어 링크드인(https://oreil.ly/JwxUG)과 같은 전문 네트워킹 포털의 경우, 사용자는 자신의 프로필 데이터를 사용해 새 연결을 추천하지만 직업 추천은 사용하지 않기를 바랄 수 있다. 고객 선호가 완벽히 존중되지 않을 수 있는 경우도 있다. 온라인 지불 사기 시나리오를 생각해보자. 법적인 조사 활동에서는 거래 기록을 추적하기 위해 삭제된 데이터 기록에 액세스해야 할 것이다.

모델 재학습

고객의 데이터 권한 선호 사항은 계속 변경된다. 모델과 인사이트를 업데이트하는 동안 이러한 변화가 고려돼야 한다. 현재 모델 학습은 학습을 위해 새로운 샘플을 점진적으로 추가하고 리텐션 타임 윈도우를 기준으로 기존 샘플을 폐기한다. 일반적으로 이 문제는 대략적인 소프트웨어 계약으로 단순화된다. 대안으로서의 접근 방식은 학습 과정에서 PII 데이터를 마스킹해서 폐기할 필요가 없도록 하는 것이다. 마스킹은 재식별에 대한 리스크가 있으므로 항상 선택지가 되는 것은 아니다.

규정 준수 시간 최소화

규정 준수 시간에는 데이터와 고객 선호의 수명주기를 추적하고 고객 데이터 권한 요청을 실행하고 고객 선호에 따라 올바른 데이터가 사용되는지 확인하는 데 소요되는 시간이 포함된다.

고객 데이터 수명주기 추적

어떻게 고객으로부터 데이터를 수집하는지, 데이터가 어떻게 저장되고 식별되는지, 고객 선호 사항이 어떻게 유지되는지, 데이터가 서드 파티 프로세스와 어떻게 공유되는지, 데이터가 다른 파이프라인에서 어떻게 변환되는지에 대한 추적이 여기에 포함된다.

고객 데이터 추적은 오늘날 몇 가지 주요 과제를 제시한다. 첫째, 고객은 여러 개의 다른 ID로 식별된다. 인수를 통해 통합된 엔터프라이즈 제품의 경우 특히 그렇다. 서비스 간 공유되는 데이터의 경우 레코드를 삭제하면 제품 기능에 영향을 미칠 수 있는 종속성을 식별하는 것이 중요하다. 둘째, PII 데이터는 적절한 수준의 암호화 및 액세스 제어와 함께 처리돼야 한다. PII 데이터는 스키마뿐만 아니라 데이터의 의미론적 이해^{semantics}에 기초해 분류될 필요가 있다.

고객 데이터 권한 요청 실행

데이터의 수집, 사용, 삭제, 액세스와 관련된 고객 데이터 권한 실행이 여기에 포함된다. 데이터 관리 문제 외에도 고객 요청 실행에 걸리는 시간을 최소화하려면 몇 가지 과제를 해결해야 한다. 첫째, 사기 요청을 방지하기 위해 요청의 유효성을 검증해야 한다. 여기에는 사용자를 식별하고 사용자가 요청을 발행할 올바른 역할이 있는지 확인하는 것이 포함된다. 둘째, 모든 데이터 시스템에서 고객과 관련된 특정 데이터를 삭제할 수 있어야한다. 불변하는 스토리지 형식을 고려할 때 데이터를 지우는 것은 어려우며 포맷과 네임스페이스 구성에 대한 이해가 필요하다. 삭제 작업은 규정 준수^{compliance} SLA 안에서 실행 중인 작업의 성능에 영향을 주지 않으면서 비동기적으로 데이터 세트를 순환해야 한다.

삭제할 수 없는 레코드는 격리해야 하며, 예외 레코드는 수동으로 분류해야 한다. 이 처리는 서드 파티 데이터뿐 아니라 수십 PB의 데이터로 확장돼야 한다. 셋째, 내부 포맷에 대한 리버스 엔지니어링을 방지하기 위해 이식성^{portability} 요청의 일부로 비밀 지적재산권을 제공하지 않도록 해야 한다.

데이터 액세스 제한

데이터 액세스 제한에는 고객의 선호에 따라 올바른 유스 케이스에 고객 데이터가 사용되는지 확인하는 작업이 포함된다. 이를 위해서는 유스 케이스에 필요한 데이터 요소, 유스 케이스가 생성할 인사이트 유형과 데이터가 파트너와 공유되는지 여부를 이해해야 한다.

유스 케이스와 고객의 선호를 일치시키기 위해서는 복잡한 접근 정책이 필요하다. 사용 선호 설정을 지속시키기 위한 메타데이터는 세분화된 유스 케이스를 수용할 수 있어야 한다. 메타데이터는 성능이 뛰어나고 변화하는 고객 선호를 수용할 수 있어야 하며, 매번 평가돼야 한다. 예를 들어, 사용자가 전자 메일 마케팅을 선택하지 않은 경우 다음에 이 메일을 보낼 때는 해당 고객을 제외해야 한다.

요구 사항 정의

데이터 권한 거버넌스 서비스를 구현하는 데 묘책은 없다. 기업의 상황은 데이터 거버넌스 요구의 맥락에서 다음과 같은 주요 고려 사항에 따라 다르다.

- 레이크 및 트랜잭션 시스템에서의 데이터 관리 성숙도
- 다양한 업종에 대한 규정 준수 요구 사항
- 데이터 분석과 ML에 관련된 유스 케이스의 범주
- 사용자 선호 설정과 데이터 요소의 세분화

현재 고충 설문지

현재의 데이터 플랫폼 배포와의 주된 차이를 이해하는 것이 목표다. 다음의 사항을 평가한다.

고객 데이터 식별

고객 데이터가 데이터 사일로 전체에서 프라이머리 키$^{primary key}$로 균일하게 식별되는가? 이 키는 트랜잭션 데이터스토어와 데이터 레이크에서 고객 데이터를 식별한다.

계보 추적 기능

원시 데이터에서 파생된 데이터 세트의 경우 데이터가 파생되는 방식에 대한 명확한 계보가 있는가?

유스 케이스 인벤토리

데이터에서 작동하는 모든 유스 케이스에 대한 명확한 인벤토리가 있는가? 각 유스 케이스에 사용되는 데이터를 이해하고 있어야 하며, 더욱 중요한 것은 고객 데이터 집계를 기반으로 더 나은 전체 예측 모델을 구축하는 대신 유스 케이스가 고객 경험(예: 고객 피드에 더 관련 있는 메시지)에 도움이 되는지 이해하는 것이다.

PII 데이터 관리

PII인 데이터 속성을 식별할 수 있는 명확한 표준이 있는가? PII 데이터에 대한 마스킹, 암호화, 액세스와 관련된 명확한 정책이 있는가?

속도와 피드

이 항목은 데이터 거버넌스 운영의 규모와 관련이 있다. 주요 KPI는 규제된 데이터 세트 수, 고객 요청 수, 삭제 및 액세스 작업에 관련된 시스템 수다.

상호 운용성 체크리스트

거버넌스 서비스는 기존 시스템과 함께 작동돼야 한다. 다음은 상호 운용성 측면에서 고려해야 할 주요 구성 요소의 점검표다(그림 9-2 참조).

스토리지 시스템

S3, HDFS, Kafka, 관계형 데이터베이스, NoSQL 저장소 등

데이터 형식

Avro, JSON, Parquet, ORC 등

테이블 관리

Hive, Delta Lake, Iceberg 등

처리 엔진

Spark, Hive, Presto, TensorFlow 등

메타데이터 카탈로그

Atlas, Hive Metastore 등

데이터 프로세서로서의 서드 파티 공급 업체

이메일 캠페인 관리 도구, 고객 관계 관리 등

그림 9-2 데이터 거버넌스 서비스의 상호 운용성을 위한 핵심 시스템(데이터브릭스 참조(https://oreil.ly/x7uV0))

기능 요구 사항

데이터 거버넌스 솔루션에는 다음과 같은 기능이 필요하다.

- 더 이상 필요하지 않거나 동의가 철회된 경우 백업 및 서드 파티로부터 개인 데이터를 삭제한다. 모든 시스템에서 특정 데이터 서브셋 또는 특정 고객과 관련된 모든 데이터를 삭제할 수 있는 기능이 필요하다.
- 수집할 데이터, 행동 데이터 추적, 데이터의 유스 케이스, 커뮤니케이션에 대한 고객의 선호 설정을 관리한다. 데이터 선호 설정 사항을 판매하면 안 된다.
- PII가 포함된 데이터 세트나 특정 데이터 사용자 또는 특정 유스 케이스에 잘못 액세스될 수 있는 기밀 데이터 등의 위반 사항을 발견한다. SLA 범위 내에서 제거되지 않은 데이터 세트를 찾아낸다.
- 사용자 역할 및 권한에 따라 데이터 권한 요청을 검증한다.
- 다양한 수준의 액세스 제한을 지원한다. 데이터 세트에 대한 액세스는 기본 제한(비즈니스 요구에 따른 데이터 접근)에서부터 기본적인 개인정보 보호(원시 PII에 대한 데이터 사용자의 액세스는 기본적으로 불가), 동의 기반 액세스(데이터 속성에 대한 액세스는 사용자가 특정 유스 케이스에 동의한 경우에만 가능)에 이르기까지 다양할 수 있다.

비기능 요구 사항

다른 소프트웨어 설계와 마찬가지로 데이터 권한 거버넌스 서비스 설계 시 고려해야 할 주요 비기능 요구 사항NFR은 다음과 같다.

직관적인 데이터 이식성

고객이 데이터를 요청할 때는 쉽게 이식할 수 있고 광범위하게 적용할 수 있는 읽기 쉬운 형식으로 제공해야 한다.

급증하는 요청을 처리하도록 확장

    SaaS 애플리케이션에는 수백만 명의 고객이 있을 수 있다. 서비스는 급증하는 고객
    요청을 처리하고 적시에 완료할 수 있어야 한다.

고객이 데이터 권한을 적용하는 과정이 직관적임

    고객은 데이터 권한을 시행하는 방법을 쉽게 찾을 수 있어야 한다.

시스템 확장 가능

    새로운 빌딩 블록이 플랫폼에 추가되면 데이터 권한 거버넌스 서비스가 쉽게 상호
    운용될 수 있어야 한다.

구현 패턴

기존 작업 지도에 따라 데이터 권한 거버넌스 서비스에 대한 자동화 수준은 세 가지가
있다. 각 수준은 현재 수동이거나 비효율적인 작업들의 조합을 자동화한 수준을 나타
낸다(그림 9-3 참조).

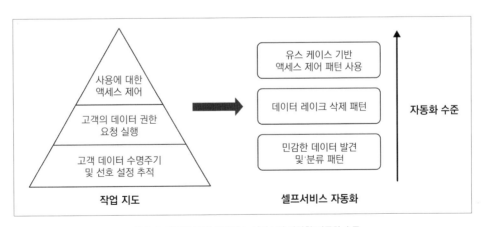

그림 9-3 데이터 권한 거버넌스 서비스의 다양한 자동화 수준

민감한 데이터 발견 및 분류 패턴

민감한 데이터 발견 및 분류 패턴의 범위는 민감한 고객 데이터의 발견 및 분류다. 조직이 고객 데이터 권한을 올바르게 실행하기 위해 가장 민감한 데이터(PII 또는 비즈니스 기밀이 포함된 데이터)를 찾아 레이블을 지정할 수 있도록 하는 것이 목표다. 데이터 발견은 사용자 데이터가 있는 위치를 찾고 데이터 권한 준수를 위해 민감한 PII 데이터를 감지하는 프로세스다. 분류는 정보 유형에 대한 컨텍스트와 이해를 제공하기 위해 데이터에 논리적으로 레이블을 지정하는 프로세스다. 예를 들어, 사회 보장 세부 정보가 포함된 테이블은 효과적으로 PII로 레이블을 지정하고 민감한 데이터를 나타내는 위험 점수를 부여할 수 있다. 이 패턴은 검색 및 분류의 일부로서 사용자 환경 설정을 위반하는 데이터 유스케이스를 감지하는 데 도움이 된다. 패턴의 예로는 아마존 Macie(https://oreil.ly/b7esZ)와 아파치 Atlas(https://oreil.ly/vr3AY) 계보 기반 분류가 있다.

패턴은 다음과 같이 작동한다.

- 데이터 검색 데몬^{data discovery daemon}은 각 데이터 필드에 대한 수백 개의 데이터 포인트 값을 수집한다. 데이터의 지문(각 필드에 포함된 값의 근사치)을 추출해 유사한 필드를 찾는 데 쉽게 사용할 수 있다.
- 클러스터링 알고리듬과 같은 ML 알고리듬을 사용하면 파생된 데이터 필드를 포함해 수백 개가 될 수도 있는 유사한 필드를 그룹화할 수 있다.
- 메타데이터 카탈로그에서 데이터 필드가 분류되면 레이블이 계보의 다른 모든 필드에 전파된다. 데이터 사용자가 레이블을 달거나 누락 또는 잘못된 태그를 추가해 수동으로 데이터 카탈로그를 학습시키면, ML은 이러한 작업을 통해 학습해서 데이터를 인식하고 정확하게 태그하는 기능을 지속적으로 향상시킨다.

설명을 위해 머신러닝을 사용해 AWS에서 민감한 데이터를 자동으로 검색, 분류, 보호하는 아마존 Macie의 예를 살펴본다. Macie는 데이터를 이해하고 데이터 액세스를 추적한다(그림 9-4 참조). Macie는 PII, 소스 코드, SSL 인증서, iOS 및 Android 앱 서명, OAuth API 키 등과 같은 민감한 데이터를 인식한다. 그리고 콘텐츠, 정규식, 파일 확장자, PII 분류자를 기준으로 데이터를 분류한다. 또한 Macie는 각각 지정된 민감도 수준 점수가 있는 콘텐츠 유형 라이브러리(https://oreil.ly/jTd2z)를 제공한다. Macie는 bzip, Snappy, LZO 등과 같은 여러 압축 및 아카이브 파일 형식을 지원한다. 데이터 액세스 활동에 이상이 있는지 지속적으로 모니터링하고 경고를 생성한다. 어떤 사용자가 어떤 데이터 개체 및 콘텐츠 가시성(개인 데이터, 자격 증명, 민감도)에 접근할 수 있는지, 과도하게 허용된 데이터가 있는지, 콘텐츠에 대한 무단 접근은 없는지 식별하고 이와 연관된 액세스 동작과 관련해서 패턴을 적용한다.

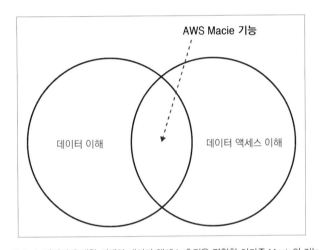

그림 9-4 데이터에 대한 이해와 데이터 액세스 추적을 결합한 아마존 Macie의 기능

레이블 전파 패턴을 설명하기 위해 아파치 Atlas(https://oreil.ly/lTcfs)의 예를 살펴보자. 분류 전파를 사용하면 데이터 개체(예: 테이블)와 연결된 분류가 데이터 계보를 기반으로 다른 관련 개체와 자동으로 연결될 수 있다. 예를 들어 PII 태그로 분류된 테이블의 경우 이 테이블에서 데이터를 가져오는 모든 테이블 또는 뷰도 자동으로 PII로 분류된다. 분류 전파는 사용자에 의해 제어되는 정책이다.

데이터 레이크 삭제 패턴

이 패턴은 고객과 관련된 데이터 레이크에서 데이터를 삭제하는 데 초점을 맞춘다. 트랜잭션 데이터스토어의 데이터는 다운스트림 분석 및 인사이트를 위해 레이크에 수집된다. 규정 준수 요구 사항을 충족하려면 고객 삭제 요청에 의해 원본 및 파생된 데이터 세트와 레이크에 있는 모든 데이터 복사본에서 데이터가 삭제됐는지 확인해야 한다. 프로세스는 높은 수준에서 다음과 같이 작동한다.

- 고객 삭제 요청이 수신되면 트랜잭션 소스에서 소프트 삭제가 된다.
- 수집 프로세스 중에 고객과 관련된 레코드가 삭제된다. 데이터 형식의 불변성을 감안할 때 삭제는 대량 쓰기 작업(모든 레코드 읽기 및 다시 쓰기)으로 이어진다. 삭제 레코드는 서드 파티 프로세서로도 전송된다.
- 기록 파티션의 경우 삭제는 일괄 비동기 프로세스로 처리된다. 여러 고객의 삭제된 레코드는 별도의 테이블에서 추적되며 규정 준수 SLA를 보장하면서 일괄 작업으로 대량 삭제된다.

프로세스를 설명하기 위해 아파치 Gobblin을 예로 들어 설명해본다. Gobblin은 데이터와 연관된 Hive 파티션을 추적한다. 트랜잭션 소스 테이블에서 수집이 이뤄지는 동안 고객 데이터를 제거해야 하는 경우, 수집 파이프라인의 병합 프로세스 중에 해당 레코드가 삭제된다. 이는 스트림 처리에도 적용된다. 레이크의 기록 데이터 레코드 정리는 API를 통해 트리거될 수 있다. 예를 들어, 오픈소스 Delta Lake 프로젝트에서 vacuum(https://oreil.ly/niVKY) 명령어는 레코드를 기록에서 삭제한다.

서드 파티 프로세서 관리를 설명해보자면, OpenDSR(https://oreil.ly/5rX1v) 사양에서는 데이터 컨트롤러와 프로세서가 데이터 요청을 추적하고 이행하기 위한 상호 운용 가능한 시스템을 구축하는 보편적인 접근 방식을 정의하고 있다. 이 사양은 삭제, 액세스, 이식성의 요청 유형을 지원하는 잘 정의된 JSON 사양을 제공한다. 또한 요청 수령에 대한 강력한 암호화 검증을 제공해 처리 보증 체인chain of processing assurance을 제공하고 규제 당국에 책임을 입증한다.

유스 케이스 기반 액세스 제어

이 패턴의 목표는 고객의 선호에 따라 적절한 유스 케이스에 데이터가 사용되도록 하는 것이다. 인사이트를 추출하는 데이터 사용자는 데이터 사용과 관련된 위반에 대해 걱정할 필요가 없다. 고객은 특정 유스 케이스에 사용되는 데이터의 다른 요소를 필요로 하기도 한다. 고객의 선호 설정은 프로필, 위치, 클릭스트림 활동 등의 다양한 데이터 요소가 있는 비트맵(표 9-1 참조)으로 간주할 수 있으며 개인화, 추천 등의 다양한 유스 케이스에 대해 허용된다. 이러한 선호 설정은 정적인 것이 아니며 최대한 빨리 시행돼야 한다. 예를 들어 데이터 마케팅 캠페인 모델은 커뮤니케이션 수신에 동의한 이메일 주소만 처리해야 한다.

표 9-1 고객 선호 설정에 따라 다양한 유스 케이스에 사용할 수 있는 애플리케이션 내 데이터 요소 비트맵

데이터 요소	유스 케이스 1	유스 케이스 2	유스 케이스 3
이메일 주소	예	아니오	예
고객 지원 채팅	예	아니오	아니오
사용자가 입력한 데이터	예	예	아니오
...	...	...	...

이 패턴은 구현을 위한 두 가지 광범위한 접근 방식이 있다.

대역 외 제어^{out-of-band control}

파일, 개체, 테이블, 열에 대한 세분화된 액세스 제어를 사용해 달성한다. 데이터 개체와 관련된 속성에 따라 특정 유스 케이스에 해당하는 팀으로 액세스가 제한된다.

인바운드 제어^{in-bound control}

액세스 시점에 기저의 물리적 데이터에서 동적으로 생성된 논리 테이블 및 뷰를 사용해 달성한다.

인바운드 액세스 제어를 구현하려면 기존 클라이언트와 데이터스토어 간에 간접 계층을

도입하기 위해 상당한 엔지니어링 투자가 필요하다. 인바운드 제어는 훨씬 정교하고 풀프루프fool proof(제품을 설계할 때 잘못될 가능성을 사전에 방지하는 것)이며, 변화하는 고객 선호에 반응한다.

대역 외 제어를 설명하기 위해 아파치 Atlas와 Ranger를 다뤄보자. Atlas는 데이터 엔티티에 대해 메타데이터와 태그를 정의할 수 있는 카탈로그다. Ranger는 데이터 엔티티에 대해 정의된 속성에 따라 액세스를 적용하는 중앙 집중식 보안 프레임워크를 제공한다. 또한 데이터 미스크 또는 행 필터링에 대해 열 수준 또는 행 수준의 속성 기반 액세스 제어를 정의할 수 있다. 그림 9-5는 데이터 세트가 Atlas의 분류에 따라 서로 다른 가시성으로 팀을 지원하고 액세스하는 동안 Ranger가 시행되는 예를 보여준다. 대역 외 제어 패턴의 또 다른 예는 AWS Data Lake Formation(https://oreil.ly/G6g5d)으로, AWS Redshift, EMR, Glue, Athena와 같은 AWS 서비스 전반에 걸쳐 액세스 정책을 적용해 사용자가 접근 권한이 있는 테이블과 열만 볼 수 있도록 하면서 모든 액세스에 대해 로깅과 감사가 가능하게 한다.

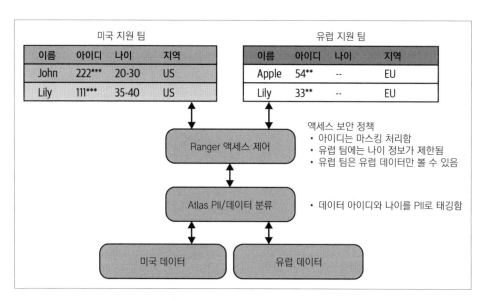

그림 9-5 아파치 Atlas(Hands-On Security in DevOps(https://oreil.ly/fn-V2))에 정의된 정책을 사용하는 아파치 Ranger의 대역 외 제어 예제

인바운드 제어 패턴을 설명하기 위해 링크드인의 Dali(https://oreil.ly/W-67Q) 프로젝트를 살펴보자. Dali의 디자인 원칙은 데이터를 코드처럼 취급하는 것이다. Dali는 Hadoop과 Spark에 대한 논리적 데이터 액세스 계층은 물론 스트리밍 플랫폼을 제공한다. 그림 9-6과 같이 유니온^{union}, 필터^{filter}와 기타 변환을 적용하는 여러 데이터 세트에 걸쳐 논리적 평면화 뷰를 생성하는 것을 포함해 여러 외부 스키마를 사용함으로써 물리적 스키마를 사용할 수 있다. 주어진 데이터 세트, 메타데이터, 유스 케이스에 따라 데이터 세트 및 열 수준 변환(마스크, 난독화 등)을 생성한다. 데이터 세트는 구성원 개인정보 설정과 자동으로 결합돼 동의되지 않은 데이터 요소를 필터링한다. Dali는 또한 Gobblin과 결합해 보류 중인 고객 삭제 요청에 참여함으로써 데이터 세트를 즉시 제거한다. Dali는 내부적으로 물리적 및 가상 데이터 세트를 정의하고 발전시키기 위한 카탈로그와 애플리케이션을 위한 레코드 기반 데이터 세트 계층으로 구성된다. 데이터 사용자가 발행한 쿼리는 Dali 뷰를 활용하기 위해 매끄럽게^{seamlessly} 변환된다. 이를 위해 SQL은 아파치 Calcite를 사용해 플랫폼에 독립적인 중간 표현형으로 변환된다. 뷰에 대한 UDF는 Spark, Samza와 기타 기술에서 매끄럽게 실행할 수 있도록 오픈소스 Transport UDF API를 사용한다. 뷰를 지능적으로 구체화하고, 구체화 뷰를 사용하기 위해 쿼리를 재작성하는 작업이 현재 진행되고 있다(https://oreil.ly/-eVbn).

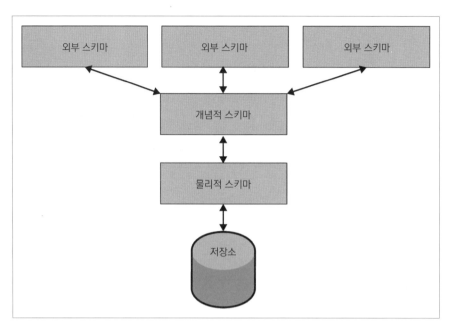

그림 9-6 Dali가 물리적 스키마를 다수의 외부 유스 케이스별 외부 스키마로 코드 기반으로 변환한다
(데이터브릭스(https://oreil.ly/uy-KJ)).

요약

데이터 거버넌스는 고객의 지시에 따라 데이터가 사용되도록 보장하는 것과 인사이트를 통해 고객 경험에 더 나은 서비스를 제공할 수 있는 능력을 갖추는 것 간의 균형을 유지하는 행위다. 거버넌스 서비스는 개인 데이터 사용과 관련해 세분화된 선호 설정을 가진 SaaS 고객이 많은 기업에 필수불가결한 서비스다.

3부

셀프서비스 구축

10장
데이터 가상화 서비스

데이터가 준비됐으니 이제 인사이트 생성을 위한 처리 로직 작성을 시작할 수 있다. 빅 데이터 배포에서 처리 로직을 효과적으로 설계하기 위해서는 세 가지 트렌드를 고려해야 한다. 첫 번째는 데이터 세트와 연관된 다중언어(여러 프로그래밍 언어로 개발하는 것) 데이터 모델이다. 예를 들어 그래프 데이터는 그래프 데이터베이스에서 가장 잘 지속되고 쿼리된다. 키-값, 와이드 컬럼, 문서 등의 비슷한 다른 모델들도 있다. 다중언어 지속성^{polyglot} ^{persistence}은 레이크 데이터와 애플리케이션 트랜잭션 데이터 모두에 적용할 수 있다. 둘째, 데이터 스토리지 지속성$^{data\ storage\ persistence}$에서 쿼리 엔진을 분리하면 레이크에서 지속되는 데이터에 대한 쿼리를 서로 다른 쿼리 엔진이 실행할 수 있다는 점이다. 예를 들어 짧은 대화형 쿼리는 Presto 클러스터에서 실행되는 반면, 장기 실행 일괄 처리 프로세스는 Hive 또는 Spark에서 실행된다. 일반적으로 여러 처리 클러스터가 서로 다른 쿼리 워크로드 조합에 대해 구성된다. 올바른 클러스터 유형을 선택하는 것이 중요하다. 셋째, 실시간 BI와 같은 유스 케이스가 증가함에 따라 레이크의 데이터가 실시간으로 애플리케이션 소스와 결합되는 부분이다. 인사이트 생성이 점점 실시간화되면서 레이크의 과거 데이터를 애플리케이션 데이터스토어의 실시간 데이터와 결합하고자 하는 요구가 있다.

데이터 사용자는 이러한 추세를 감안해서 변화하는 기술 환경을 따라잡고 진화하는 데이터 모델 및 쿼리 엔진에 대한 전문 지식을 얻으면서 사일로 간의 데이터를 효율적으로 결합해야 한다. 이는 몇 가지 고충으로 이어진다. 첫째, 데이터가 레이크 내의 다중언어 데이터스토어와 애플리케이션 데이터 소스에 상주하므로 쿼리를 작성하려면 데이터스토어별 방언[1]에 대한 학습 곡선이 수반된다. 둘째, 단일 쿼리로 데이터스토어 간의 데이터를 결합join해야 한다. 먼저 데이터를 집계하고 이를 정규화된 형식으로 변환한 다음 쿼리하는 방식은 증가하는 실시간 분석의 요구를 충족하지 못한다. 세 번째 과제는 올바른 쿼리 처리 클러스터를 결정하는 것이다. 데이터 사용자는 적절한 쿼리 엔진과 적절한 처리 클러스터를 선택해야 한다. 이는 SLA 워크로드, 애드혹, 테스트 등에 맞춰 최적화된 구성이 어떤지에 따라 달라진다. 분리된 아키텍처를 사용하면 데이터 쿼리를 실행하기 위해 데이터 카디널리티, 쿼리 유형 등에 따라 다른 쿼리 엔진을 선택할 수 있다.

이상적인 데이터 가상화 서비스는 기저의 데이터스토어와 클러스터에 관련된 세부 정보를 숨긴다. 데이터 사용자는 SQL과 유사한 쿼리를 제출한다. 이 서비스는 데이터스토어의 쿼리를 자동으로 연합해 데이터스토어에 특화된 기본 형태로 최적화한다. 쿼리의 속성은 적절한 쿼리 처리 엔진 클러스터를 찾는 데 사용된다. 이 서비스는 데이터스토어에 특화된 쿼리의 세부 정보를 자동화해 데이터 사용자의 쿼리 작업 시간을 줄인다. 쿼리 정의가 반복적이라는 특성을 감안할 때 이는 전체 인사이트 시간에 곱셈의 영향을 미친다.

여정 지도

쿼리 가상화 서비스는 여정 지도의 모든 단계(발견, 준비, 구축, 운영화 단계)에 적용된다.

데이터 소스 탐색

발견 단계에서는 애플리케이션 다중언어 저장소, 웨어하우스, 레이크에 있는 데이터에 액세스해 필요한 데이터 속성을 이해하기를 반복한다. 데이터는 정형, 반정형, 비정형 등 다양한 형태로 제공된다. 정형 관계형 데이터는 상당히 잘 구조화돼 있지만, 반정형 데이터 모델은 어렵고 학습 곡선이 수반된다. 이로 인해 반복 작업의 속도가 느려지고 전체

---

1   조금씩 다른 쿼리 문법 – 옮긴이

인사이트 시간에 영향을 준다. 일부 시나리오에서는 탐색 쿼리를 실행하면 애플리케이션 데이터 트래픽을 처리하는 속도가 느려지거나 영향을 미칠 수 있다.

여러 사일로에서 데이터를 쿼리하고 결합하는 기능은 운영화 단계에도 적용할 수 있다. 애플리케이션이 마이크로서비스로 개발됨에 따라 다중언어 데이터스토어 사일로(예: 판매 데이터, 제품 데이터, 고객 지원 데이터)가 증가하고 있다. 데이터 사일로 간에 걸쳐 실시간으로 결합된 모델이나 대시보드를 구축하는 것은 단순하지 않다. 오늘날에는 먼저 데이터 레이크 내에서 데이터를 집계하는 접근 방식을 취하고 있는데, 이는 실시간 요구 사항에 적합하지 않을 수 있다. 그 대신에 데이터 사용자는 단일 논리적 데이터베이스가 모든 사일로를 포함한다고 가정하고 단일 네임스페이스로 데이터에 액세스할 수 있어야 한다.

처리 클러스터 선택

쿼리 엔진과 데이터 지속성의 분리를 통해 동일한 데이터를 서로 다른 쿼리 클러스터에서 실행되는 서로 다른 엔진을 사용해 분석할 수 있다. 데이터 사용자는 각 클러스터를 추적해 올바른 클러스터를 선택해야 한다. 클러스터는 구성(장기간 실행되는 메모리 집약적 쿼리나 단기간 실행되는 컴퓨팅 쿼리에 최적화됐는지), 의도된 유스 케이스(테스팅 혹은 SLA 중심인지), 비즈니스 조직에 대한 할당 등에 따라 달라진다. 쿼리 처리 엔진의 수가 계속 많아지고 있기 때문에 적절한 클러스터를 선택하는 것은 어려운 일이다. 쿼리의 속성에 따라 올바른 엔진을 선택하려면 특정 수준의 전문 지식이 필요하다. 처리 클러스터 선택 시 로드 밸런싱 및 블루-그린[2] 유지보수 스케줄과 같은 동적 속성도 고려해야 한다.

---

2 블루-그린(blue-green) 배포는 애플리케이션 또는 마이크로서비스의 이전 버전에 있던 사용자 트래픽을 이전 버전과 거의 동일한 새 버전으로 점진적으로 이전하는 애플리케이션 릴리스 모델이다. 이때 두 버전 모두 프로덕션 환경에서 실행 상태를 유지한다(https://www.redhat.com/ko/topics/devops/what-is-blue-green-deployment). – 옮긴이

쿼리 시간 최소화

쿼리 시간$^{time\ to\ query}$은 다중언어 데이터스토어 간에 데이터에 액세스하는 쿼리를 개발하고 쿼리를 실행할 처리 환경을 선택하는 데 걸린 시간의 합계다. 소요 시간은 다음과 같은 범주로 나뉜다.

실행 환경 선택

앞서 언급했듯이 여러 처리 클러스터는 서로 다른 쿼리 속성을 지원하도록 구성된다. 실행 환경 선택 시에는 쿼리 유형에 따라 올바른 처리 클러스터로 쿼리를 라우팅해야 한다. 이를 위해서는 기존의 환경 및 해당 속성의 인벤토리를 추적하고, 쿼리 속성을 분석하고, 클러스터의 부하를 추적해야 한다. 여기서 해결해야 할 오버헤드는 클러스터 인벤토리를 추적하는 것, 부하 및 가용성을 고려해 클러스터의 현재 상태를 지속적으로 업데이트하는 것, 클라이언트 측의 변경 없이 요청을 투명하게 라우팅하는 것이다.

다중언어 쿼리 공식화

데이터는 일반적으로 관계형 데이터베이스, 비관계형 데이터스토어, 데이터 레이크의 조합으로 분산된다. 일부 데이터는 고도로 구조화돼 SQL 데이터베이스 또는 데이터 웨어하우스에 저장될 것이다. 키-값 저장소, 그래프 데이터베이스, 원장 데이터베이스 또는 시계열 데이터베이스를 비롯한 기타 데이터는 NoSQL 엔진에 저장될 것이다. 데이터는 스키마가 없거나 중첩 또는 다중 값(예: Parquet(https://oreil.ly/sDN7H) 및 JSON)을 포함하는 형식으로 저장돼 데이터 레이크에 상주할 수도 있다. 데이터스토어의 모든 유형과 특징은 특정 유스 케이스에는 적합하겠지만 각각 고유의 쿼리 언어로 제공된다. 다중언어 쿼리 엔진, NewSQL, NoSQL 데이터스토어는 반정형 데이터 모델(일반적으로 JSON 기반)과 이에 맞는 쿼리 언어를 제공한다. 형식 구문과 시맨틱의 부족, 관용적 언어 구조, 그리고 구문, 시맨틱, 실제 기능의 과도한 다양성은 전문가에게조차 문제가 된다. 이들 언어를 이해하고 비교하고 사용하는 것은 어렵다.

또한 쿼리 언어와 데이터가 저장되는 형식 간에는 긴밀한 결합이 있다. 데이터를 다른 형식으로 변경해야 하거나 쿼리 엔진을 변경해야 하는 경우 애플리케이션과 쿼리도 변경해야 한다. 이는 데이터를 효과적으로 사용하는 데 필요한 민첩성과 유연성을 크게 저해하는 요소다.

사일로 간 데이터 결합

데이터는 다중언어 데이터스토어의 여러 소스에 걸쳐 있다. 사일로화된 데이터에 대한 쿼리를 실행하려면 먼저 레이크에서 데이터를 집계해야 하는데, 이는 실시간 요구 사항을 고려할 때 실현이 어려울 수 있다. 오늘날의 과제는 애플리케이션 데이터스토어의 로드와 분석 시스템의 트래픽 간 균형을 맞추는 것이다. 전통적인 쿼리 최적화 도구에서는 카디널리티[3]와 데이터 레이아웃을 고려하는데, 이는 데이터 사일로 간에서는 수행하기가 어렵다. 애플리케이션 데이터스토어의 데이터는 일반적으로 반복 쿼리를 지원하기 위해 구체화 뷰로도 캐시된다.

요구 사항 정의

데이터 가상화 서비스에는 여러 수준의 셀프서비스 자동화가 있다. 이 절에서는 현재 자동화 수준과 서비스 배포 요구 사항을 다룬다.

현재 문제점 분석

다음 사항을 고려하면 현재 상태를 파악하는 데 도움이 된다.

---

3   한 테이블이 다른 테이블과 갖는 관계(일대일, 일대다, 다대다) 또는 특정 데이터 세트에서의 유니크한 값을 나타내는 지표로 사용되는 용어 – 옮긴이

데이터 가상화의 필요성

데이터 가상화 자동화의 시급성을 이해하려면 다음 질문을 해보라. 여러 쿼리 엔진을 사용하고 있는가? 데이터 레이크 또는 애플리케이션 데이터스토어 내에서 다중 언어 지속성이 사용되고 있는가? 트랜잭션 저장소 간 결합[join]이 필요한가? 이러한 질문에 대한 답변이 '예'가 아니라면 데이터 가상화 서비스 구현은 우선순위가 낮은 것으로 간주해야 한다.

데이터 가상화의 영향

다음 고려 사항을 검토해 데이터 가상화 서비스를 구현하면 기존 처리에 대한 개선 사항을 수량화할 수 있다. 여기서 쿼리를 공식화[formulate]하는 시간은 쿼리를 정의하는 데 소요된 시간을 나타낸다. 쿼리를 실행하고 최적화하는 데 필요한 평균 반복 횟수, 다양한 다중언어 플랫폼에 대한 전문 지식 보유 여부, 이벤트와 분석 사이의 시간 지연에 대한 평균 처리 기간[freshness]을 검토해야 한다. 또한 사용자 정의 함수[UDF]가 쿼리 처리의 일부로 지원돼야 하는지 파악해야 한다(일반적으로 가상화 엔진에서 잘 지원되지 않는다).

애플리케이션 데이터스토어 분리 필요성

데이터 가상화는 쿼리를 애플리케이션 데이터 소스로 푸시한다. 주요 고려 사항은 애플리케이션 스토어의 현재 로드 및 애플리케이션 쿼리 속도 저하 여부, 데이터스토어 성능으로 인한 애플리케이션 성능의 SLA 위반 여부, 애플리케이션 데이터의 변경 비율이다. 애플리케이션 데이터스토어가 포화 상태이거나 데이터가 빠르게 변화하는 시나리오의 경우 데이터 가상화 전략을 구현하지 못할 수 있다.

운영 요구 사항

자동화는 현재의 프로세스 및 기술 요구 사항을 고려해야 한다. 이는 배포마다 다르다.

배포된 기술과의 상호 운용성

핵심 고려 사항은 레이크와 애플리케이션에서 데이터를 지속하는 데 사용되는 다양한 데이터 모델 및 데이터스토어 기술이다. 지원되는 쿼리 엔진과 프로그래밍 언어는 데이터스토어에 상응한다.

관측 가능성 도구

데이터 가상화 서비스는 가용성, 정확성, 쿼리 SLA를 보장하기 위해 기존의 모니터링, 경고, 디버깅 도구와 통합돼야 한다.

속도와 피드

데이터 가상화 서비스를 설계할 때는 동시 처리할 쿼리 수, 처리되는 쿼리의 복잡성, 실시간 분석을 위한 허용 대기 시간을 고려해야 한다.

기능 요구 사항

데이터 가상화 서비스의 주요 기능은 다음과 같다.

- 클라이언트 측의 변경 없이 올바른 클러스터에 대한 쿼리 라우팅을 자동화한다. 라우팅은 기존 클러스터에 대한 동적 로드(평균 대기 시간, 쿼리 실행 시간 분포 등)뿐만 아니라 정적 구성 속성(클러스터 노드 수 및 하드웨어 구성, 즉 CPU, 디스크, 스토리지 등)을 추적하는 것을 기반으로 한다.
- 다중언어 데이터스토어 간에 상주하는 정형, 반정형, 비정형 데이터에 대한 쿼리 공식화를 간소화한다.
- 애플리케이션 마이크로서비스는 물론 레이크의 여러 데이터스토어에 있는 데이터를 결합하기 위한 통합 쿼리를 지원한다. 또한 애플리케이션 데이터스토어로 푸시되는 쿼리 수를 제한할 수 있다.

비기능 요구 사항

모든 소프트웨어 설계와 마찬가지로, 다음은 데이터 가상화 서비스 설계 시 고려해야 할 몇 가지 핵심 비기능 요구 사항이다.

확장성extensibility

서비스는 변화하는 환경에 맞게 확장 가능해야 하며, 새로운 도구와 프레임워크를 지원하기 위해 확장할 수 있어야 한다.

비용

가상화는 계산 비용이 많이 들기 때문에 관련 비용을 최적화하는 것이 중요하다.

디버깅 가능성

가상화 서비스에서 개발된 쿼리는 대규모로 실행되는 프로덕션 배포에서의 정확성과 성능을 위해 쉽게 모니터링하고 디버깅할 수 있어야 한다.

구현 패턴

기존 작업 지도에 따라 쿼리 가상화 서비스에 대한 자동화 수준은 세 가지가 있다. 각 수준은 현재 수동이거나 비효율적인 작업들의 조합을 자동화한 수준을 나타낸다(그림 10-1 참조).

자동 쿼리 라우팅 패턴

작업에 적합한 도구 선택과 관련된 작업을 단순화한다. 이 패턴은 쿼리에 적합한 처리 환경을 선택하는 작업을 복잡하지 않게 숨긴다.

단일 쿼리 언어 패턴

정형, 반정형, 비정형 데이터에 대한 쿼리 작성과 관련된 학습 곡선을 단순화한다.

연합 쿼리 패턴

소스 간에 데이터 결합과 관련된 작업을 단순화한다. 이 패턴은 단일 쿼리 엔진을 사용해 액세스할 수 있는 단일 쿼리 엔진을 제공한다.

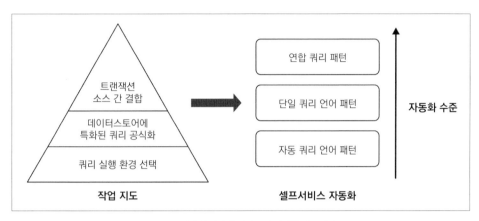

그림 10-1 데이터 가상화 서비스의 다양한 자동화 수준

자동 쿼리 라우팅 패턴

데이터 사용자가 작업을 가상화 서비스에 제출하기만 하면 자동으로 쿼리를 처리 클러스터로 라우팅하는 것이 이 패턴의 목표다. 라우팅 패턴은 쿼리 및 클러스터 속성과 현재 클러스터 로드를 고려한다. 즉, 이 패턴은 쿼리와 사용 가능한 처리 클러스터를 매칭해주는 역할을 한다.

내부적으로, 패턴은 다음과 같이 광범위하게 작동한다.

- 처리 작업이 작업 API에 제출된다. 작업 유형(Hive, Presto, Spark), 명령줄 인수 command-line argument, 파일 종속성 세트 등의 작업 속성이 지정된다.

- 데이터 가상화 서비스는 제출된 각 개별 작업에 대해 사용자 지정 실행 스크립트를 생성한다. 실행 스크립트를 사용하면 런타임에 선택한 다른 처리 클러스터에서 작업을 실행할 수 있다.

- 현재 로드와 기타 속성에 따라 작업 실행을 위한 클러스터가 선택된다. 요청은 실행을 위해 작업 오케스트레이터 서비스^{job orchestrator service}에 제출된다. 쿼리 라우팅 패턴은 클러스터 확장 또는 작업 예약과는 관련이 없다. 다시 말해, 이 패턴은 작업 요구 사항에 맞는 클러스터에서 작업을 시작해 사용자의 작업을 수행하는 데 집중한다.

넷플릭스의 Genie(https://oreil.ly/LQkQM)는 오픈소스 구현의 한 예다. 패턴의 변형은 데이터 카디널리티와 복잡성에 대한 쿼리를 분석하는 페이스북과 같은 웹 2.0^{Web 2.0} 회사에 의해 내부적으로 구현됐다. 장기간 실행되는 리소스 집약적인 쿼리가 Hive 클러스터에서 실행되는 동안 단기간 실행되는 대화형 쿼리는 Presto 클러스터로 라우팅된다.

Genie는 넷플릭스에서 쿼리 라우팅을 단순화하기 위해 시작한 프로젝트였다. 데이터 사용자는 물론 다양한 시스템(스케줄러, 마이크로서비스, 파이썬 라이브러리 등)도 클러스터 자체에 대해 전혀 알지 못한 채 작업을 제출할 수 있다. 실행 단위는 하나의 Hadoop, Hive 또는 Pig 작업이다. 데이터 사용자는 Genie에게 클러스터 이름/ID 또는 프로덕션인지 테스팅인지 등의 속성을 제공해 선택할 처리 클러스터의 종류를 지정한다(그림 10-2 참조). Genie 노드는 적절한 애플리케이션 라이브러리를 사용해 각 작업에 대한 새 작업 디렉터리를 생성하고, 선택한 클러스터에 대한 Hadoop, Hive 및 Pig 구성을 포함한 모든 종속성을 스테이징한 다음, 해당 작업 디렉터리에서 Hadoop 클라이언트 프로세스를 분기 처리한다. 그런 다음 Genie는 클라이언트가 상태를 쿼리하고 출력 URI를 가져오는 데 사용할 수 있는 Genie 작업 ID를 반환한다. 출력 URI는 작업 실행 중이나 실행 후에 검색할 수 있다. Genie에는 인벤토리 정리, 좀비 작업 탐지, 디스크 정리, 작업 모니터링 작업을 실행하는 리더^{leader} 노드가 있다. 리더십 선택은 Zookeeper를 통해 지원되거나 속성을 통해 정적으로 리더가 되도록 단일 노드를 설정해 지원된다.

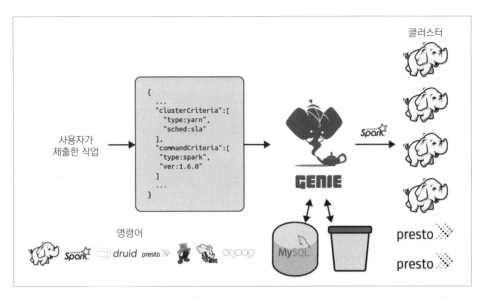

그림 10-2 Genie는 사용자가 제출한 작업을 적절한 처리 클러스터에 매핑한다(InfoQ(https://oreil.ly/TW2KO)).

쿼리 라우팅 패턴은 쿼리 처리 구성이 복잡해짐에 따라 내부의 복잡성을 숨기기 위해 점점 더 중요해지고 있으며, 특히 대규모 작업일 경우 더욱 그렇다. 패턴의 강점은 정적 구성과 동적 로드 속성의 조합을 기반으로 하는 투명한 라우팅이다. 약점은 라우팅 서비스가 병목 현상이나 단일 포화 지점이 될 수 있다는 점이다.

통합 쿼리 패턴

이 패턴은 통합 쿼리 언어와 프로그래밍 모델에 초점을 맞춘다. 데이터 사용자는 여러 데이터스토어에 걸쳐 정형, 반정형, 비정형 데이터에 대해 통합 접근 방식을 사용할 수 있다. 패턴은 PartiQL(SQL 유사 통합 쿼리 언어), 아파치 Drill(반정형 데이터를 위한 프로그래밍 모델), 아파치 Beam(스트리밍 및 일괄 처리를 위한 통합 프로그래밍 모델)으로 설명된다.

PartiQL(https://partiql.org/)은 저장된 위치 또는 형식에 관계없이 데이터를 효율적으로 쿼리할 수 있는 SQL 호환 쿼리 언어다(그림 10-3 참조). PartiQL은 관계형 데이터베이스(트랜잭션과 분석 모두)의 정형 데이터, 개방형 데이터 형식의 반정형 및 중첩 데이터(예: 아마존 S3), NoSQL의 스키마 없는 데이터 또는 다른 행에 대해 다른 속성을 허용하는 문서 데이터베이스의 정형 데이터를 처리한다.

PartiQL은 SQL에 대한 최소 확장 기능을 제공해 정형 데이터 세트, 반정형 데이터 세트, 중첩 데이터 세트의 조합에 대한 직관적인 필터링, 결합, 집계, 기간 설정이 가능하다. PartiQL 데이터 모델은 중첩 데이터를 데이터 추상화의 기본적인 부분으로 간주해 SQL의 표준 기능으로 자연스럽게 구성하면서 중첩 데이터에 포괄적이고 정확하게 액세스하고 쿼리하는 구문^{syntax}과 의미론^{semantics}을 제공한다. PartiQL은 데이터 세트에 대해 사전 정의된 스키마를 필요로 하지 않는다. PartiQL의 구문과 의미론은 데이터 형식과 독립적이다. 즉, 쿼리가 JSON, Parquet, ORC, CSV 또는 기타 형식의 기본 데이터에서 동일하게 작성된다. 쿼리는 다양한 형식에 매핑되는 포괄적인 논리 유형 시스템에서 작동한다. 또한 PartiQL 구문 및 의미론은 특정 데이터스토어에 연결되지 않는다.

과거에는 언어가 요구 사항의 하위 집합을 다뤘다. 예를 들어 Postgres JSON은 SQL과 호환되지만, JSON 중첩 데이터를 '일급 시민$^{first-class\ citizen}$'으로 취급하지는 않는다. 반정형 쿼리 언어는 중첩된 데이터를 일급 시민으로 취급하지만, 가끔 SQL과의 비호환성을 허용하거나 SQL처럼 보이지도 않는다. PartiQL은 SQL과 매우 가깝고 중첩 데이터와 반정형 데이터를 처리하는 데 필요한 강력한 기능을 가진 깔끔하고 기반을 잘 갖춘 쿼리 언어의 한 예다. PartiQL은 데이터베이스 연구 커뮤니티, 즉 UCSD의 SQL++의 작업을 활용하고 있다(https://oreil.ly/LMhdj).

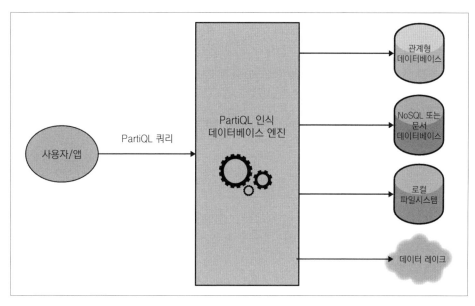

그림 10-3 PartiQL 쿼리는 데이터베이스에 구애받지 않고 여러 데이터 형식 및 모델에서 작동한다
(AWS 오픈소스 블로그(https://oreil.ly/qPexz)).

아파치 Drill(http://drill.apache.org)은 복잡한 데이터를 쉽게 쿼리할 수 있는 직관적인 SQL 확장의 한 예다. Drill은 중첩된 데이터에 대한 쿼리를 가능하게 할 뿐만 아니라 최신 애플리케이션 및 비정형 데이터스토어에서 흔히 볼 수 있는 빠르게 진화하는 구조를 지원하는 JSON 데이터 모델을 제공한다. Drill(구글 Dremel에서 영감을 얻음)을 사용하면 MapReduce 루틴이나 ETL을 사용해 스키마를 수정하지 않고도 다양한 데이터 세트를 탐색, 시각화, 쿼리할 수 있다. Drill을 사용하면 NoSQL 데이터베이스, 아마존 S3 버킷 또는 Hadoop 디렉터리에 SQL 쿼리의 경로를 언급하는 것만으로도 데이터를 쿼리할 수 있다. Drill은 기존 SQL 쿼리 엔진과 달리 사용자가 직접 데이터를 쿼리할 수 있도록 쉽지 않고 스키마를 정의한다. Drill을 사용할 때 개발자는 데이터를 추출하기 위해 Hive와 같은 애플리케이션을 코딩하고 빌드할 필요가 없다. 일반 SQL 쿼리는 사용자가 어떤 데이터 소스에서 어떠한 특정 형식이라도 데이터를 가져오는 데 도움이 된다. Drill은 데이터가 실제로 모델링되는 방식에 관계없이 데이터를 테이블 그룹처럼 처리하기 위해 계층적 열 데이터 모델을 사용한다.

아파치 Beam(https://beam.apache.org)은 일괄 처리와 스트림 처리를 통합한다. 이 모델은 일괄 처리 및 스트리밍 데이터 병렬 처리 파이프라인을 정의하기 위한 오픈소스 통합 모델이다. 데이터 사용자는 오픈소스 Beam SDK 중 하나를 사용해 파이프라인을 정의하는 프로그램을 구축한다. 그런 다음 파이프라인은 Beam이 지원하는 분산 처리 백엔드 중 하나에 의해 실행되며, 여기에는 아파치 Apex(https://oreil.ly/lgOwh), 아파치 Flink(https://oreil.ly/veoIk), 아파치 Spark(https:/oreil.ly/stk81), 구글 Cloud Dataflow(https://oreil.ly/B9wAN)가 포함된다.

연합 쿼리 패턴

연합 쿼리 패턴을 사용하면 서로 다른 데이터스토어에 상주하는 데이터를 결합할 수 있다. 데이터 사용자는 개별 데이터스토어의 내재된 복잡성에 노출되거나 먼저 단일 저장소에서 데이터를 물리적으로 집계하지 않고도 데이터를 조작하기 위해 쿼리를 작성한다. 쿼리 처리는 내부적으로 연합돼 개별 스토어에서 데이터를 가져오고 데이터를 결합해 최종 결과를 생성한다. 사용자는 데이터가 하나의 대규모 데이터 웨어하우스에서 사용 가능한 것처럼 데이터를 작업한다. 예를 들어, MongoDB의 사용자 프로필 컬렉션을 Hadoop의 이벤트 로그 디렉터리와 조인하거나 S3에 저장된 사이트의 텍스트 트래픽 로그를 PostgreSQL 데이터베이스와 조인해 각 사용자가 사이트를 방문한 횟수를 계산한다. 이 패턴은 아파치 Spark, Presto와 같은 쿼리 처리 엔진과 여러 상용 및 클라우드 기반 제품에서 구현돼 있다.

일반적으로 이 패턴은 다음과 같이 작동한다.

- 첫 번째 단계는 쿼리를 실행 계획으로 전환하는 것이다. 최적화 도구(https://oreil.ly/TpM0q)는 데이터의 운영과 구조에 대한 의미론적 이해를 기반으로 실행을 위한 물리적 계획을 컴파일한다.

- 그 계획의 일부로 계산 속도를 높이기 위해 푸시다운[4]과 같은 지능적인 결정을 내린다. 필터는 데이터 소스로 푸시다운돼 물리적 실행에서 관련 없는 데이터를 건너뛸 수 있다. Parquet 파일의 경우, 전체 블록을 건너뛸 수 있고 문자열 비교를 딕셔너리 인코딩을 통해 더 저렴한 정수 비교로 바꿀 수 있다. 관계형 데이터베이스의 경우 데이터 트래픽 양을 줄이기 위해 외부 데이터베이스로 푸시다운한다. 이상적인 경우에는 대부분의 처리가 데이터가 저장된 위치에서 발생하므로, 필요하지 않은 데이터를 동적으로 제거하기 위해 해당 저장소의 기능을 활용한다.
- 데이터스토어의 응답은 집계 및 변환돼 데이터스토어에 다시 기록될 수 있는 최종 쿼리 결과를 생성한다. 데이터 정확성을 보장하기 위해 실패 시 재시도가 적절하게 구현된다.

이 패턴을 구현한 것이 Spark 쿼리 처리 엔진이다. Spark SQL 쿼리는 각 테이블의 여러 행이 동시에 처리되는 방식으로 여러 테이블에 동시에 액세스할 수 있다. 테이블은 동일하거나 다른 데이터베이스에 있을 수 있다. 데이터스토어를 지원하기 위해 Spark는 여러 데이터스토어(https://oreil.ly/sQksR)에 대한 커넥터를 구현한다. 서로 다른 소스의 데이터는 DataFrame 추상화를 사용해 결합할 수 있다. 최적화 도구는 DataFrame을 빌드하는 데 사용하던 작업을 실행을 위한 물리적 계획으로 컴파일한다. DataFrame에 대한 연산이 시작되기 전에 논리적 계획이 생성된다. 쿼리 푸시다운은 데이터스토어에서 크고 복잡한 Spark 논리 계획을 처리할 수 있도록 함으로써, 이러한 성능 효율성을 활용 가능하게 하고 데이터스토어가 대부분의 실제 작업을 담당할 수 있도록 한다. 푸시다운이 모든 상황에서 가능한 것은 아니다. 예를 들어 Spark UDF는 Snowflake로 푸시할 수 없다.

Presto도 마찬가지로 연합 쿼리를 지원한다. Presto는 빅데이터 애드혹 쿼리를 처리하

---

4 푸시다운(pushdown)은 스택의 어떤 작업이 한 요인 때문에 정지될 때 그 요인을 음식점의 식기 분출 기계처럼 밀어내리는 역할을 하는 것을 의미한다. - 옮긴이

기 위한 분산형 ANSI SQL 엔진이다. 이 엔진은 SQL Server, Azure SQL Database, Azure SQL Data Warehouse, MySQL, Postgres, Cassandra, MongoDB, Kafka, Hive(HDFS, Cloud Object Stores) 등과 같은 연합 데이터 소스에 대한 빠른 대화형 분석을 실행하는 데 사용된다. Presto는 단일 쿼리 내에서 여러 시스템의 데이터에 액세스한다. 예를 들어 S3에 저장된 기록 로그 데이터와 MySQL에 저장된 실시간 고객 데이터를 결합할 수 있다.

요약

가상화 개념은 기저의 처리 세부 정보를 추상화하고 사용자에게 시스템에 대한 단일 논리적 뷰를 제공한다. 이 개념은 컨테이너와 가상 머신이 물리적 하드웨어의 기저 세부 정보를 추상화하는 서버 가상화 기술과 같은 다른 도메인에도 적용됐다. 마찬가지로, 데이터스토어 기술 및 처리 엔진에 있어 묘책이 없는 빅데이터 시대에서, 데이터 사용자는 소스들 간에 데이터를 쿼리하는 방법을 알 수 없어야 한다. 데이터 사용자들은 쿼리를 처리할 기저의 데이터 지속성 모델 및 쿼리 엔진에 관계없이 단일 논리적 네임스페이스로 데이터에 액세스하고 쿼리할 수 있어야 한다.

11장
데이터 변환 서비스

지금까지 빌드 단계에서 다중언어 데이터 모델을 처리하는 방법론과 인사이트 로직을 구현하는 데 필요한 쿼리 처리를 다뤘다. 이 장에서는 전통적으로 ETL^{Extract-Transform-Load} 또는 ELT^{Extract-Load-Transform} 패턴을 따르는 비즈니스 로직 구현을 자세히 살펴본다.

변환 로직 개발과 관련된 주된 고충 사항이 몇 가지 있다. 첫째, 데이터 사용자는 비즈니스 로직의 전문가이지만 대규모 로직을 구현하려면 엔지니어링 지원이 필요하다. 즉, 데이터가 기하급수적으로 증가함에 따라 안정적이고 성능이 뛰어난 방식으로 로직을 구현하려면 분산 프로그래밍 모델이 필요하다. 이때 데이터 사용자가 비즈니스 로직을 설명한 다음 엔지니어에게 UAT^{User Acceptance Testing}(사용자 승인 테스트)를 설명해야 하기 때문에 전체 프로세스가 느려지는 경우가 많다. 둘째, 실시간 비즈니스 로직 변환기를 구축해야 할 필요성이 증가하고 있다. 기존의 변환 방식은 파일 읽기, 형식 변환, 다른 데이터 소스와의 결합 등을 포함하는 일괄 처리 방식을 지향하고 있었다. 데이터 사용자는 진화하는 프로그래밍 모델, 특히 실시간 인사이트에서는 전문가가 아니다. 셋째, 프로덕션에서 변환을 실행하려면 가용성, 품질, 데이터 소스의 변경 관리, 처리 로직을 추적하기 위한 지속적인 지원이 필요하다. 이러한 문제점들은 변환에 걸리는 시간이 늘어나게 한다. 일반적으로 변환 로직은 백지부터 시작하지 않고 기존 로직의 변형으로 작성된다.

이상적인 데이터 변환 서비스에서는 사용자가 실제 구현 세부 사항 없이 비즈니스 로직을 지정할 수 있다. 서비스는 내부적으로 로직을 성능과 확장성이 있는 구현 코드로 변환

한다. 이 서비스는 일괄 처리와 실시간 처리를 모두 지원한다. 또한 가용성, 품질, 변경 관리의 모니터링을 구현한다. 이를 통해 데이터 사용자는 실제 처리 코드를 작성, 최적화, 디버깅할 필요 없이 비즈니스 로직을 정의하고 버전을 제어할 수 있으므로 변환 시간이 단축된다. 이 서비스는 변환 로직을 구축하는 데 필요한 시간을 단축할 뿐 아니라, 성능이 뛰어난 방식을 프로덕션에서 실행하고 대규모 프로덕션을 운영하는 데 소요되는 시간을 줄여준다.

여정 지도

변환 서비스는 데이터 보고, 스토리텔링, 모델 생성 등과 관련된 작업을 통해 데이터 사용자를 지원한다. 변환 로직은 데이터 세트 특화 기능(예: 결측값 채우기, 이상값 감지, 보강 등)을 구현하는 데이터 랭글링과 달리 문제 해결의 맥락에서 데이터 사용자가 작성하며, 그 로직은 일반적으로 비즈니스 정의에 따라 진화한다.

프로덕션 대시보드 및 ML 파이프라인

데이터 분석가는 데이터에서 인사이트를 추출해 마케팅 퍼널, 제품 기능 사용 현황, 가입 및 로그인, A/B 테스트 등에 대한 일일 대시보드에 관한 비즈니스 매트릭스를 생성한다. 변환을 위한 비즈니스 로직은 재무, 영업, 마케팅 등의 이해관계자와의 협업을 기반으로 한다. 이와 유사하게, 데이터 과학자들은 데이터 제품 및 비즈니스 프로세스를 위한 ML 모델을 개발한다. 이러한 파이프라인은 일반적으로 엄격한 SLA(서비스 수준 계약)를 통해 스케줄에 따라 실행된다. 오늘날 비즈니스 정의는 구현 코드와 혼합돼 있어 비즈니스 로직을 관리하고 변경하기가 어렵다.

데이터 기반 스토리텔링

조직은 점점 데이터 중심적으로 변하고 있다. 여러 사일로의 데이터를 결합하고 분석해 의사 결정을 한다. 이 데이터는 다양한 데이터스토어에 다양한 형식으로 저장된다. 데이터는 정형, 반정형 또는 비정형이다. 예를 들어 고객 세부 정보는 한 사일로의 플랫 파일, 다른 사일로의 XML 및 다른 사일로의 관계형 테이블에 있을 수 있다. 때로는 데이터가 구조화돼 있더라도 잘못 설계됐을 수 있다. 스토리텔링을 사용하려면 다양한 형식과 데이터스토어에서 많은 양의 데이터를 효율적으로 처리해야 한다. 데이터양이 증가함에 따라 분산 처리 없이 몇 시간이나 며칠 동안 처리를 실행하게 될 수 있다.

변환 시간 최소화

변환 시간에는 비즈니스 로직 변환을 정의, 실행, 운영하는 시간이 포함된다. 소요 시간은 변환 구현, 변환 실행, 변환 작업이라는 세 가지 버킷으로 나뉜다.

변환 구현

변환 로직의 구현에는 비즈니스 로직 정의 및 변환 로직 코드 코딩이 포함된다. 여기에는 적절한 테스트 및 검증, 성능 최적화와 기타 소프트웨어 엔지니어링 측면이 포함된다.

이를 도전적이고 시간 소모적으로 만드는 두 가지 측면이 있다. 첫째, 로직의 정확성과 구현 문제를 분리하기가 어렵다. 즉, 로직이 구현과 혼합된다. 새로운 팀 구성원이 합류하면 기존 로직과 이러한 선택에 대한 이유를 이해하고 추출할 수 없으므로 관리가 어려워진다. 둘째, 데이터 사용자는 엔지니어가 아니다. 여러 시스템에서 확장 가능한 방식으로 원시 요소(집계, 필터, 그룹화 등)를 효율적으로 구현하는 학습 곡선이 있다. 생산성을 높이려면 로우레벨과 하이레벨 비즈니스 로직 사양 간의 균형이 필요하다. 로우레벨 구성은 배우기 어렵고, 하이레벨 구성은 적절하게 표현돼야 한다.

변환 실행

변환 실행에는 몇 가지 작업이 포함된다. 첫째, 적절한 쿼리 처리 엔진을 선택한다. 예를 들어 쿼리는 Spark, Hive 또는 Flink에서 실행할 수 있다. 둘째, 변환 로직은 일괄 처리 또는 스트리밍으로 실행될 수 있으며, 이는 다른 구현을 필요로 한다. 셋째, 핵심 변환 로직을 넘어서 실행을 하려면 데이터를 읽고, 로직을 적용하고, 출력을 서빙 데이터베이스에 써야 한다. 데이터는 테이블, 파일, 개체, 이벤트와 기타 형식으로 소비돼야 한다. 출력은 다른 서빙 저장소에 기록될 수 있다.

실행 시간을 소모하게 만드는 몇 가지 당면 과제가 있다. 첫째, 처리 기술이 너무 많아 데이터 사용자가 올바른 쿼리 처리 프레임워크를 선택하기가 어렵다. 둘째, 실시간 처리와 달리 일괄 처리를 위해 서로 다른 버전의 변환 로직을 관리하는 것은 일관된 관리가 어렵다. 셋째, 로직이 변경될 때마다 로직 변경에 대한 데이터 백필^{data backfill}이 필요하다. 페타바이트 단위의 데이터 확장의 경우 로직은 점진적으로 업데이트를 처리하는 데 효율적이어야 하며 새 데이터에만 적용돼야 한다.

변환 작업

변환은 일반적으로 SLA를 준수하면서 프로덕션에 배포된다. 프로덕션 운영은 완수 및 데이터 품질 위반에 대한 모니터링, 경고 및 사전 예방적 이상 탐지가 필요하다. 프로덕션 환경의 변환 작업은 시간이 많이 소요되며, 중단된 프로세스와 느린 프로세스를 구별하는 것은 쉽지 않고 수동 디버깅 및 분석이 필요하다. 시스템 간의 메타데이터 로깅은 근본 원인 분석에 매우 중요하며, 다양한 데이터 시스템에 대한 개별 로그 파서가 필요하다.

요구 사항 정의

변환 서비스에 대한 요구 사항은 데이터 사용자의 기술, 유스 케이스 유형, 기존 데이터 파이프라인 구축 프로세스에 따라 달라진다. 이 절은 서비스 배포를 위한 현재 상태 및 요구 사항을 이해하도록 돕는다.

현재 상태 설문지

현재 상태와 관련된 고려 사항에는 세 가지 범주가 있다.

변환 로직 구현을 위한 현재 상태

수집해야 할 핵심 지표는 기존 변환의 로직을 수정하는 시간, 구현의 정확성을 검증하는 시간, 새로운 변환 구현을 최적화하는 시간이다. 이러한 통계 외에도 레이크에서 사용되는 다양한 데이터 형식을 나열한다.

변환 실행을 위한 현재 상태

고려해야 할 주요 사항은 (기존의 일괄 처리 지향 변환 대신) 실시간 변환이 필요한 유스 케이스의 수, 읽고 쓸 데이터스토어, 기존 처리 엔진, 기존 프로그래밍 모델(예: 아파치 Beam), 평균 동시 요청 수다.

변환 운영을 위한 현재 상태

고려해야 할 주요 지표는 탐지 시간, 프로덕션 이슈를 디버깅하는 시간, SLA 위반 사건 수, 변환 정확성과 관련된 이슈다.

기능 요구 사항

이 서비스에 필요한 주요 기능은 다음과 같다.

자동화된 변환 코드 생성

데이터 사용자는 구현을 위한 코드 세부 사항에 대해 걱정하지 않고 변환을 위한 비즈니스 로직을 구체화할 수 있다.

일괄 처리 및 스트림 실행

유스 케이스의 요구 사항에 따라 변환 로직을 일괄 처리 또는 스트리밍으로 실행할 수 있다. 실행은 성능이 뛰어난 방식으로 대규모로 이뤄진다.

증분 처리

과거 호출에서 처리한 데이터를 기억하고 새로운 증분 데이터에 처리를 적용할 수 있다.

자동화된 백필 처리

로직 변경 시 메트릭을 자동으로 다시 계산한다.

가용성 및 품질 문제 감지

가용성, 품질, 변경 관리를 모니터링한다.

비기능 요구 사항

다음은 데이터 변환 서비스를 설계할 때 고려해야 할 몇 가지 주요 비기능 요구 사항이다.

데이터 연결성

ETL 도구는 모든 데이터 소스와 통신할 수 있어야 한다.

확장성

증가하는 데이터 볼륨 및 속도에 맞춰 확장할 수 있다.

직관성

변환 서비스는 광범위한 데이터 사용자를 고려해 사용이 쉬워야 한다.

구현 패턴

기존 작업 지도에 따라 변환 서비스에 대한 자동화 수준은 세 가지가 있다(그림 11-1 참조). 각 수준은 현재 수동이거나 비효율적인 작업 조합을 자동화하는 것에 해당한다.

구현 패턴

변화하는 비즈니스 요구 사항에 따라 변환 로직의 사양 및 구현을 단순화하고 빠르게 발전시킨다.

실행 패턴

변환 로직의 실행을 통합해 신선도^{freshness} 요구 사항에 따라 일괄 처리와 실시간 처리를 모두 허용한다.

운영 패턴

프로덕션의 변환을 심리스^{seamless}하게 추적해 SLA를 충족한다. 이 패턴은 변환의 가용성과 품질을 보장하기 위한 모니터링과 경고를 제공한다. 이 패턴은 각각 쿼리 최적화 서비스와 데이터 품질 서비스의 맥락에서 15장과 18장에서 다룬다.

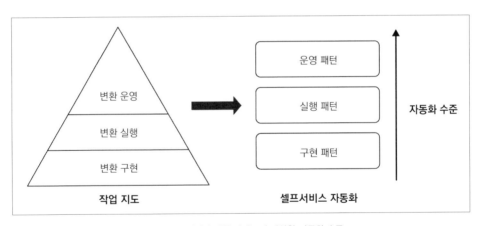

그림 11-1 데이터 변환 서비스의 다양한 자동화 수준

구현 패턴

이 패턴은 비즈니스 로직의 구현을 단순화하는 데 집중한다. 일반적인 접근 방식은 데이터 사용자가 표준 변환 함수(레고^{LEGO} 빌딩 블록과 유사)의 고급 언어 측면에서 로직을 정의하는 것이다. 이러한 사양은 로직 사양을 실제 코드 구현과 분리함에 따라 관리,

수정, 협업, 이해가 쉬워진다. 데이터 사용자의 범위를 감안할 때, 이 패턴은 변환 구현 시간을 개선하고 높은 품질을 보장한다. 상용 및 오픈소스 솔루션으로 Informatica PowerCenter(https://oreil.ly/nfVKS), 마이크로소프트 SSIS(https://oreil.ly/pNRI8), Pentaho Kettle(https://oreil.ly/i25Jr), Talend(https://oreil.ly/O27RK) 등을 사용할 수 있다.

이러한 솔루션은 높은 수준에서 다음과 같이 작동한다.

- 사용자는 DSL(도메인 특화 언어) 또는 드래그 앤 드롭 UI를 사용해 변환 로직을 지정한다. 변환 로직은 추출, 필터링, 집계 등과 같은 표준화된 빌딩 블록으로 정의된다. 사양은 버전으로 제어되고 코드와 별도로 관리된다.

- 사양은 자동으로 실행 코드로 변환된다. 코드는 특정 데이터스토어, 처리 엔진, 데이터 형식 등을 설명한다. 생성된 코드의 프로그래밍 언어나 모델은 다를 수 있다.

설명을 위해 GUI 기반 변환인 아파치 NiFi와 DSL 기반 변환인 Looker의 LookerML을 다루겠다. GUI 기반 도구는 잘 구성된 변환 코드를 대체하기에는 좋지 않으며, 유연성이 부족하고 도구의 한계로 인해 사용자가 로직 구현을 위한 임시방편을 택해야 하는 경우가 종종 있다.

아파치 NiFi(https://nifi.apache.org)는 데이터 변환을 설계, 제어, 모니터링하기 위한 풍부한 웹 기반 GUI를 제공한다(그림 11-2 참조). NiFi는 기본적으로 소스source(추출 함수), 프로세서processor(변환 함수), 싱크sink(로드 함수)라는 세 가지 유형으로 구분된 250개 이상의 표준화된 함수를 제공한다. 프로세서 기능의 예로는 데이터 향상, 검증, 필터링, 결합, 분할, 조정이 있다. 파이썬, 셸shell, Spark에는 부가적인 프로세서를 추가할 수 있다. 프로세서는 데이터 처리에서 매우 동시적으로 구현되며, 병렬 프로그래밍의 고유한 복잡성을 사용자에게 숨긴다. 프로세서는 동시에 실행되며 로드에 대처하기 위해 여러 스레드에 걸쳐 있다. 외부 소스에서 데이터를 가져오면 NiFi 데이터 흐름 내부의 FlowFile로 표시된다. FlowFile은 기본적으로 관련 메타 정보가 있는 원본 데이터에 대한 포인터다.

프로세서에는 세 가지 출력이 있다.

실패

FlowFile을 올바르게 처리할 수 없는 경우, 원본original FlowFile이 출력으로 라우팅된다.

원본

들어오는 FlowFile이 처리되면 원본 FlowFile이 출력으로 라우팅된다.

성공

성공적으로 처리된 FlowFile은 이 관계로 라우팅된다.

NiFi와 유사한 다른 GUI 변환 모델링 솔루션에는 StreamSets(https://streamsets.com)와 Matillion ETL(https://oreil.ly/nlzEu) 등이 있다.

DSL 사양의 예는 SQL 쿼리를 구성하는 데 사용되는 Looker의 LookML(https://oreil.ly/SmJdc)이다. LookML은 차원, 집계, 계산, 데이터 관계를 설명하는 언어다. 변환 프로젝트는 Git 저장소를 통해 버전이 함께 제어되는 모델, 뷰 및 대시보드 파일의 모음이다. 모델 파일에는 사용할 테이블과 테이블을 조인하는 방법에 대한 정보가 포함돼 있다. 뷰 파일에는 각 테이블에 대한 (또는 조인이 허용하는 경우 여러 테이블에 걸쳐) 정보를 계산하는 방법에 관한 정보가 포함돼 있다. LookML은 구조를 콘텐츠와 분리하므로 쿼리 구조(테이블이 조인되는 방법)는 쿼리 콘텐츠(액세스할 열, 파생 필드, 계산할 집계 함수, 적용할 필터링 식)와 독립적이다. LookML은 UI 드래그 앤 드롭 모델과 달리 자동 완성, 오류 강조 표시, 상황별 도움말, 오류 수정에 도움이 되는 유효성 검사기가 있는 IDE를 제공한다. 또한 LookML은 불평등 조인, 다대다 데이터 관계, 다단계 집계 등과 같은 기능을 통해 고급 사용자를 위한 복잡한 데이터 처리를 지원한다. DSL 접근 방식의 다른 예로는 함수형 프로그래밍과 하스켈Haskell의 강력한 타입 시스템을 활용하는 ETL/ELT 데이터 처리를 위한 선언적 라이브러리인 에어비앤비의 metrics DSL(https://oreil.ly/3pY-J)과 DBFunctor(https://oreil.ly/ia-vZ)가 있다.

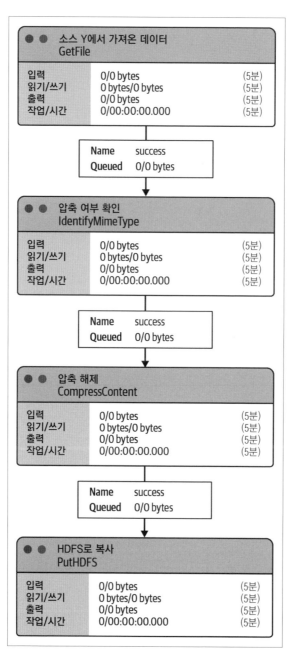

그림 11-2 소스에서 데이터를 읽고, 압축을 확인하고, 압축을 풀고,
최종적으로 HDFS로 복사하는 4단계 변환의 아파치 NiFi 도식

실행 패턴

이 패턴은 데이터 사용자가 비즈니스 변환 로직을 실행할 수 있도록 셀프서비스를 만드는 데 집중한다. 실행 패턴은 이벤트 생성과 이벤트 처리 시간 사이의 시간 지연에 따라 다르다. 시간 지연은 매일 또는 매시간의 일괄 처리부터 초 또는 밀리초 지연에 이르는 스트리밍 패턴까지 다양하다. 초기에는 Spark의 스트림 처리가 마이크로 배치로 구현됐고, 아파치 Flink를 통한 이벤트별 처리까지 발전했다. 또한 빅데이터 초기에는 스트리밍 중의 처리 로직은 가벼운 카운트^{count}나 집계였고 무거운 분석 기능은 일괄 처리로 실행됐다. 오늘날 일괄 처리와 스트리밍의 차이는 모호하며, 데이터는 이벤트로 취급되고 프로세싱은 타임 윈도우 기능으로 처리된다. 넷플릭스의 Keystone(https://oreil.ly/cVf0M)과 아파치 Storm(https://storm.apache.org)은 셀프서비스 스트리밍 데이터 패턴의 예이며, 일괄 처리를 스트림 처리의 하위 집합으로 취급한다.

스트리밍 데이터 패턴은 다음과 같이 작동한다. 데이터는 이벤트로 처리된다. 데이터 세트는 제한되지 않고 윈도우 기능을 사용해 작동한다. 일괄 처리의 경우 데이터(테이블)는 처리를 위해 메시지 버스에서 이벤트로 재생된다.

- 데이터는 메시지 버스에서 이벤트로 표시된다. 예를 들어, 테이블에 대한 업데이트는 열의 이전 값과 새 값을 갖는 변경 데이터 캡처$^{CDC, Change\ Data\ Capture}$ 이벤트로 나타낼 수 있다. 행동 데이터와 같은 특정 데이터 세트는 자연스럽게 이벤트로 취급될 수 있다. 원시 이벤트는 재생을 위해 저장소에 유지된다.
- 변환 로직은 데이터 이벤트에서 작동한다. 변환은 상태 비저장^{stateless} 또는 상태 저장^{stateful}일 수 있다. 상태 비저장 처리의 예로는 원시 CDC 이벤트를 고객 생성, 송장 작성 등과 같은 비즈니스 객체로 변환할 때처럼 각 이벤트가 독립적으로 처리되는 경우를 들 수 있다. 상태 저장 처리는 카운트, 집계 등과 같은 이벤트 전반에 걸쳐 작동한다.
- 기존 ETL과 유사하게 데이터 사용자는 데이터를 기록할 데이터 소스, 변환 논리, 출력을 지정한다. 이 패턴은 비즈니스 로직 변환 실행과 관련된 실행, 확장,

재시도, 백필과 기타 작업을 자동화한다.

넷플릭스의 Keystone 플랫폼(그림 11-3 참조)은 소스에서 이벤트를 읽는 것, 처리 작업을
실행하는 것, 싱크 데이터스토어에 데이터를 쓰는 것을 단순화한다. 또한 로직 변경 처리
를 위한 백필을 자동화하고 일괄 처리를 이벤트 스트림으로서 실행한다. 데이터 사용자
는 비즈니스 로직에 집중하고 데이터 엔지니어링 측면에 대해서는 걱정하지 않는다.

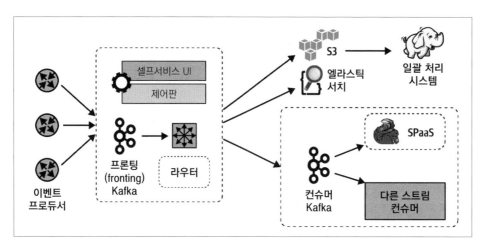

그림 11-3 셀프서비스 스트리밍 데이터 처리를 위한 넷플릭스 Keystone 서비스
(넷플릭스 테크 블로그(https://oreil.ly/HUr_a))

요약

원시 데이터에서 인사이트를 추출하는 과정에서 데이터는 비즈니스 도메인 전문 지식을
갖춘 데이터 사용자가 정의한 비즈니스 로직을 기반으로 변환돼야 한다. 이러한 변환은
논리로서는 고유하지만 대부분 집계, 필터, 조인, 분할 등과 같은 보편적인 함수 집합으
로 구성된다. 변환 서비스는 프로덕션에서 이러한 변환을 구축, 실행, 운영하는 복잡한
작업을 단순화한다.

12장
모델 학습 서비스

지금까지 비즈니스 대시보드에 공급할 수 있는 인사이트를 생성하기 위한 변환 파이프라인을 구축하거나 최종 고객과 공유할 애플리케이션을 위한 처리 데이터 등을 구축했다. 인사이트가 ML 모델인 경우 모델 학습이 필요하므로 이 장에서 그 내용을 다룰 것이다. 보편적인 데이터 과학자는 가장 정확한 모델을 찾기 위해 학습 중에 수백 개의 모델 순열을 탐색한다. 탐색 시에는 ML 알고리듬, 초매개변수^{hyperparameter} 값과 데이터 기능 등 다양한 순열을 시도하게 된다. 오늘날 ML 모델을 학습하는 과정은 몇 가지 과제를 제시한다. 첫째, 데이터 세트가 커지고 딥러닝 모델이 복잡해짐에 따라 학습에 며칠 또는 몇 주가 걸릴 수 있다. 이와 동시에 CPU와 GPU 같은 특수 하드웨어의 조합으로 구성된 서버 팜에서 학습 오케스트레이션을 관리하는 것은 단순하지 않다. 둘째, 모델 매개변수 및 초매개변수 값에 대한 최적값의 반복적인 조정은 무차별 대입 검색$^{brute-force \, search}$에 의존한다. 모든 튜닝 반복과 그 결과 추적을 포함한 자동화된 모델 튜닝이 필요하다. 셋째, 데이터가 지속적으로 변경되는 시나리오(예: 제품 카탈로그, 소셜 미디어 피드 등)의 경우 모델을 지속적으로 학습해야 한다. 지속적 학습을 위한 ML 파이프라인은 사람의 개입 없이 모델을 지속적으로 재교육, 확인, 배포하기 위해 자동화된 방식으로 관리돼야 한다. 이러한 과제들은 학습 시간이 늘어나게 만든다. 학습이 반복적인 프로세스라는 점을 감안할 때, 학습 시간이 늘어나면 전체 인사이트 시간이 몇 배가 되는 결과를 초래할 수 있다. 오늘날 데이터 엔지니어링 팀은 비표준 학습 도구와 프레임워크를 구축하고 있으며, 이는 결국 기술 부채가 된다.

이상적인 모델 학습 서비스는 배포 전 학습과 배포 후 지속적인 학습을 자동화해 학습 시간을 단축한다. 배포 전 학습의 경우 데이터 사용자는 데이터 피처, 구성, 모델 코드를 지정하며, 모델 학습 서비스는 피처 저장소 서비스를 활용하고 전체 워크플로우를 자동으로 오케스트레이션해서 ML 모델을 학습하고 조정한다. 데이터의 양이 증가함에 따라, 이 서비스는 분산 학습$^{distributed\ training}$과 전이 학습$^{transfer\ training}$ 같은 기술을 사용해 학습 시간을 최적화한다. 이 서비스는 시속적 학습을 위해 새 데이터로 모델을 학습시키고 현재 모델과 비교해 정확성을 검증하며, 그에 따라 새로 학습된 모델의 배포를 촉발한다. 이 서비스는 광범위한 ML 라이브러리 및 도구, 모델 유형, 일시적 및 지속적 학습을 지원해야 한다. 자동화된 모델 학습 플랫폼의 주요 예시로는 구글의 TensorFlow Extended(https://oreil.ly/8ZKi5), 에어비앤비의 Bighead(https://oreil.ly/uRB3e), 우버의 Michelangelo(https://oreil.ly/n_7g−), 아마존의 SageMaker(https://oreil.ly/kM5Dl), 구글 Cloud의 AutoML(https://oreil.ly/3WlPK) 등이 있다.

여정 지도

모델 학습 및 검증은 모델을 프로덕션에 배포하기 전에 발생하는 반복적인 프로세스다 (그림 12-1 참조). 데이터 사용자는 빌드 단계에서 학습 결과를 기반으로 데이터 발견 및 준비 단계로 돌아가 다양한 피처 조합을 탐색함으로써 좀 더 정확한 모델을 개발할 수 있다. 이 절에서는 여정 지도의 주요 시나리오를 요약한다.

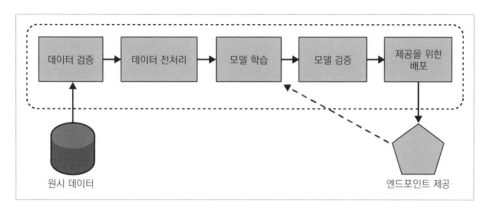

그림 12-1 모델 배포의 전체 여정 지도에서의 모델 학습 및 검증

모델 프로토타이핑

데이터 과학자는 피처 조합, 모델 매개변수, 초매개변수 값을 포함하는 다양한 모델 순열을 탐색해 비즈니스 문제에 가장 적합한 모델을 찾는다(그림 12-2 참조). 값의 각 순열에서 모델은 정확성을 위해 학습, 검증, 비교된다. 학습에는 학습과 테스트를 위해 데이터 세트를 두 세트로 분할하는 교차 검증 프로세스가 포함된다(일반적으로 학습과 테스트를 위해 데이터를 70 대 30으로 분할해 사용함). 모델은 먼저 학습용 데이터 샘플을 사용해 학습된 다음, 테스트 데이터 세트에 없던 샘플을 사용해 평가된다. 이는 계산 비용이 많이 들고 보통은 대규모 데이터 세트를 여러 번 통과해야 한다. 훈련 모델은 반복적이며 효과가 점차 감소한다. 처음에는 품질이 낮은 모델을 생성하고 일련의 학습 반복을 통해 수렴에 이르기까지 모델의 품질을 개선한다. 이는 사람과 기계 모두에서 상당한 노력이 필요하며 시행 착오를 거치는 경험적 프로세스다. 프로토타이핑 중에 탐색한 순열을 기록해두면 이후 디버깅과 튜닝에 도움이 된다.

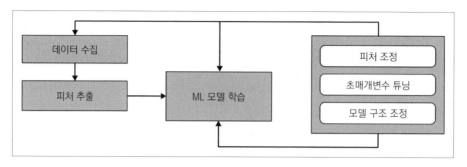

그림 12-2 모델 설계 및 학습의 반복적 특성

데이터양이 기하급수적으로 증가하고 딥러닝 모델이 복잡해짐에 따라 모델 학습은 며칠에서 몇 주가 걸릴 수 있다. 학습 작업에 비용이 많이 든다는 점을 고려할 때, 실험 환경의 데이터 사용자는 구성이 제대로 조정되지 않았어도 더 나은 훈련 모델을 위해 상당한 시간을 기다리기보다는 예비 검증 및 테스트를 위해 짧은 시간 내에 훈련된 더 근사치의 모델로 작업하는 것을 선호하는 경우가 많다.

지속적 학습

모델이 프로덕션에 배포된 후 데이터는 지속적으로 진화한다. 데이터 과학자는 이러한 변경 사항을 고려하기 위해 새로운 데이터를 수동으로 교육하고 결과 모델을 배포하거나, 일주일에 한 번 새 데이터에 대한 학습을 예약하고 결과 모델을 자동으로 배포한다. 지속적인 데이터 변경으로 최고의 정확성을 보장하는 것이 목표다. 모델의 신선도를 높이는 극단적인 예는 온라인 학습으로, 온라인 학습에서는 수신된 모든 요청으로 모델을 업데이트한다. 즉, 제공 모델이 학습 모델이다. 온라인 학습은 제품 카탈로그, 비디오 순위, 소셜 피드 등과 같이 동작이 빠르게 변하는 환경에 적용할 수 있다. 재학습 시에는 프로덕션에 배포하기 전에 새 모델의 품질을 검증하고 자동화된 방식으로 기존 모델과 비교해야 한다.

실제로는 데이터와 모델이 업데이트되기 전에 검증해서 프로덕션 배포가 안전한지 확인한 뒤 일괄로 모델을 업데이트하는 것이 더 일반적이다. ML 파이프라인은 시간 또는 일

단위로 모델을 업데이트한다. 재학습은 데이터의 여러 세그먼트에 대한 정확도를 향상시킬 수 있다.

모델 디버깅

데이터 품질, 잘못된 피처 파이프라인, 데이터 분포 왜곡, 모델 과적합 등과 같은 다양한 문제로 인해 모델이 프로덕션에서 제대로 작동하지 않을 수 있다. 따라서 그 대안으로서 모델에 의해 생성된 특정 추론을 검사해 정확성을 확인해야 한다.

이러한 시나리오에서 모델을 이해하고 디버깅하는 것은 특히 딥러닝에서 점점 더 중요해지고 있다. 모델 성능을 디버깅하려면 종속성, 생성된 방법, 탐색된 순열(순열 탐색 및 학습에 걸리는 시간이 상당하다는 것을 고려함)과 관련한 모델의 계보가 필요하다. 데이터 과학자는 모델 시각화를 사용해 모델을 이해하고 디버깅하고 튜닝해야 한다.

학습 시간 최소화

현재 학습은 두 가지 이유로 많은 시간이 소요된다.

- 데이터 세트가 커지고 딥러닝 모델이 복잡해짐에 따라 고유의 복잡성이 발생하므로 각 학습 반복에 소요되는 시간이 증가한다. 모델에 사용할 올바른 피처를 결정하는 것(피처 엔지니어링이라고 함)과 모델 매개변수 값, 초매개변수 값을 결정하는 것은 반복적인 작업이며, 데이터 과학자는 이에 필요한 전문 지식을 보유해야 한다.
- 학습과 조정을 위한 임시 스크립트로 인해 우발적인 복잡성이 발생한다. 이러한 프로세스는 비표준적이며 ML 라이브러리, 도구, 모델 유형, 기본 하드웨어 리소스의 다양한 조합에 따라 다르다.

학습 시간 단축은 자동화를 통해 우발적 복잡성을 제거하는 데 초점을 맞춘다. 오늘날 학습 프로세스의 시간은 학습 오케스트레이션, 튜닝, 연속 학습에 사용된다.

학습 오케스트레이션

학습 오케스트레이션에는 모델 피처에 대한 훈련 데이터 세트를 생성하는 것, 학습을 위해 이기종 하드웨어 환경에 컴퓨팅 리소스를 할당하는 것, 학습 전략을 최적화하는 것이 포함된다. 이러한 작업은 시간이 많이 걸린다. 예전에는 데이터 과학자가 데스크톱에서 학습을 실행했다. 데이터 세트 크기가 커지고 학습에 며칠이나 몇 주가 걸릴 수 있다는 점을 고려하면 학습을 머신들의 클러스터에 분산시켜야 한다.

학습 데이터 세트를 생성하려면 모델의 각 피처에 해당하는 학습 데이터를 얻기 위한 파이프라인을 생성해야 한다. 이는 앞에서 설명한 것처럼 피처 저장소 서비스(4장에서 다룸)를 사용해 자동화할 수 있다. 학습을 위한 리소스 할당은 CPU와 GPU의 기본 하드웨어 조합을 활용해야 한다. 학습 작업을 코어에 분산하고 결과를 집계하는 데는 다양한 전략이 있다(데이터 처리를 위한 MapReduce 접근 방식과 유사하다). 훈련이 반복적이라는 특성을 고려할 때 모든 것을 처음부터 시작할 필요는 없으며, 전이 학습과 같은 최적화 기술을 자동화해 훈련 프로세스의 속도를 높일 수 있다. 이러한 작업은 수작업이고 비표준적이라는 점 때문에 시간이 많이 걸리므로 차선책으로 사용된다.

튜닝

모델 매개변수와 초매개변수 값은 가장 정확하고 신뢰할 수 있는 모델을 생성하도록 조정된다. 모델 매개변수는 학습 데이터(예: 회귀 계수 및 의사 결정 트리 분할 위치)에서 직접 파생된 개별 모델을 정의하는 학습된 속성이다. 초매개변수는 알고리듬에 대한 더 높은 수준의 구조 설정(예: 정규화된 회귀에 사용되는 패널티의 강도 또는 랜덤 포레스트random forest에 포함할 트리 수)을 표현한다. 초매개변수는 데이터에서 학습할 수 없기 때문에 모델에 가장 잘 맞도록 조정한다.

값을 튜닝하려면 다른 값 조합을 시도하는 시행착오 접근 방식이 필요하다. 다양한 조합의 검색 스페이스를 지능적으로 탐색하기 위해 다양한 전략이 사용되며, 적용되는 기술에 따라 튜닝 시간이 달라진다. 각 학습 반복이 끝날 때 모델 정확도 측정을 위한 다양한 메트릭을 사용해 모델을 평가한다.

지속적 학습

모델은 데이터 변경 대응을 위해 지속적으로 업데이트해야 한다. 고품질 추론을 보장하는 핵심 측정 항목은 모델의 신선도나 모델에 새 데이터가 반영되는 속도다. 지속적 학습에는 각각의 새 샘플에서 모델을 업데이트(온라인 학습이라고 함)하는 것과 데이터의 슬라이딩 윈도우를 생성해 모델을 주기적으로 업데이트하고 윈도우 기능을 사용해 모델을 재학습(스트리밍 분석과 유사함)하는 것 등 두 가지 유형이 있다. 모델 재학습에는 데이터 변경을 추적하는 것과 변경 사항만 선택적으로 반복하는 작업이 포함된다. 이는 각 학습 반복에 대해 백지에서 시작하는 무차별 대입식 방법과 대조된다. 오늘날의 작업 오케스트레이션 프레임워크는 데이터를 인식하지 못한다. 즉, 새로운 데이터가 있는 파이프라인만 재실행하는 방식으로 선택적으로 적용되지 않는다.

실제로는 데이터와 모델이 업데이트되기 전에 검증해서 프로덕션 배포가 안전한지 확인한 뒤 일괄로 모델을 업데이트하는 것이 더 일반적이다. 지속적인 훈련은 상당히 복잡하고 오류가 발생하기 쉽다. 몇 가지 일반적인 시나리오는 다음과 같다.

- 피드백 데이터 포인트가 주로 한 범주에 속해 모델 왜곡 문제를 일으킬 수 있다.
- 학습률이 너무 높아서 모델이 최근에 일어난 모든 일을 잊어버린다(파국적 간섭이라고 함).
- 모델 훈련 결과는 과적합 또는 과소적합될 수 있다. 분산 서비스 거부DDoS 공격과 같은 코너 케이스로 인해 모델이 불안정해질 수 있다. 마찬가지로 정규화도 너무 낮거나 너무 높을 수 있다.

새로운 데이터의 도착이 매우 불규칙하다는 점을 고려할 때, 파이프라인 아키텍처는 반응성이 있어야 하며 새로운 입력의 존재를 감지하고 그에 따라 새로운 모델의 생성을 촉발해야 한다. 예약된 파이프라인 실행 이후에 새 데이터가 나타날 경우 예약된 간격으로 일회성 파이프라인을 반복 실행하므로 지속적인 파이프라인을 효과적으로 구현할 수 없다. 이때 새 모델을 생성하는 데 두 번 이상의 간격이 필요할 수 있는데, 이는 프로덕션 환경에서 허용되지 않을 수도 있다.

요구 사항 정의

모델 학습 서비스는 셀프서비스어야 한다. 데이터 사용지는 학습과 관련된 다음 사양 세부 정보를 지정하게 된다.

- 모델 유형
- 모델 및 초매개변수 값
- 데이터 소스 참조
- 피처 DSL(도메인 특화 언어) 표현
- 지속적 학습 일정(해당하는 경우)

이 서비스는 평가 메트릭의 세부 정보가 포함된 학습된 모델을 생성하고 모델 매개변수와 초매개변수에 대한 최적의 값을 추천한다. 데이터 사용자는 웹 UI, API 또는 노트북을 사용해 학습 세부 정보를 지정하고 결과를 검토할 수 있다. 고급 사용자의 경우 머신 수, 메모리양, GPU(그래픽 처리 장치) 사용 여부 등과 같은 컴퓨팅 리소스 요구 사항에 관련된 옵션을 선택적으로 지원할 수 있다.

모델 학습 서비스에 대한 요구 사항은 학습 오케스트레이션, 자동 튜닝, 지속적인 학습이라는 세 가지 범주로 나뉜다.

학습 오케스트레이션

데이터 사용자가 사용하는 ML 라이브러리 및 도구에는 어디에나 통하는 묘책이 없으며, 학습 환경과 모델 유형은 너무나 많다. 모델 학습 환경은 클라우드와 데이터 과학자의 로컬 머신에 모두 존재할 수 있다. 환경은 전통적인 CPU, GPU뿐 아니라 TPU와 같이 딥러닝 전용으로 맞춤 설계된 하드웨어로 구성될 수도 있다.

하드웨어 외에도 다양한 프로그래밍 언어 및 모델 유형에 특화된 다양한 프로그래밍 프레임워크가 있다. 예를 들어 TensorFlow는 이미지 분류와 음성 인식 같은 광범위한 머신러닝 및 딥러닝 문제를 해결하는 데 사용되는 인기 있는 딥러닝 프레임워크다. 이 프레임워크는 대규모 및 이기종 환경에서 작동한다. 프레임워크의 다른 예로는 PyTorch, Keras, MXNet, Caffe2, Spark MLlib, Theano 등이 있다. 딥러닝이 아닌 경우 Spark MLlib 및 XGBoost가 인기 있는 선택지다. 딥러닝의 경우에는 Caffe와 TensorFlow가 가장 널리 사용된다.

마찬가지로 다양한 분류법으로 분류할 수 있는 다양한 ML 알고리듬 세트가 있으며, 작업 기반 분류법으로 다음과 같이 모델이 나뉜다.

- 회귀 모델을 사용해 수량 예측
- 분류 모델을 사용해 카테고리 예측
- 이상 탐지 모델을 사용해 특이값, 부정 행위, 새로운 값 예측
- 차원 축소 모델을 사용해 피처 및 관계 탐색
- 클러스터링 모델을 사용해 데이터 구조 발견

인기 있는 대체 분류법은 알고리듬을 지도 학습, 비지도 학습, 강화 학습으로 분류하는 학습 스타일 기반 분류법이다. 딥러닝은 회귀와 분류에 사용되는 지도 학습의 변형이다. 딥러닝의 인기가 가속화하는 것은 기존의 ML 기술 중 가장 잘 튜닝되고 피처 엔지니어링된 것에 비해서도 더 높은 정확도를 보이기 때문이다. 모델의 이해 가능성이 ML 프로덕션 배포의 중요한 기준이라는 점을 인식하는 것이 중요하다. 이에 따라 정확성은 관리 용이성, 이해 가능성, 디버깅 가능성 간 트레이드오프가 있다. 딥러닝 유스 케이스는 일반적으로 많은 양의 데이터를 처리하며, 다양한 하드웨어 요구 사항에서 분산 학습뿐 아니라 유연한 리소스 관리 스택과의 긴밀한 통합도 요구한다. 분산 학습은 수십억 개의 샘플을 처리하는 수준까지 규모가 확장된다.

다음은 다양한 모델 유형을 학습할 때 고려해야 할 사항이다.

- 모델 학습에 사용되는 데이터양은 얼마나 되는가? 데이터가 슬라이딩 윈도우 묶음$^{sliding\ window\ batches}$으로 분석되는가, 아니면 새 데이터 포인트에 대해 점진적으로 분석되는가?
- 모델당 평균 피처 수는 얼마나 되는가? 훈련 데이터 표본 분포에 일반적으로 왜곡이 있는가?
- 모델당 평균 매개변수 수는 얼마인가? 더 많은 매개변수는 더 많은 튜닝을 의미한다.
- 모델이 단일인가, 분할돼 있는가? 분할된 모델의 경우 파티션당 하나의 모델이 학습되고, 필요한 경우 상위 모델로 대체된다. 예를 들어, 도시당 하나의 모델을 학습할 때 정확한 도시 수준 모델을 얻을 수 없는 경우에는 국가 수준 모델로 대체한다.

튜닝

튜닝은 반복적인 프로세스로, 각 반복이 끝날 때 모델의 정확성을 평가한다. 비공식적으로 정확도는 모델이 정확하게 얻은 예측의 일부이며 몇 가지 지표, 즉 곡선 아래 영역^{AUC,} $^{Area\ Under\ the\ Curve}$, 정밀도^{precision}, 재현율^{recall}, F1, 혼동 행렬$^{confusion\ matrix}$ 등을 사용해 측정된다. 양의 레이블 수와 음의 레이블 수가 크게 차이 나는 클래스 불균형 데이터 세트를 사용할 때는 정확도만으로는 충분하지 않다. 모델의 평가 지표를 정의하는 것은 자동화를 위한 중요한 요구 사항이다.

튜닝 요구 사항의 또 다른 측면은 모델 튜닝에 사용할 수 있는 비용과 시간이다. 자동 튜닝은 모델 매개변수와 초매개변수에 대해 병렬로 여러 순열을 탐색한다. 클라우드에서 사용할 수 있는 컴퓨팅 리소스가 풍부하다면 순열 수를 쉽게 늘릴 수 있다.

지속적 학습

지속적 파이프라인의 핵심 지표는 모델 신선도이며, 유스 케이스에 따라 모델을 업데이트할 필요성이 달라질 수 있다. 예를 들어 게임 세션 중에 경험을 개인화하려면 모델이 거의 실시간으로 사용자 행동에 적응해야 한다. 반면에 소프트웨어 제품 경험을 개인화하려면 제품 기능의 민첩성에 따라 모델이 며칠 또는 몇 주 안에 진화해야 한다. 변화하는 고객 행동으로 인해 데이터 분포가 변화함에 따라, 모델은 실시간으로 추세에 맞춰 신속하게 적응해야 한다.

온라인 학습은 모든 새 샘플에서 모델을 업데이트하며 데이터 분포가 시간이 지남에 따라 변형될 것으로 예상되거나 데이터가 시간 함수일 때(예: 주가) 적용된다. 온라인 학습을 사용하는 또 다른 시나리오는 데이터가 메모리에 맞지 않고 새로운 증분 샘플을 지속적으로 사용해 모델 가중치를 미세 조정할 수 있는 경우다. 온라인 학습은 (일정 기반 학습에 필요한 슬라이딩 윈도우와 달리) 데이터가 한 번 소비되면 더 이상 필요하지 않기 때문에 데이터 측면에서 효율적이다. 또한 온라인 학습은 데이터 분포에 대한 가정을 하지 않으므로 적응이 가능하다.

비기능 요구 사항

다음은 모든 소프트웨어 설계에서와 마찬가지로 모델 학습 서비스의 설계에서 고려해야 하는 주요 비기능 요구 사항의 일부다.

확장

기업이 성장함에 따라 더 큰 데이터 세트와 더 많은 모델을 지원하도록 학습 서비스가 확장되는 것이 중요하다.

비용

학습은 계산 비용이 많이 들기에 관련 비용을 최적화하는 것이 중요하다.

자동화된 모니터링 및 알림

프로덕션 문제를 감지하고 자동 알림을 생성하려면 지속적 학습 파이프라인을 모니터링해야 한다.

구현 패턴

기존 작업 지도에 따라 모델 오케스트레이션 서비스에 대한 자동화 수준은 그림 12-3과 같이 세 가지가 있다. 세 가지 패턴은 각각 현재 수동이거나 비효율적인 작업의 조합을 자동화하는 것에 해당한다.

분산 학습 오케스트레이터 패턴

리소스 오케스트레이션, 작업 예약, 학습 워크플로우 최적화를 자동화한다.

자동 튜닝 패턴

모델 매개변수와 초매개변수를 자동으로 튜닝한다. 이 패턴은 학습 반복의 결과를 추적하고 데이터 사용자에게 계보 반복과 이에 대한 결과 보고서를 제공한다.

데이터 인식 지속적 학습 패턴

지능적인 재시도를 위해 ML 파이프라인 구성 요소와 관련된 메타데이터를 추적해 모델 재학습 프로세스를 자동화한다. 또한 프로덕션에서 모델을 푸시하기 전에 유효성 검사를 자동화한다.

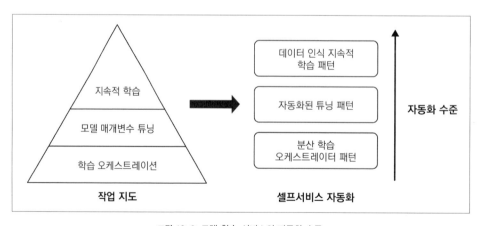

그림 12-3 모델 학습 서비스의 자동화 수준

분산 학습 오케스트레이터 패턴

분산 학습 오케스트레이터 패턴은 모델 학습 프로세스를 자동화한다. 다른 여러 학습 작업에 필요한 시간과 리소스를 최적화하는 것이 목표다. 학습은 전이 학습과 같은 기술을 사용해 최적화된 머신 클러스터에서 실행된다.

패턴은 다음과 같은 빌딩 블록으로 구성된다.

리소스 오케스트레이션

학습의 분포는 동일한 머신 내의 컴퓨팅 코어(CPU와 GPU) 또는 머신 간에 이뤄질 수 있다. 학습을 사용 가능한 하드웨어 코어로 나누기 위해서는 다양한 전략이 사용된다. 데이터 병렬 처리를 사용해 학습을 분포시키는 일반적인 접근 방식은 두 가지가 있다. a) 동기화된 입력 데이터의 서로 다른 데이터 슬라이스에 대해 학습하는 모든 작업자와 학습을 동기화하고 각 단계에서 기울기를 집계하는 것과 b) 모든 작업자가 입력에 대해 독립적으로 학습하는 비동기 학습 데이터 및 변수를 비동기적으로 업데이트하는 것이다. 근본적인 동기화 학습 접근 방식은 코어가 모델 값을 축소하고 결과를 모든 프로세스에 배포하는 전체 축소^{all-reduce} 패턴이다.

작업 오케스트레이션

학습을 위한 피처 데이터 세트는 연산하거나 피처 저장소에서 가져와야 한다. 이는 피처를 연산하는 것과 저장소에서 가져오는 것의 조합이 될 때도 있다. 학습은 작업의 유향 비순환 그래프^{DAG, Directed Acyclic Graph}로 정의되고, 아파치 Airflow와 같은 표준 스케줄러가 내부적으로 사용된다.

학습 최적화

학습은 일반적으로 학습 데이터 세트 내의 데이터 샘플을 통해 실행된다. 각 학습 샘플에서 모델 계수는 역전파^{back propagation} 피드백을 통해 구체화된다. 최적화는 학습 프로세스의 속도를 높이기 위해 적용된다. 정교한 딥러닝 모델에는 수백만 개의 매개변수(가중치)가 있으며, 이를 처음부터 학습하려면 많은 양의 컴퓨팅 리소스 데이터가 필요하다. 전이 학습은 관련 작업에 대해 이미 훈련된 모델의 일부를 가져와 새 모델에서 재사용함으로써 이 중 많은 부분을 단축하는 기술이다.

분산 학습 오케스트레이터 패턴의 예로는 구글의 TensorFlow Extended^{TFX}(https://oreil.ly/8ZKi5)가 있다. 이 패턴은 학습 작업을 CPU와 GPU에 분산하기 위한 여러 가지 전략(MirroredStrategy, TPUStrategy, MultiWorkerMirroredStrategy, CentralStorageStrategy, OneServerStrategy)을 구현한다. 대량의 데이터 처리를 다루기 위해 Spark, Flink 또는 구글 Cloud Dataflow와 같은 분산 처리 프레임워크가 사용된다. 대부분의 TFX 컴포넌트는 아파치 Beam 위에서 실행되며, 이는 여러 실행 엔진에서 실행할 수 있는 통합 프로그래밍 모델이다. TFX는 확장 가능하며 Airflow와 Kubeflow를 즉시 지원한다. TFX에 다른 워크플로우 엔진을 추가할 수도 있다. 파이프라인을 새로 실행했을 때 매개변수의 하위 집합만 변경되는 경우, 파이프라인은 어휘 등의 데이터 전처리 아티팩트를 재사용할 수 있다. 대용량 데이터는 전처리 비용이 많이 든다는 점을 고려할 때 많은 시간을 절약할 수 있다. TFX는 파이프라인 구성 요소의 이전 결과를 캐시에서 가져와 학습을 최적화한다.

분산 학습 오케스트레이터 패턴의 강점은 처리를 분산하고 가능할 때마다 최적화해 학습 속도를 높일 수 있다는 것이다. 이 패턴의 약점은 제한된 ML 라이브러리, 도구, 하드웨어와의 통합이다. 전반적으로, 데이터 세트 크기가 증가함에 따라 이 패턴의 구현이 중요해진다.

자동 튜닝 패턴

자동 튜닝은 원래 모델 매개변수와 초매개변수를 튜닝하는 맥락에서 정의됐다. 오늘날 데이터 과학자들은 다양한 조합의 결과를 분석하고 검색 공간을 체계적으로 탐색해 모델 튜닝을 주도한다. 데이터 과학자는 여러 순열의 결과를 비교하고 사용할 최적의 모델 값을 결정한다. 자동 모델 튜닝 분야는 이 책의 범위를 벗어나는 포괄적인 분야다. 이 분야는 새로운 신경망 아키텍처를 설계하기 위해 진화 알고리듬을 사용하는 신경 아키텍처 검색을 기반으로 한다. 이는 인간보다 복잡하고 특정한 목표에 최적화된 아키텍처를 발견할 수 있어 유용하다. 구글 연구원인 꾸옥 레^{Quoc Le}와 바렛 조프^{Barret Zoph}는 논문(https://oreil.ly/xMT7W)에서 컴퓨터 비전 문제 Cifar10과 자연어 처리^{NLP} 문제 Penn Tree Bank에 대한 새로운 아키텍처를 찾기 위해 강화 학습을 사용했고 기존 아키텍처와 유사한 결과를 달성했다. 이에 대해 AutoGluon(https://oreil.ly/LeA7B), Auto-WEKA(https://oreil.ly/AXw0O), auto-sklearn(https://automl.github.io/auto-sklearn/master/), H2O AutoML(https://oreil.ly/jwZOM), TPOT(https://oreil.ly/FTa5k), AutoML(https://www.automl.org), Hyperopt (https://oreil.ly/1890p)와 같은 몇 가지 예제 라이브러리가 있다. 이러한 라이브러리를 통해 데이터 과학자는 랜덤 포레스트, 그라디언트 부스팅 머신^{gradient-boosting machine}, 신경망 등 다양한 유형의 ML 알고리듬에 적용할 수 있는 목적 함수 및 값 경계를 지정할 수 있다.

최근에는 그림 12-4에서 볼 수 있듯이 자동 튜닝의 정의가 전체 수명주기를 포함하도록 더 광범위해졌다. 이 패턴은 ML 커뮤니티에서 AutoML로 알려져 있다. 이 패턴의 예로는 모델 구축, 학습, 배포 프로세스의 전체 워크플로우를 자동화하는 구글의 AutoML 서비스가 있다(그림 12-5 참조).

자동 튜닝 패턴의 강점은 학습 서비스가 최적의 튜닝 값을 찾을 때 데이터 과학자의 생산성이 향상된다는 것이며, 이 패턴의 약점은 무차별 대입 순열을 탐색하기 위해 컴퓨팅 리소스가 필요하다는 것이다. 전반적으로, 이 패턴은 복잡한 딥러닝 모델에서 값을 찾는 데 있어 중요하다.

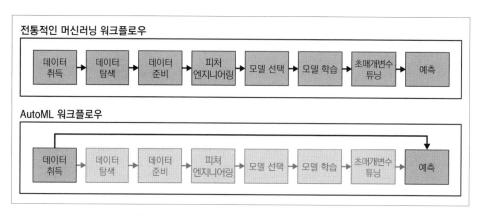

그림 12-4 기존 ML 워크플로우와 AutoML의 비교(Forbes(https://oreil.ly/3zG5Z))

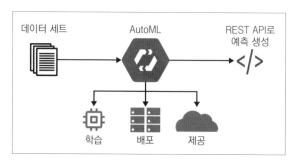

그림 12-5 구글 AutoML 서비스의 예(구글 Cloud(https://oreil.ly/tQ01a))

데이터 인식 지속적 학습

데이터 인식 지속적 학습 패턴은 배포된 모델의 학습을 최적화해 데이터 변경 사항을 반영한다. 모델 재학습은 스케줄 기반 또는 온라인 방식으로 수행할 수 있으며, 여기서 각각의 새 데이터 샘플이 새로운 모델을 재교육하고 생성하는 데 사용된다. 고정된 스케줄에 따라 작업을 호출하는 패턴과 달리, 이 패턴은 데이터 기반이므로 파이프라인 구성 요소의 특정 구성(예: 새 데이터의 가용성 또는 업데이트된 데이터 어휘)의 존재에 의해 작업이 트리거될 수 있다.

패턴은 다음 빌딩 블록으로 구성된다.

메타데이터 추적

메타데이터는 현재 모델, 파이프라인 구성 요소의 실행 통계, 학습 데이터 세트 속성과 관련된 세부 정보를 포착한다. 각각의 실행에 대한 파이프라인 구성 요소의 실행 통계는 디버깅, 재현성, 감사를 지원하기 위해 추적한다. 학습 데이터 세트는 움직이는 타임 윈도우 또는 사용 가능한 전체 데이터로 구성할 수 있다. 메타데이터는 파이프라인이 이전 실행에서 재사용할 수 있는 결과를 찾는 데 도움이 된다. 예를 들어 매시간 딥러닝 모델을 업데이트하는 파이프라인은 해당 시점까지 누적된 모든 데이터에 대해 재학습할 필요가 없도록 이전 실행에서 모델의 가중치를 다시 초기화해야 한다.

오케스트레이션

ML 파이프라인 구성 요소는 데이터 아티팩트의 가용성에 따라 비동기적으로 트리거된다. ML 구성 요소가 처리를 완료하면 메타데이터 스토어의 일부로 상태를 기록한다. 이는 구성 요소 간의 통신 채널 역할을 하며 그에 따라 반응할 수 있다. 이 게시/구독 기능을 사용하면 ML 파이프라인 구성 요소가 서로 다른 반복 간격에서 비동기적으로 작동해 최대한 빠르게 새로운 모델을 생성할 수 있다. 예를 들어, 트레이너trainer는 업데이트된 어휘를 기다릴 필요 없이 최신 데이터와 이전 어휘를 사용해 새 모델을 생성할 수도 있다.

유효성 검사

프로덕션을 시작하기 전에 모델을 평가한다. 유효성 검사는 모델 유형에 따라 다른 기법을 사용해 구현된다. 유효성 검사는 데이터 세트의 개별 데이터 조각에 대한 모델 성능을 포함한다. 유효성 검사에서는 고품질을 보장하기 위해 업데이트된 모델의 품질을 확인하는 것 외에도 데이터 품질에 대한 사전 보호 조치를 적용하고 모델이 배포 환경과 호환되는지 확인해야 한다.

전반적으로, 데이터 과학자는 새 데이터가 사용 가능해지고 모델이 재학습됨에 따라 데이터와 결과가 시간에 따라 어떻게 변하는지 검토할 수 있다. 이를 위해 오랜 기간 동안 모델 실행 비교가 필요하다.

패턴의 예로는 TFX$^{TensorFlow\ Extended}$가 있다. TFX는 메타데이터 추적을 위해 오픈소스 라이브러리인 MLMD^{MLMetadata}를 구현해 ML 파이프라인에 대한 메타데이터를 정의, 저장, 쿼리한다. MLMD는 메타데이터를 관계형 백엔드에 저장하며 모든 SQL 호환 데이터베이스로 확장할 수 있다. TFX 파이프라인은 DAG(유향 비순환 그래프)로 생성된다. TFX 구성 요소에는 드라이버^{driver}, 실행자^{executor}, 게시자^{publisher}라는 세 가지 주요 파트가 있다. 드라이버는 세계의 상태를 검사하고 수행해야 할 작업을 결정해 작업 실행을 조정하고 실행자에게 메타데이터를 제공한다. 게시자는 실행자의 결과를 가져와 메타데이터 스토어를 업데이트한다. MLMD에 게시된 상태는 평가, 학습, 유효성 검사와 같은 파이프라인의 다른 구성 요소에서 처리를 시작하는 데 사용된다. 평가자^{evaluator} 구성 요소는 트레이너가 생성한 EvalSavedModel과 원본 입력 데이터를 가져와 Beam 및 TensorFlow Model Analysis 라이브러리를 사용해 심층 분석을 수행한다. TFX ModelValidator의 유효성 검사를 위한 구성 요소는 Beam을 사용함으로써, 사용자가 정의한 기준을 사용해 비교를 수행하고 새 모델을 프로덕션으로 푸시할지 여부를 결정한다.

전반적으로, 데이터 인식 지속적 학습 패턴의 필요성은 모델 재학습에 적용되는 엄격성에 따라 달라진다. 패턴은 온라인 및 오프라인 모델 모두에 적용할 수 있지만, 온라인 방식으로 또는 스케줄 기준으로 재학습이 필요한 온라인 모델에 가장 적합하다.

요약

모델 학습은 본질적으로 시간이 많이 걸리며 전체 인사이트 시간이 늘어나게 할 수 있다. 정확성, 견고성, 성능, 편향 측면에서 학습된 모델의 학습 시간과 품질 간에는 트레이드오프가 있다. 모델 학습 서비스는 분산 학습, 자동 튜닝, 지속적 학습에 대한 임시 접근법으로 인해 발생하는 학습 관리의 우발적인 복잡성을 제거하는 것을 목표로 한다. 이 서비스는 많은 양의 데이터와 복잡한 ML 모델을 사용하는 배포에서 필수적이다.

13장
지속적 통합 서비스

지금까지 ML 모델의 인사이트와 학습을 구현하기 위한 변환 로직 구축을 다뤘다. 일반적으로 ML 모델 파이프라인은 소스 스키마 변경, 피처 로직, 종속 데이터 세트, 데이터 처리 구성, 모델 알고리듬, 모델 피처, 구성과 함께 지속적으로 진화한다. 이러한 변경은 새로운 제품 기능을 구현하거나 모델의 정확성을 개선하기 위해 데이터 사용자 팀이 수행한다. 전통적인 소프트웨어 엔지니어링에서는 코드가 팀 간의 여러 가지 변경 사항을 매일 적용해 지속적으로 업데이트된다. 이 장에서는 프로덕션에서 ML 모델 배포를 준비하기 위해 전통적인 소프트웨어 엔지니어링과 유사한 ML 파이프라인의 지속적 통합에 대한 세부 정보를 다룬다.

ML 파이프라인의 지속적 통합과 관련해서는 여러 가지 어려움이 존재한다. 첫 번째는 데이터, 코드, 구성과 관련된 ML 파이프라인 실험을 전체적으로 추적하는 것이다. 이러한 실험은 피처 분기로 간주될 수 있는데, 대부분의 분기가 트렁크와 통합되지 않는다는 차이점이 있다. 이러한 실험은 향후 디버깅뿐만 아니라 최적의 구성을 선택하기 위해 추적해야 한다. 깃허브와 같은 기존 코드 버전 관리 도구는 코드 변경 사항만 추적한다. 여기에는 학습 실험의 결과를 저장할 표준 위치도 없고 한 실험을 다른 실험과 쉽게 비교할 수 있는 방법도 없다. 둘째, 변경 사항을 확인하려면 테스트 환경에 배포할 수 있도록 ML 파이프라인을 패키징해야 한다. 하나의 소프트웨어 스택에서 실행되는 기존 소프트웨어와 달리 ML 파이프라인은 여러 라이브러리와 도구를 결합한다. 테스트 환경에서 프로젝트 구성을 재현하는 것은 임시방편이고 오류가 발생하기 쉽다. 셋째, 개발 또는 테스트 환경에서의 단위 및 통합 테스트는 프로덕션과 유사한 실제 데이터를 제공하지 않는다. 따라서 문제가 프로덕션으로 유출돼 코드 통합 시보다 디버그 및 수정 비용이 훨씬 더 많이 든다. 이러한 문제는 통합 시간이 늘어나게 만든다. 데이터 팀 구성원이 매일 ML 파이프라인을 수백 번 변경한다는 점을 고려할 때 통합 시간이 늘어나면 전체 인사이트 시간에도 영향을 미친다.

이상직인 지속적 통합 서비스는 변경 사항을 ML 파이프라인에 안정적으로 통합하는 프로세스를 자동화하는 것이다. 이 서비스는 ML 파이프라인 변경을 추적하고, 다양한 테스트 환경에 배포하기 위해 재현 가능한 패키지를 생성하고, 파이프라인 테스트 실행을 단순화해 문제를 감지한다. 이 서비스는 이러한 작업을 자동화함으로써 통합 시간과 프로덕션에서 유출되는 문제의 수를 줄인다. 이 서비스는 데이터 사용자 간의 공동 개발을 가능하게 해준다. 파이프라인 변경의 정확성을 테스트하는 일환으로 ML 모델이 학습되고 평가된다. 모델 학습은 12장에서 별도의 서비스로 다룬다.

여정 지도

그림 13-1은 코드에 대한 전통적인 지속적 통합 파이프라인을 보여준다. ML 모델이 비슷한 방식으로 모델 코드, 구성, 데이터 피처의 형태로 변경된다.

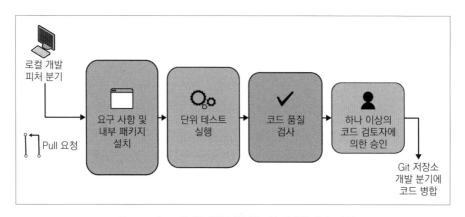

그림 13-1 소프트웨어를 위한 전통적인 지속적 통합 파이프라인

ML 파이프라인에서의 공동 작업

빌드 단계에서 데이터 과학자와 엔지니어 팀은 최상의 모델을 반복하고 찾기 위해 협력한다. 피처 파이프라인용 코드는 모델 알고리듬, 모델 매개변수, 초매개변수와 병렬로 개발된다. 일반적으로 팀은 ML 파이프라인을 전달하기 위한 마감 기한이 빠듯하며, 배포를 위해 메인 트렁크와 통합할 파이프라인에 안착하기 전에 많은 순열을 체계적으로 실험해야 한다. 오늘날 실험 추적, 배포 가능한 버전 빌드, 파이프라인 유효성 검사, 모델 학습, 모델 품질 평가, 최종 결과 추적은 임시방편으로 이뤄진다.

ETL 변경 사항 통합

피처 파이프라인은 다양한 데이터 소스에서 데이터를 읽고 기능으로 변환하는 ETL 코드로 작성된다. ETL 코드는 지속적으로 발전한다. 일반적인 시나리오로는 Spark와 같은 데이터 처리 프레임워크의 새 버전으로 이동하는 것, 성능 향상을 위해 Hive에서 Spark로 재작성하는 것, 소스 스키마가 변경되는 것 등이 있다.

ETL 변경은 포괄적인 단위, 기능, 회귀, 통합 테스트를 사용해 정확성을 검증해야 한다. 이러한 테스트는 파이프라인 코드가 견고하고 코너 케이스에 대해 올바르게 작동하는지 확인한다. 통합 프로세스의 첫 번째 단계로는 단위 테스트와 통합 테스트의 골든 테스트 묶음golden test suite을 실행한다. 이는 샘플 입력-출력 데이터의 결과를 비교하며 스모크 테스트smoke test라고도 한다. 이상적으로 통합 테스트는 실제 프로덕션 데이터를 사용해 견고성과 성능을 테스트해야 한다. 확장성 문제나 비효율적인 구현은 프로덕션에서 감지되지 않곤 한다. 오늘날에는 테스트가 코드의 일부로 작성되거나 별도로 관리될 수 있다. 또한 비즈니스 지표 대시보드를 생성하는 데 피처가 사용되는 경우, 데이터 사용자는 결과의 정확성을 확인해야 한다(사용자 수용 테스트라고 함). 오늘날의 접근 방식은 임시ad hoc 방식으로, 검증은 일반적으로 프로덕션 데이터를 대표하지 않는 소규모 데이터 샘플을 사용해 수행된다.

스키마 변경 검증

데이터 원본 소유자는 원본 스키마를 변경할 때 일반적으로 다운스트림 ML 파이프라인 사용자와 조정을 하지 않는다. 이러한 문제는 일반적으로 프로덕션에서 감지되며 상당한 영향을 미칠 수 있다. 변경 추적의 일부로 소스 스키마 변경을 감지하고 지속적 통합 서비스를 트리거해 이러한 변경의 영향을 사전에 검증해야 한다.

통합 시간 최소화

통합 시간은 정확성과 프로덕션 준비를 위해 ML 파이프라인을 추적, 패키징, 검증하는 데 필요한 시간이다. 여기에는 모델 훈련 시간도 포함된다(12장에서 별도로 다룸). 오늘날에는 수동 또는 임시 프로세스인 실험 추적, 재현 가능한 배포, 테스트 유효성 검사라는 세 가지 프로세스에 통합 시간이 소요된다.

실험 추적

ML 파이프라인은 데이터 세트, 코드, 구성의 조합이다. 실험 추적에는 데이터 세트 버전에 대한 단일 종단 간 뷰single end-to-end view, 모델 및 파이프라인, 피처 파이프라인 및 모델과 관련된 코드를 생성하는 것이 포함된다. 전통적으로 Jenkins와 같은 지속적 통합CI 도구는 코드 저장소에서 코드 커밋을 수신하고 유효성 검사 프로세스를 트리거한다. 마찬가지로, 실험도 추적돼야 하며 테스트 및 모델 학습과 관련된 결과가 다시 기록돼야 한다. 오늘날에는 실험 추적에 시간이 많이 걸리기 때문에 데이터 세트, 코드, 구성, 테스트 및 모델 학습의 결과에 대한 일관된 추적이 없는 상황에서는 최종 모델 선택 프로세스가 번거로워진다.

재현 가능한 배포

변경 사항을 통합하기 전에 먼저 정확성을 검증해야 한다. 이를 위해서는 테스트 환경에서 ML 파이프라인을 구축하고 배포해야 한다. 재현 가능한 환경을 보장하는 것은 어려운 일이다. Docker와 같은 컨테이너 기술을 사용해 코드와 구성을 패키징할 수 있지만, 데이터 세트의 올바른 버전을 가리키도록 데이터 세트의 버전을 지정하는 것은 어렵다. 로컬 또는 테스트 클러스터에 배포할 수 있는 재현 가능한 단일 파이프라인 패키징은 현재 오케스트레이션에서 호출되는 수동 스크립트와 함께 임시 방식으로 제공된다.

테스트 검증

테스트에서는 파이프라인이 프로덕션에 배포되기 전에 문제를 발견하기 위해 수많은 단위, 기능, 회귀, 통합 테스트를 실행한다. 여기에는 세 가지 유형의 과제가 있다.

문제 감지를 위한 포괄적인 테스트 작성

올바른 테스트의 정의에는 잘 정돈된^{hygiene} 소프트웨어 공학과 팀 기술이 결합된다. 대부분의 조직에서는 전통적인 소프트웨어와 동일한 수준의 엄격한 코드 커버리지를 ML 파이프라인에 적용하지 않는다.

현실적인 프로덕션 데이터 사용

대부분의 조직에는 분리된 QA, E2E^{End to End}, 프로덕션 환경이 있다. 비프로덕션 데이터는 일반적으로 데이터 샘플을 포함하며 대표성이 없다.

테스트를 실행하는 데 상당한 시간이 소요됨

할당된 리소스는 일반적으로 제한적이기 때문에 데이터 세트 크기에 따라서는 테스트가 상당한 시간 동안 실행될 수 있다.

요구 사항 정의

지속적 통합 서비스를 구축하는 데 필요한 세 가지 핵심 모듈은 다음과 같다.

실험 추적 모듈

코드, 구성, 데이터 세트와 관련된 ML 파이프라인 변경 사항의 E2E 표현으로 실험을 추적한다. 이에 해당하는 테스트 및 모델 학습 결과도 기록된다.

파이프라인 패키징 모듈

로컬 또는 클라우드에 배포할 ML 파이프라인의 재현 가능한 패키지를 생성한다.

자동화 모듈 테스트

버전 프로덕션 데이터를 사용해 최적의 테스트 실행을 조율한다.

이 절에서는 각 모듈의 요구 사항을 다룬다.

실험 추적 모듈

이 모듈의 목표는 ML 파이프라인에 영향을 미치는 변경 사항을 전체적으로 포착해 빌드-검증 프로세스에 통합할 수 있도록 하는 것이다. ML 파이프라인 변경은 크게 다음과 같은 범주로 나눌 수 있다.

구성 매개변수

피처 파이프라인 및 ML 모델 내에서 사용되는 모든 구성 가능한 매개변수

코드 버전

라이브러리, 프로그래밍 언어, 종속 코드 등의 버전

데이터 세트

ML 파이프라인의 일부로 사용되는 데이터 버전을 정의한다. 버전 관리를 사용하면 스키마, 배포와 같은 데이터 속성을 추적할 수 있다.

또한 실험 추적은 실험 결과 분석을 위한 속성을 기록한다. 여기에는 파이프라인 및 모델의 사용자 정의 지표와 레코드별 세부 정보(예: 코드 커버리지 메트릭code coverage metric, 모델 정

확도 등)가 포함된다. 측정 지표는 사용자에 의해 정의되며 성공적인 버전을 선택하기 위해 실험을 비교하는 데 유용한 측정 값으로 구성된다.

파이프라인 패키징 모듈

ML 파이프라인의 패키징은 CI/CD 스택 내에서 사용되는 기존 기술을 고려해야 한다. 주요 기술 버킷은 다음과 같다.

- Azure, AWS 등과 같은 클라우드 공급자
- Docker, Kubernetes 등과 같은 컨테이너 오케스트레이션 프레임워크
- Artifactory, Jenkins, S3 등과 같은 아티팩트 저장소
- Jenkins, CircleCI, Travis 등과 같은 CI 프레임워크
- AWS KMS, HashiCorp Vault 등과 같은 시크릿 관리secrets management

패키징의 일부로서 데이터 세트 버전의 취급을 명확히 하는 것이 중요하다. 파이프라인에 대한 입력 데이터는 프로덕션 데이터의 읽기 전용 버전으로 추적된다. 실험에서 생성된 출력 데이터는 별도의 네임스페이스에서 관리된다.

파이프라인은 로컬 또는 클라우드에서 패키징하고 배포할 수 있다. 일반적으로 테스트 또는 학습을 위해 파이프라인이 배포되는 QA, dev, E2E와 같은 여러 가지 환경이 있으며, 동시에 실행해야 하는 실험의 수에 따라 환경의 크기를 적절하게 조정해야 한다.

자동화 모듈 테스트

테스트에 사용되는 데이터의 크기는 의미가 있을 만큼 충분히 크고 테스트 속도를 높일 수 있을 만큼 작아야 한다. 일반적으로 프로덕션에서 발생하는 문제는 테스트 묶음test suite 패턴에 추가된다. 예를 들어, 소스 데이터 품질 문제가 프로덕션에서 만연한 경우 골든 테스트 묶음은 실제 프로덕션 데이터를 사용해 실행되는 품질 통합 테스트로 구성돼야 한다.

골든 테스트 묶음은 일반적으로 코드와 별도로 관리되며, 이러한 테스트와 관련해 코드 적용 범위 및 테스트 통과 기준에 대한 요구 사항을 정의할 수 있다. 다른 고려 사항으로는 테스트를 완료하는 데 걸리는 시간과 테스트 실행을 병렬화해야 하는 필요성이 포함된다.

구현 패턴

기존 작업 지도에 따라 메타데이터 카탈로그 서비스에 대한 자동화 수준은 세 가지가 있다(그림 13-2 참조). 각 수준은 현재 수동이거나 비효율적인 작업 조합을 자동화하는 것에 해당한다.

프로그래밍 가능한 추적 패턴

ML 모델 실험을 위해 사용자 정의 측정 항목을 추적할 수 있다.

재현 가능한 프로젝트 패턴

모든 환경에서 배포가 가능하도록 실험을 패키지화해 테스트 및 모델 학습을 지원한다.

테스트 검증 패턴

단위, 컴포넌트, 통합 테스트의 형태로 테스트한다. 이는 일반적인 소프트웨어 엔지니어링 관행과 유사하며 이 책의 범위를 벗어난다.

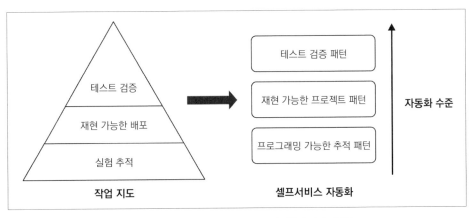

그림 13-2 지속적 통합 서비스를 위한 다양한 수준의 자동화

프로그래밍 가능한 추적 패턴

이 서비스는 ML 파이프라인 실험의 일부로서 코드, 구성, 데이터 세트에 대한 세부 정보를 추적한다. 프로그래밍 가능한 추적 패턴을 통해 데이터 과학자는 실험 추적의 일부로 모든 측정 항목을 추가할 수 있다. 측정 항목을 추가하는 패턴은 모든 프로그래밍 환경(예: 독립 실행형 스크립트 또는 노트북)에서 일관적이다. 이 패턴을 사용해 추적되는 측정 항목의 일반적인 예는 다음과 같다.

- 학습 작업의 시작 및 종료 시간
- 누가 비즈니스 컨텍스트의 모델과 세부 사항을 학습시켰는가?
- 각 피처의 분포 및 상대적 중요성
- 다양한 모델 유형에 대한 특수한 정확도 지표(예: ROC 곡선, PR 곡선과 이진 분류기에 대한 혼동 행렬)
- 모델 시각화를 위한 통계 요약

이 패턴은 데이터 처리를 위한 추적 라이브러리와 Spark, Spark MLlib, Keras 등과 같은 ML 라이브러리를 통합해 구현된다. 패턴 구현의 예로는 MLflow Tracking(https://

oreil.ly/QPDKd)이 있다(그림 13-3 참조). 이 패턴은 매개변수, 코드 버전, 지표, 출력 파일을 로깅하기 위한 API와 UI를 제공한다. 데이터 사용자는 ETL 또는 모델 프로그램 내에서 매개변수, 지표, 아티팩트를 추적할 수 있다. 결과는 로컬 파일 또는 서버에 기록된다. 데이터 사용자는 웹 UI를 사용해 여러 실행의 출력을 보고 비교할 수 있다. 팀은 또한 도구를 사용해 다른 사용자의 결과를 비교할 수도 있다.

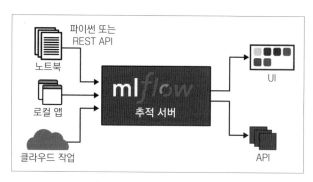

그림 13-3 오픈소스 MLflow 추적(데이터브릭스(https://oreil.ly/12n_T))

원활한 실험 추적이 구현되지 않았을 때, 모델을 구축하고 배포했지만 데이터, 코드, 구성 세부 정보의 조합이 체계적으로 추적되지 않아 재현이 불가능한 실제 사례가 있었다.

재현 가능한 프로젝트 패턴

테스트 또는 개발 환경에서 배포하기 위해 ML 파이프라인이 자체 포함self-contained된 재현 가능한 패키지를 구축하는 것이 이 패턴의 목표다. 이는 재현성, 확장성, 실험을 위한 다른 유스 케이스에도 적합하다. 이 패턴은 적절한 종속성을 가진 배포 환경을 자동으로 생성하고 프로젝트를 실행하기 위한 표준화된 CLI 또는 API를 제공한다.

ML 파이프라인 자체 포함 패키징을 생성하기 위해 다음 내용이 패턴에 포함된다.

파이프라인 컴포넌트의 호출 순서

이 순서는 일반적으로 DAG로 표현되는 컴포넌트를 호출하는 순서다.

코드 버전

코드 버전은 본질적으로 깃허브 또는 다른 버전 관리 저장소의 피처 분기다. 코드에는 파이프라인 컴포넌트와 모델 알고리듬이 포함된다. 일반적으로 단위 테스트와 골든 테스트 묶음도 동일한 프로젝트 패키징에 포함된다.

파이프라인의 컴포넌트를 위한 실행 환경

여기에는 라이브러리와 기타 종속성의 버전이 포함되고, 일반적으로 Docker 이미지다.

데이터 버전

파이프라인과 함께 사용되는 소스 데이터 세트다.

패턴의 예로는 재사용 가능한 데이터 과학 코드를 패키징하기 위한 표준 형식을 제공하는 MLflow 프로젝트(https://oreil.ly/FSfc1)가 있다. 각 프로젝트는 단순히 코드 또는 Git 저장소가 있는 디렉터리이며, 설명자^{descriptor} 파일을 사용해 종속성과 코드 실행 방법을 지정한다(그림 13-4 참조). MLflow 프로젝트는 MLproject라고 하는 간단한 YAML 파일로 정의된다. 프로젝트는 Conda 환경을 통해 종속성을 지정할 수 있다. 프로젝트에는 명명된 매개변수를 사용해 실행을 호출하기 위한 여러 진입점이 있을 수도 있다. 명령줄에서 `mlflow run`을 사용해 프로젝트를 실행할 수 있으며, MLflow는 프로젝트에 적합한 환경을 자동으로 설정하고 실행한다. 또한 프로젝트에서 MLflow 추적 API를 사용하는 경우 MLflow는 실행된 프로젝트 버전(Git 커밋)과 모든 매개변수를 기억한다.

전반적으로, 이 패턴의 강점은 ML 파이프라인의 모든 측면을 포착해 실험 결과를 재현할 수 있도록 하는 표준화된 접근 방식이다. 약점은 패턴이 프로덕션 배포에 필요한 리소스 확장 요구 사항을 고려하지 않는다는 것이다. 전반적으로, 이 패턴은 ML 파이프라인의 패키징을 자동화하는 데 중요하며 모든 환경에서 유연하게 재현할 수 있다.

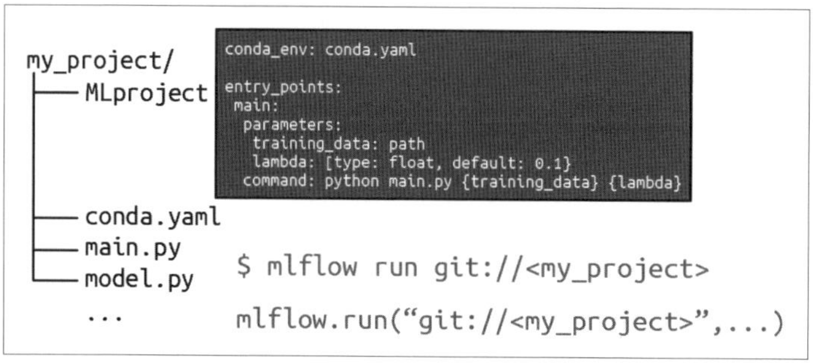

그림 13-4 MLflow 프로젝트에서 정의한 프로젝트 구조(네이터브릭스(https://oreil.ly/GeT3Z))

요약

지속적 통합은 코드 변경 사항을 지속적으로 통합하고 테스트해 문제를 사전에 발견하도록 보장하는 소프트웨어 엔지니어링 관례다. ML 파이프라인에 동일한 원칙을 적용하면 실험을 메인 코드 트렁크main code trunk에 대한 분기로 처리할 수 있다. 지속적 통합 서비스의 목표는 최적의 ML 파이프라인을 찾기 위해 실험을 추적, 구축, 테스트하는 것이다. 이 프로세스는 탐색 프로세스에서 최적이 아닌 대부분의 실험을 폐기하기는 하지만, 여전히 디버깅에 유용하며 향후 실험을 설계하는 데 도움이 된다.

14장

A/B 테스트 서비스

이제 데이터 및 ML 파이프라인을 운영해 프로덕션에 대한 인사이트를 생성할 준비가 됐다. 인사이트를 생성하는 방법에는 여러 가지가 있으며, 데이터 사용자는 프로덕션에 배포할 방법을 선택해야 한다. 최종 고객의 주택 가격을 예측하는 ML 모델의 예를 생각해보겠다. 이 인사이트를 위해 개발된 동일하게 정확한 모델이 두 개 있다고 가정해보자. 어느 것이 더 나을까? 이 장에서는 다수의 모델이 배포되고 서로 다른 고객 세트에 제공되고 있는 점점 증가하는 추세에 주목한다. 목표는 고객 사용의 행동 데이터를 기반으로 더 나은 모델을 선택하는 것이다. A/B 테스트(버킷 테스트, 분할 테스트 또는 제어된 실험이라고도 함)는 제품 변경, 새로운 기능 또는 제품 성장과 관련된 가설을 통해 사용자 만족도를 평가하는 일반적인 접근 방식으로 자리매김하고 있다. A/B 테스트는 표준으로 자리잡고 있으며 데이터 기반 결정을 내리는 데 널리 사용된다. ML 모델, 비즈니스 리포트, 실험 전반에 걸쳐 일관된 지표 정의가 적용되도록 하려면 A/B 테스트를 데이터 플랫폼의 일부로 통합하는 것이 중요하다. A/B 테스트 자체만으로도 복잡하게 책을 가득 채울 수 있지만, 이 장에서는 데이터 사용자를 위한 출발점으로서 데이터 플랫폼의 맥락에서 핵심 패턴을 다룬다.

온라인 제어 A/B 테스트는 데이터 기반 결정을 내리기 위해 다양한 회사에서 활용된다. 코하비[Kohavi]와 톰케[Thomke](https://oreil.ly/4jouE)가 언급했듯이 A/B 테스트는 검색 엔진(예: 구글, Bing, Yahoo!), 소매 업체(예: 아마존, 이베이, 엣시[Etsy]), 소셜 네트워킹 서비스(예:

페이스북, 링크드인, 트위터), 여행 서비스(예: 익스피디아^{Expedia}, 에어비앤비, 부킹닷컴) 등 프론트엔드 사용자 인터페이스 변경부터 백엔드 알고리듬에 이르기까지 모든 곳에 사용된다. A/B 테스트는 동일한 웹 페이지의 변형을 여러 방문자 세그먼트에 동시에 표시하고 어떤 변형이 더 많은 전환을 유도하는지 비교하는 방법이다. 일반적으로 더 높은 전환을 제공하는 것이 성공한 변형이다. 성공의 지표는 실험 및 테스트 중인 구체적 가설에 따라 다르다.

수^{Xu}와 그 연구진(https://oreil.ly/cVUEf)이 언급한 것처럼, 내규모 A/B 테스트를 실행하는 것은 단순히 인프라와 모범 사례의 문제가 아니라 의사 결정 과정의 일부로서 강력한 실험 문화가 포함돼야 한다. 실험 문화에는 다양한 A/B 테스트 플랫폼에 필요한 기본 기능을 구축하는 것 외에도 A/B 테스트 실험에 대한 포괄적인 추적, 다중 동시 테스트 단순화, 비즈니스 보고와의 통합이 필요하다. A/B 테스트 실험에서 신뢰할 수 있는 인사이트를 얻으려면 견고한 통계 기반뿐만 아니라 모든 데이터 파이프라인에서의 원활한 통합 및 모니터링과 다양한 품질 검사가 필요하다.

온라인으로 제어되는 A/B 실험을 대규모로 배포하려면 웹 사이트, 모바일 앱, 데스크톱 애플리케이션에서 동시에 실행되는 수백 개의 실험을 지원해야 하는데, 이는 어려운 과제다. 여기에는 몇 가지 핵심이 되는 고충 사항이 있다. 첫째, A/B 테스트 실험을 올바르게 구성하는 것은 쉽지 않은 일이고, 변이 모집단에 걸쳐 관심 지표에 통계적으로 유의미한 차이를 초래하는 불균형이 없는지 확인해야 한다. 또한 고객이 동시에 실행되는 다양한 실험의 변형 간 상호 작용에 노출되지 않도록 하는 것이 중요하다. 둘째, 대규모 A/B 테스트 실험을 실행하려면 성능이 뛰어나고 확장 가능한 방식으로 변형을 할당해 생성하고 제공해야 한다. 클라이언트 측 실험의 경우 소프트웨어는 주기적으로만 업데이트되므로 제품 기능을 켜고 끄려면 온라인 구성이 필요하다. 셋째, A/B 테스트 실험 결과 분석은 계산해야 할 지표를 기반으로 한다. 정의와 관련해 일치하지 않는 일회성 지표를 정의하는 데 상당한 시간이 소요돼 신뢰할 수 없는 분석으로 이어진다. 실험의 신뢰성과 고객 경험이 손상되지 않음을 보장하도록 자동으로 최적화하는 것은 광범위한 데이터 사용자에게 적용하기 어렵다. 이러한 어려움은 실험을 올바르게 구성하고 대규모로 실행하며 결과를 분석하고 최적화하는 측면에서 A/B 테스트 시간에 영향을 미친다. 이러한 측면은 전체 인사이트 시간에도 영향을 준다.

이상적인 셀프서비스 A/B 테스트 서비스는 A/B 테스트 설계 프로세스를 단순화하고 통계적 유의성, 불균형 할당, 실험 상호 작용의 복잡성을 숨긴다. 또한 확장^{scaling}과 성능 변형^{performance-variant}의 할당을 자동화하고 지표 정의, 수집 자동화, 지표 생성 랭글링을 위한 도메인 언어를 제공한다. 마지막으로, 실험 품질을 자동으로 확인하고 선정된 변형에 대한 할당을 최적화한다. 전체적으로 데이터 사용자는 이 서비스를 통해 서비스 수명 주기 동안 실험을 구성, 시작, 모니터링, 제어할 수 있다. 실험 설계에 대한 정보를 제공하고 실험 실행 매개변수를 결정하며 실험 소유자가 결과를 해석할 수 있도록 지원함으로써 전체 인사이트 시간을 단축한다. 실제 많은 기업은 구글(https://oreil.ly/wSK9U), 마이크로소프트(https://oreil.ly/LCwfy), 넷플릭스(https://oreil.ly/IWBgc), 링크드인(https://oreil.ly/JqAXV), 우버(https://eng.uber.com/xp), 에어비앤비(https://oreil.ly/2RgVE)와 같은 셀프서비스 실험 플랫폼을 사용한다. 몇 가지 오픈소스의 예로는 클라우데라의 Gertrude(https://oreil.ly/O2_0v), 엣시의 Feature Flagging(https://oreil.ly/5K7rR), 페이스북의 PlanOut(https://oreil.ly/sIXwy)이 있다. 그림 14-1은 인튜이트의 오픈소스 실험 플랫폼인 Wasabi의 스크린 샷을 보여준다.

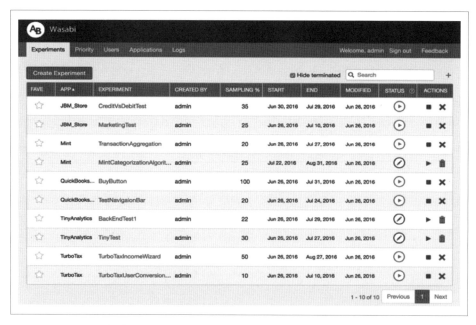

그림 14-1 인튜이트의 오픈소스 실험 플랫폼 Wasabi(깃허브(https://oreil.ly/u5jSI))의 스크린 샷

여정 지도

먼저 기본적인 A/B 테스트 개념부터 살펴본다.

요인^{factor}(또는 변수^{variable})

> 종속 반응을 생성하기 위해 독립적으로 변경할 수 있는 변수다. 요인에는 일반적으로 수준^{level}이라는 할당된 값이 있다. 예를 들어, 웹 페이지의 배경색을 변경하는 것이 요인이다.

실험군^{treatment}(또는 변형^{variant})

> 현재의 시스템은 '챔피언'으로 여겨지고 있는 반면, 실험군은 개선을 시도하는 수정이며 '도전자'로 알려져 있다. 실험군은 하나 이상의 요인에서 수준(또는 수준들)을 변경하는 것이 특징이다.

실험 단위

실험 단위는 무작위로 실험군에 할당될 수 있는 물리적 개체다. 이는 실험 또는 분석이 행해지는 개체다(예: 방문자, 사용자, 고객 등). 굽타^{Gupta}와 그 연구진에 의해 관찰된 바(https://oreil.ly/Ov9OS)와 같이, 실험이 올바르게 설계되고 실행되면 두 변형 간에 일관되게 다른 유일한 것은 변수 X의 변화다. 외부 요인은 대조군과 실험군 간에 균등하게 분포하므로 실험 결과에 영향을 미치지 않는다. 따라서 두 그룹 간의 지표 차이는 변경 X(또는 통계 테스트를 사용해 배제하는 무작위 확률)에 기인해야 한다. 이는 제품의 변화와 사용자 행동의 변화 사이에 인과 관계를 설정하며, 소프트웨어의 새로운 기능을 평가하기 위해 통제된 실험을 널리 사용하는 주된 이유다.

샘플

동일한 대조군을 제공받는 사용자 그룹

전체 평가 기준 OEC, Overall Evaluation Criteria

실험이 달성하고자 하는 척도, 목적 또는 목표를 나타낸다. 이는 서로 다른 대조군에 대한 반응을 비교하는 데 사용되는 지표다. 실험이 실행되는 동안 시스템과의 사용자 상호 작용이 기록되고 지표가 계산된다.

실험은 설계, 실행, 분석의 반복적인 사이클이다(그림 14-2 참조). 실험 분석은 가설 생성, 실험 설계, 실험 실행, 의사 결정 과정 중의 사후 실험을 포함해 실험의 전체 수명주기 동안 수행된다. 다음은 구체적인 실험 단계다.

가설 생성

이 프로세스는 일반적으로 낮은 전환율 또는 높은 감소율과 같이 개선할 영역을 식별하기 위해 데이터를 수집하는 것으로 시작된다. 목표가 파악되면, 아이디어가 현재 버전보다 나은 이유에 대한 가설과 A/B 테스트 아이디어를 생성한다. 지난 실험의 결과는 새로운 가설을 보여주며, 새로운 가설이 OEC에 얼마나 영향을 미칠지 추정하고 기존 아이디어의 우선순위를 정하는 데 도움이 된다. 이 단계에서 실험 소유자는 목표 지표를 개선한 실험을 포함한 이전의 다른 실험들을 조사한다.

기능 설계 및 구현

웹 사이트 또는 모바일 앱 경험의 요소에 대해 원하는 변경 사항이 구현되고 그 변경 사항이 올바른지 확인한다. 요소를 보여주는 코드는 실험 시스템을 통해 켜고 끌 수 있는 방식으로 클라이언트에 배포돼야 한다.

실험 설계

실험 설계 중에 다음과 같은 핵심 질문에 답하기 위해 분석을 수행한다. 청중audience 할당에 어떤 무작위화 방식을 사용해야 하는가? 실험 실행 기간은 얼마나 되는가? 할당된 트래픽의 비율은 얼마인가? 불균형을 최소화하기 위해 어떤 무작위화 시드seed를 사용해야 하는가?

실험 실행

실험이 시작되고 사용자는 대조군 또는 변형 경험variant experience에 할당된다. 각 경험과의 상호 작용을 측정, 계산, 비교해 각 경험이 어떻게 작동하는지 판단한다. 실험이 실행되는 동안 분석은 다음 두 가지 핵심 질문에 답해야 한다. a) 실험이 사용자에게 허용할 수 없는 피해를 유발하는가? b) 신뢰할 수 없는 실험 결과를 산출하는 데이터 품질 문제가 있는가?

결과 분석

대조군과 변형 간의 차이를 분석하고 통계적으로 유의한 차이가 있는지 확인하는 것이 목표다. 이러한 모니터링은 동시 실행 중인 다른 실험들과의 상호 작용을 포함해 다양한 문제를 확인하면서 실험 내내 계속돼야 한다. 실험 중에는 분석에 기초해 위해가 감지되면 실험을 중지하거나, 지표 이동을 확인하거나, 다른 사용자와 다르게 동작하는 특정 사용자 세그먼트를 조사하는 등의 조치를 제안할 수 있다. 전반적으로, 분석은 실험 데이터가 신뢰할 수 있는지 확인하고 왜 실험군이 대조군보다 좋거나 나쁜지 이해할 수 있게 해야 한다. 다음 단계는 제안 사항을 출하하거나 출하하지 않거나 혹은 테스트할 새로운 가설을 수립하는 것일 수 있다.

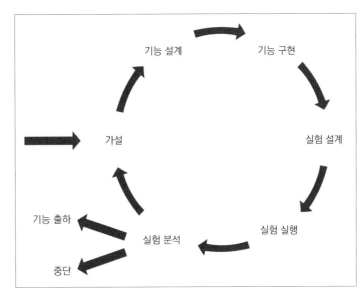

그림 14-2 반복 A/B 테스트 루프(굽타 연구진(https://oreil.ly/H6h7F))

A/B 테스트 시간 최소화

A/B 테스트 시간에는 실험 설계, 대규모 실행(지표 분석 포함), 최적화가 포함된다. 하나의 성공 기준은 잘못된 실험 크기가 통계적 유의성을 달성하지 못하게 하거나 릴리스 주기 시간을 낭비하는 것을 방지하는 것이다.

또 다른 기준은 피해를 감지하고 나쁜 사용자 경험에 대해 실험 소유자에게 경고해 수익 손실과 사용자 이탈을 방지하도록 하는 것이다. 마지막 기준은 잘못된 결론으로 이어질 수 있는 다른 실험과의 상호 작용을 감지하는 것이다.

실험 설계

이 단계는 청중 선택을 포함하며 기능 설계에 따라 다르다. 이는 시장 세그먼트, 브라우저, 운영체제, 모바일/데스크톱 앱 버전 또는 지난 달에 제품에 다섯 번 로그인한 사용자에 대한 복잡한 타기팅 등 타기팅 또는 트래픽 필터를 사용해 수행된다. 설계는 단일 요인 대 다중 요인 검정, 즉 처리가 단일 요인의 값에 해당하는 검정과 여러 요인의 여러 값에 해당하는 실험군을 비교하는 검정을 고려해야 한다. 실험은 실험 기간 동안 샘플 크기의 통계적 유의성을 보장해야 한다. 일반적으로 실험 기간은 과거 트래픽을 기반으로 추정된다. 무작위 불균형을 감지하기 위해 A/A로 실험을 시작하고(즉, 처리 및 제어가 동일함) 며칠 동안 실행 후 불균형이 감지되지 않는지 확인한다. 일반적으로 여러 실험이 동시에 실행되며 사용자가 여러 중복 실험에 할당되지 않도록 할당을 추적한다.

대규모 실행

이 단계에는 클라이언트 측(예: 모바일 앱) 또는 서버 측(예: 웹 사이트)에서 대규모로 실험을 실행하는 것이 포함된다. 애플리케이션에는 실험을 위해 REST 엔드포인트를 호출해 적격한 실험, 실험군, 요인을 결정하는 신 서비스 클라이언트^{thin service client}가 필요하다. 세분화^{segmentation}를 포함하지 않는 간단한 실험은 로컬에서 실행할 수 있지만, 다른 쿼리는 세분화를 위해 속성을 쿼리해야 할 수도 있고 일반적으로 원격 호출이 필요할 수 있다. 할당 롤아웃^{assignment rollout}은 일반적으로 카나리아 롤아웃^{canary rollout}[1]부터 시작해 점진적으로 수행된다.

실험을 확장하려면 광범위한 데이터 사용자가 사용할 수 있는 새로운 지표를 정의하고 검증할 수 있는 쉬운 방법을 제공하는 것이 중요하다. 실험을 평가하기 위한 지표를 생성하는 데는 대규모 지표를 효율적으로 계산하는 작업이 포함된다. 여기에는 몇 가지 과제가 있다. 첫째, 제품 사용자는 로그인하거나 회원 등록을 하지 않았을 때 브라우징할 수 있기 때문에 사용자 활동의 상관관계를 파악하기 어렵다. 또한 제품 사용자는 (웹과 모바일 간에) 장치를 전환하므로 상관관계가 더욱 복잡해진다. 따라서 실험에 사용된 지표가 비즈니스 대시보드와 일치하는지 확인하는 것이 중요하다. 둘째, 수천 개의 보고서를 계

---

1   점진적 배포 방식 – 옮긴이

산해 테라바이트급 데이터를 처리하는 것은 매우 어려운 일이다. 여러 실험에 걸쳐 공통적으로 사용되는 연산을 캐싱하면 데이터 크기 축소와 성능에 도움이 된다.

실험 최적화

이 단계에는 실험을 모니터링하고 실험 할당을 최적화하는 작업이 포함된다. 실험이 시작된 후 로그를 지속적으로 분석해 실험이 통계적 유의성에 도달하고 고객 경험에 부정적인 영향이 없으며 교차 실험 간섭이 없다는 점을 보장한다. 최적화의 또 다른 차원은 잘 작동하는 변형에 대한 고객 트래픽을 자동으로 증가시키는 것이다.

실험을 추적하기 위해 풍부한 계측 로그를 사용해 셀프서비스 분석을 생성하고 실험 문제를 해결한다. 로그에는 고객 체험에 관련된 검증된 실험, 실험군, 페이지와 관련된 정보가 포함된다. 일반적인 주요 비즈니스 OEC는 획득^{acquisition}(가망 고객을 가입자로 전환), 참여^{engagement}(고객이 제품을 사용하는 빈도와 각 방문에 소비하는 시간), 유지^{retention}(고객별 전체 가입자 수 및 평생 가치)다.

이러한 지표들은 안정된 상태에 도달하는 데 시간이 걸린다. 보조 지표(예: 가입 수, 로그인 수 등)와 운영 지표(예: 가용성, 페이지 성능 등)를 추적해 실험이 잘 진행되고 있는지 컨펌^{confirm}하거나 거부한다.

구현 패턴

기존 작업 지도에 따라 실험 서비스에 대한 자동화 수준은 세 가지가 있다(그림 14-3 참조). 각 수준은 현재 수동이거나 비효율적인 작업 조합을 자동화하는 것에 해당한다.

실험 명세 패턴

실험 설계와 관련된 무작위화 및 실험 상호 작용 처리를 자동화한다.

지표 정의 패턴

실험을 평가하기 위한 지표 분석을 단순화해 실험 소유자가 실험과 관련된 인사이트를 추출하는 데 걸리는 시간을 줄인다.

자동화된 실험 최적화

실험 상태를 추적하고 변형 간의 트래픽 할당을 자동으로 최적화한다.

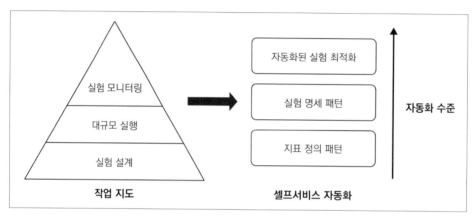

그림 14-3 A/B 테스트 서비스의 다양한 자동화 수준

실험 명세 패턴

이 패턴은 실험 설계를 턴키^{turnkey}로 만드는 데 중점을 둬서 실험 소유자가 수명주기 동안 실험을 구성, 시작, 모니터링, 제어할 수 있도록 한다. 실험을 확장하려면 이러한 작업을 단순화할 필요가 있다. 명세에는 청중 선택, 실험 크기 및 기간, 다른 실험과의 상호 작용, 무작위 설계가 포함된다. 이 절에서는 무작위화 및 실험 상호 작용에 대한 일반적인 접근 방식을 다룬다.

사용자가 변이로 무작위 배정되면 변이 모집단 간에 통계적으로 유의미한 차이를 초래할 수 있는 불균형 가능성이 있다. 이러한 무작위 불균형의 영향을 실험군의 영향에서 분리하는 것은 간단한 일이 아니다. 이 문제를 완화하기 위한 인기 있는 접근 방식 중 하나는 재랜덤화(https://oreil.ly/vOokI)다. 즉, 임의의 불균형이 감지되면 해시 시드의 재랜덤화와 함께 실험이 다시 시작된다. 무작위 불균형을 감지하는 몇 가지 방법은 다음과 같다.

- 실제 실험을 실행하기 전에 초기 며칠간 실행되는 A/A 실험(즉, 실험군과 대조군이 동일함)을 온전성 검사로 사용한다.
- 굽타와 그 연구진(https://oreil.ly/k8L2X)이 설명한 바와 같이 과거 데이터에 대한 후향적 A/A 분석을 사용한다.
- 과거 데이터를 사용해 실험을 위해 선택한 해시 시드로 해당 데이터에 대한 무작위화를 시뮬레이션한다. 현실에서는 가장 균형 잡힌 시드를 생성하기 위해 많은 후향적 A/A 분석을 동시에 수행한다.

실험 상호 작용의 맥락에서 사용자는 동시에 여러 실험에 할당될 가능성이 있다. 이것은 서로 다른 실험의 변형들 사이에서 상호 작용이 일어날 때 문제가 된다. 실험 상호 작용의 일반적인 예는 글꼴 색상과 배경 색상이 모두 동일한 값으로 변경되는 것이다. 잠재적으로 상호 작용하는 여러 실험을 동시에 실행하기 위한 일반적인 패턴은 그룹을 만들고 실험의 변형을 하나 이상의 그룹에 할당하는 것이며, 겹치는 그룹이 없는 변형을 동시 실험에 적용할 수 있다는 원칙이 적용된다. 구글의 실험(https://oreil.ly/FXofW)에서는 그룹을 레이어layer와 도메인domain으로 지칭한다. 마이크로소프트의 플랫폼(https://oreil.ly/OZ-0T)에서는 이를 격리 그룹이라고 한다.

지표 정의 패턴

이 패턴은 실험 분석에 필요한 지표 정의를 단순화한다. 이 패턴은 일회성 및 불일치 지표를 구현하는 대신 지표와 차원을 정의하는 DSL(도메인 특화 언어)을 제공한다. 실험 소유자는 비즈니스 지표 어휘(비즈니스 대시보드 및 보고서에 사용됨)를 사용해 실험 결과 분석을 위한 차원을 정의한다. DSL은 내부 표현으로 변환돼 SQL과 기타 빅데이터 프로그래밍 언어로 컴파일될 수 있다. 언어에 독립적인 DSL을 사용하면 다양한 백엔드 데이터 처리 메커니즘에서 상호 운용성이 보장된다. 이 패턴의 목표는 광범위한 사용자를 위해 새로운 지표를 추가하는 프로세스를 경량화하고 셀프서비스화하는 것이다. DSL의 예로는 마이크로소프트의 실험(https://oreil.ly/59XvI) 플랫폼과 에어비앤비의 지표 민주화(https://oreil.ly/izJYp)가 있다.

DSL은 지표 및 속성 카탈로그에 내장돼 있으며, 사용자 가입 상태와 같은 정적 속성에서 회원의 마지막 로그인 날짜와 같은 동적 속성에 이르기까지 다양하다. 속성은 매일 일괄 계산되거나 실시간으로 생성된다. 지표는 품질과 정확성에 대해 인증됐으며, 3장에서 다룬 피처 저장소의 일부로 일관되게 관리된다. 지표 플랫폼의 좋은 예는 링크드인의 Unified Metrics Platform(https://oreil.ly/VTHNt)이다.

자동화된 실험 최적화

이 패턴은 사용자 전반에 걸쳐 변형 할당을 자동으로 최적화하고 실험이 통계적 유의성과 고객 경험에 부정적인 영향을 미치지 않도록 올바르게 추세를 유지하도록 하는 것을 목표로 한다. 이 패턴에는 사용자 원격 측정 데이터의 집계 및 분석, 실험 지표에 대한 품질 검사, 자동화된 최적화 기술이라는 세 가지 빌딩 블록이 포함된다. 우리는 이러한 각 빌딩 블록의 세부 사항을 다룬다.

실험의 상태를 추적하기 위해서는 사용자가 경험할 것으로 예상되는 검증된 실험, 실험군, 페이지 형태의 원격 측정 데이터를 추적한다. 이는 사용자가 실제로 경험한 실험 및 실험군에 대한 애플리케이션 로그와 관련이 있다. 원격 측정 데이터는 일반적으로 클라이언트와 서버 모두에서 수집된다. 서버 측에서 수집하는 것이 업데이트가 더 쉽고 완전하며 지연이 적기 때문에 좋다.

굽타 연구진이 언급한 바(https://oreil.ly/Wy99H)와 같이, 실험 지표에 대한 가장 효과적인 검사는 카이-제곱 테스트를 사용해 구성된 비율과 변형에서 관찰된 사용자 수의 비율을 비교하는 SRM^Sample Ratio Mismatch(표본 비율 불일치) 테스트다. SRM이 감지되면 결과가 유효하지 않은 것으로 간주된다. 또 다른 검증 메커니즘은 A/A 실험으로, 실험군 효과가 없는 경우 p-값이 균일하게 분포될 것으로 예상한다. p-값이 균일하지 않으면 문제가 있다는 것이다. 다른 인기 있는 검사로는 T-검정, 음이항 검정, 순위 검정, 혼합 효과 모델이 있다.

변형 할당의 자동 최적화를 위한 많은 알고리듬이 있다. 가장 널리 사용되는 접근 방식은 다중 선택multi-armed bandit(https://oreil.ly/Yr6pJ)이다. 각 실험군(arm이라고 함)에는 성공 확률이 있으며, 실험을 시작할 때 성공 확률을 알 수 없다. 실험이 계속되면 각 부문에서 사용자 트래픽을 수신하고, 이에 따라 베타 분포가 업데이트된다. 먼저 어떤 실험 변형이 실적이 좋은지 조사한 다음 실적이 좋은 변형에 할당되는 사용자 수를 적극적으로 늘림으로써 착취와 탐색의 균형을 맞추는 것이 목표다. 이를 수행하기 위해 ε-탐욕 알고리듬, 톰슨 샘플링, 베이지안 추론 등과 같은 여러 기술이 적용된다.

요약

A/B 테스트는 기업이 더 나은 결정과 제품을 만들 수 있도록 도와준다. A/B 테스트 플랫폼을 민주화하는 것은 매우 중요하며, 새로운 팀이 실험을 통해 모든 단일 제품 기능 또는 버그 수정을 평가할 수 있도록 쉽게 참여하는 실험을 수행하게 한다. A/B 테스트는 각 실험에 대해 수집된 깊은 양의 정보를 지표와 차원 모두에서 활용함으로써, 어떤 것이 영향을 줬는지에 대한 답변을 넘어 왜 영향이 있었는지에 대한 답변을 제공하는 데 이르기까지 점점 진화하고 있다.

4부

셀프서비스 운영화

15장
쿼리 최적화 서비스

이제 프로덕션에서 인사이트를 운영할 준비가 됐다. 데이터 사용자는 대시보드, ML 모델 등의 형태로 인사이트를 생성하기 위해 비즈니스 로직을 작성했다. 데이터 변환 로직은 파이썬, 자바, 스칼라 등에서 구현된 SQL 쿼리나 빅데이터 프로그래밍 모델(예: 아파치 Spark, Beam 등)로 작성된다. 이 장에서는 쿼리 및 빅데이터 프로그램의 최적화에 초점을 맞춘다.

좋은 쿼리와 나쁜 쿼리 간의 차이는 상당히 크다. 예를 들어 실제 경험을 바탕으로 구현된 프로덕션 쿼리를 4시간 이상 실행하는 것은 드문 일이 아니며, 최적화 후 10분 이내에 실행할 수 있다. 반복적으로 실행되는 장기 실행 쿼리는 튜닝 대상이 된다.

데이터 사용자는 엔지니어가 아니기에 쿼리 튜닝 시 여러 가지 어려움이 발생한다. 첫째, Hadoop, Spark, Presto와 같은 쿼리 엔진에는 수많은 노브[knob]가 있다. 튜닝할 노브와 노브의 영향을 이해하는 것은 대부분의 데이터 사용자에게 쉬운 일이 아니며, 쿼리 엔진의 내부 작동에 대한 깊은 이해가 필요하다. 묘책은 없다. 쿼리의 최적 노브 값은 데이터 모델, 쿼리 유형, 클러스터 크기, 동시 쿼리 로드 등에 따라 다르다. 데이터의 규모를 고려하면, 다른 노브 값을 실험하기 위한 무차별 대입 방식도 실현 가능하지 않다.

둘째, 페타바이트[PB] 규모의 데이터를 고려할 때 분산 데이터 처리 모범 사례에 최적화된 쿼리를 작성하는 것은 대부분의 데이터 사용자에게 어렵다. 데이터 엔지니어링 팀은 종종 프로덕션에서 효율적으로 쿼리를 실행하기 위해 쿼리를 다시 작성해야 한다. 대부분의 쿼리 엔진과 데이터스토어는 구현에 특화된 쿼리 원시 요소를 갖고 있다. 이러한 기능을 활용하려면 많은 새로운 기술에 대한 학습 곡선$^{learning curve}$이 필요하다.

셋째, 쿼리 최적화는 일회성 활동이 아니라 실행 패턴에 기반해 진행된다. 쿼리 실행 프로필은 분할, 메모리, CPU 할당 등의 측면에서 런타임 속성을 기반으로 튜닝해야 한다. 쿼리 튜닝은 낮은 중단$^{low-hanging}$ 최적화를 목표로 초기 몇 번의 반복 후 이득이 감소하는 반복적인 프로세스다.

최적화 시간은 사용자가 쿼리를 최적화하는 데 소요한 시간을 나타낸다. 이는 두 가지 방식으로 전체 인사이트 시간에 영향을 미친다. 첫 번째는 데이터 사용자가 튜닝에 소요한 시간이고, 두 번째는 쿼리 처리를 완료하는 데 걸리는 시간이다. 프로덕션 환경에서 튜닝된 쿼리는 훨씬 더 빠르게 실행돼 전체 인사이트 시간을 크게 개선할 수 있다.

이상적인 쿼리 최적화 서비스는 데이터 사용자가 세부 정보를 이해하지 않고도 쿼리를 자동으로 최적화해야 한다. 이 서비스는 보이지 않는 곳에서 쿼리가 최적의 방식으로 작성됐는지 확인하고 구성 노브의 최적 값을 결정한다. 노브는 데이터 파티셔닝을 위한 연속 런타임 프로파일링, 분산 작업자 간의 처리 불균형 등을 포함해 처리 클러스터 및 쿼리 작업과 관련이 있다. 요약하면 쿼리 최적화는 최적화 시간, 쿼리를 실행하는 데 필요한 시간, 멀티테넌트 환경에서 처리하기 위한 기본 리소스 할당에 대한 사용자 생산성 보장 간의 균형을 유지하는 작업이다.

여정 지도

쿼리 최적화 서비스는 여정 지도의 다음 작업에서 핵심적 역할을 수행한다.

클러스터 막힘 방지

데이터 사용자가 인덱싱되지 않은 열 값에 대해 수십억 개의 행이 있는 테이블을 조인하는 복잡한 쿼리를 작성하는 시나리오를 생각해보자. 데이터 사용자는 쿼리를 실행하는 동안 완료하는 데까지 몇 시간 또는 며칠이 걸릴 수 있다는 것을 인식하지 못할 수 있다. 또한 SLA에 민감한 다른 쿼리 작업도 잠재적으로 영향을 받을 수 있다. 이 시나리오는 탐색 및 프로덕션 단계에서 발생할 수 있다. 잘못 작성된 쿼리는 클러스터를 막고 다른 프로덕션 작업에 영향을 미칠 수 있다. 오늘날 이러한 문제는 코드 검토 프로세스, 특히 프로덕션 단계에서 포착될 수 있다. 코드 검토는 실패할 수 있고 팀의 전문 지식 수준에 따라 달라진다.

런타임 쿼리 문제 해결

쿼리가 작동을 중지하고 OOM^{Out Of Memory}(메모리 부족) 문제로 인해 실패할 수 있다. 오류, 중단 또는 폭주하는 쿼리, SLA 위반, 변경된 구성 또는 데이터 속성, 아니면 클러스터를 막는 불량 쿼리와 같은 여러 시나리오가 런타임에 발생할 수 있다. 컨테이너 크기, 구성 설정, 네트워크 문제, 시스템 성능 저하, 잘못된 조인, 쿼리 로직의 버그, 최적화되지 않은 데이터 레이아웃 또는 파일 형식, 스케줄러 설정 등 디버깅해야 하는 다양한 문제가 존재할 수 있다. 오늘날 이러한 문제를 디버깅하는 것은 임시 방식으로 이뤄진다. 쿼리를 지속적으로 프로파일링하는 최적화 서비스는 문제를 발견하고 프로덕션 상황에서 문제를 피할 수 있도록 도와준다.

애플리케이션 속도 향상

프로덕션 환경에 배포되는 많은 애플리케이션이 점점 더 데이터 쿼리 성능에 의존하고 있다. 프로덕션에서 이러한 쿼리를 최적화하는 것은 최종 사용자의 애플리케이션 성능 및 응답성에 있어서 매우 중요하다. 또한 데이터 제품을 개발하려면 모델 생성 중에 대화형 임시 쿼리가 필요한데, 탐색 단계에서 실행한 빠른 쿼리의 도움을 받을 수 있다. 엔지니어링 팀은 현재 프로덕션에서 리소스를 많이 사용하고 오래 실행되는 상위 열 개 쿼리를 매주 검토하는 방식을 따르고 있다. 그다음 이러한 쿼리를 최적화 대상으로 지정하고 데이터 사용자와 협업하며, 필요한 경우 다시 작성한다.

최적화 시간 최소화

최적화 시간은 쿼리 최적화에 필요한 작업의 조합으로, 결과 생성을 위해 쿼리 실행에 필요한 시간을 줄여준다. 최적화 시간은 다음 세 가지 버킷에 사용된다.

- 모니터링 통계 집계
- 모니터링된 데이터 분석
- 분석 결과로 시정 조치 실시

통계 집계

쿼리 성능을 전체적으로 이해하려면 소프트웨어 스택의 모든 계층에서 통계를 수집해야 한다. 여기에는 다음과 관련된 통계가 포함된다.

- 인프라 수준(컴퓨팅, 스토리지, 네트워크, 메모리) 성능
- 운영체제 상태
- 리소스 관리자의 컨테이너 수준 통계
- 쿼리 클러스터 리소스 할당 및 활용
- 파일 액세스
- 파이프라인 및 애플리케이션 성능

모니터링 세부 정보는 과거 추세 및 이상 징후 분석을 위해 성능 카운터, 로그 형태로 기록되고 유지된다. 추가로, 이슈 디버깅 지원을 위해 설정 및 데이터 스키마의 변경 관리가 기록된다.

통계 집계는 큰 부담이 된다. 스택의 여러 계층에서 다양한 성능 카운터와 로그 메시지 형식을 관리해야 한다. 통계는 API를 활용해 수집되고 해석해야 하며 소프트웨어 버전 업그레이드로 업데이트해야 한다.

통계 분석

집계된 통계를 분석해 쿼리 성능 향상에 가장 효과적인 노브 및 최적화의 우선순위를 지정해야 한다. 이는 쿼리마다 다르며, 현재 상태를 분석하고 스택의 서로 다른 계층 간에 통계를 상호 연관시켜야 한다. 예를 들어 쉬^{Shi}와 그 연구진(https://oreil.ly/Raano)은 세 가지 다른 워크로드인 Terasort(테라바이트 데이터 정렬), N-gram(N-gram 데이터의 반전된 목록 계산), PageRank(그래프의 페이지 순위 계산)에 대한 Hadoop의 노브 튜닝을 비교했다. 그들은 Terasort 작업의 경우 데이터 압축 노브가 성능 향상에 가장 효과적이라는 것을 발견했다. 이와 비슷하게, Ngram 작업의 경우 Map Task 개수와 관련된 구성 노브가 중요했고 PageRank 작업은 작업 개수 감소의 영향을 가장 많이 받았다.

기존의 분석 접근법은 경험적이며 시간이 많이 걸린다. 접근법은 세 가지 범주로 나눌 수 있다.

쿼리 분석

언어 구조 검토, 관련 테이블의 카디널리티 검사, 인덱스/파티션의 적절한 사용이 포함된다.

작업 분석

데이터 프로파일링, 작업 병렬화, 데이터 압축, 런타임 실행 단계 분석, 데이터 처리의 왜곡, 맵 효율성, 실행자^{executor} 감소 등과 관련된 통계 검토를 포함한다.

클러스터 분석

작업 스케줄링, 크기 조정(하드웨어, 버퍼 풀 등), 컨테이너 설정, 실행 코어 수, 활용률 등과 관련된 통계를 포함한다.

핵심 도전 과제는 클러스터, 작업, 쿼리 속성 간의 상관관계를 분석해 주어진 설정에 중요한 노브의 우선순위^{prioritizing}와 순위^{ranking}를 결정하는 데 필요한 전문 지식이다. 분석은 처리를 적절하게 병렬화하기 위한 올바른 파티셔닝 키를 정의하는 측면에서 데이터 스키마 설계 또한 다룬다.

작업 최적화

쿼리 최적화에는 데이터 레이아웃, 인덱스 및 뷰, 노브 튜닝, 쿼리 계획 최적화와 같은 여러 요인이 포함된다. 루ᴸᵘ와 그 연구진(https://oreil.ly/ul3jm)은 이러한 요인을 쿼리 성능에 미치는 영향을 기반으로 매슬로우의 계층 구조로 나타낸다(그림 15-1 참조). 분석 단계는 성능을 최적화할 수 있는 노브 및 쿼리 변경 사항을 선택해 간략히 나열하고 우선순위를 정하는 데 도움이 된다.

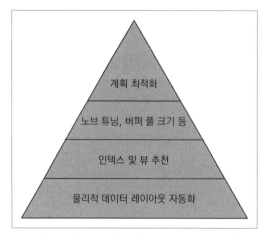

그림 15-1 쿼리 최적화 맥락 측면에서의 계층 구조(루 연구진(https://oreil.ly/JuEnk))

최적화는 반복적인 프로세스이며, 작업 전반에 걸쳐 새로운 가치를 결정하는 것은 어렵고 시간이 많이 걸리는 일이다. 소프트웨어 스택에서 많은 수의 노브를 감안하면 노브 기능 간의 높은 상관관계를 고려해야 한다(그림 15-2 참조). 노브는 성능에 비선형적인 영향을 미치며 일정 수준의 전문 지식을 필요로 한다. 쿼리 최적화는 전통적으로 스키마와 통계가 부족한 구조화되지 않은 데이터를 처리할 때 데이터 카디널리티에 의존해왔으며, 그 영향을 추정하는 것은 단순한 일이 아니다. 마지막으로 데이터 주기가 테라바이트 규모임을 고려할 때 반복 프로세스에는 변경 사항을 평가하는 시간이 필요하다.

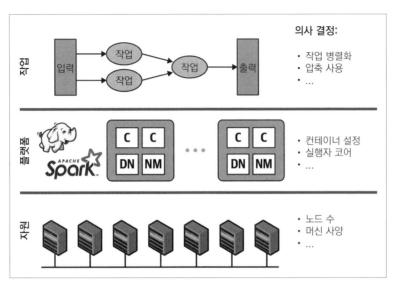

그림 15-2 소프트웨어 스택의 다양한 수준의 노브(루 연구진(https://oreil.ly/aU5NL))

요구 사항 정의

쿼리 최적화 서비스의 셀프서비스 자동화는 몇 가지 수준이 있다. 이 절은 현재 자동화 수준과 서비스 구현 요구 사항을 이해할 수 있도록 돕는다.

현재 고충 설문지

현재 상태를 파악하기 위한 세 가지 범주의 고려 사항이 있다.

기존 쿼리 워크로드

주요하게 고려할 측면은 프로덕션에서 실행 중인 임시, 예약, 이벤트 트리거 쿼리의 비율이다. 예약된 쿼리와 트리거 쿼리의 경우 이러한 쿼리의 일반적인 빈도가 잠재적 개선의 중요한 지표다. 또한 쿼리 처리에 관련된 데이터스토어, 쿼리 엔진의 다양성과 쿼리 실행의 일반적인 동시성 수준을 이해해야 한다.

최적화되지 않은 쿼리의 영향

평가할 주요 지표는 누락된 SLA 수, 처리 클러스터의 활용도 수준, 실패한 쿼리 수, 클러스터에서 쿼리가 예약될 때까지의 대기 시간, 쿼리 완료 시간의 차이(예: 반복 쿼리를 완료하는 데 걸리는 시간)다. 이러한 지표는 쿼리 최적화 서비스 구현 시의 잠재적인 개선 가능성을 보여주는 선행 지표다.

기존 튜닝 프로세스

쿼리 최적화에 대한 기존 프로세스를 이해해야 한다. 여기에는 쿼리 튜닝에 대한 사전 대응적 접근 방식, 코드 검토, 기본 시스템 이해와 관련된 전문 지식, 리소스 소비 쿼리의 주기적 검토가 포함된다.

상호 운용 요구 사항

쿼리 최적화는 쿼리 작성에 사용되는 프로그래밍 언어(파이썬과 스칼라), 백엔드 데이터스토어(Cassandra, Neo4j, Druid 등), 스트리밍 및 일괄 처리 엔진(Spark, Flink, Hive), 클라우드 및 사내 배포 환경(EC2와 Docker)과 상호 운용돼야 한다.

기능 요구 사항

최적화 서비스는 다음 기능을 구현해야 한다.

정적 쿼리 인사이트

올바른 원시 요소, 테이블 카디널리티와 기타 휴리스틱을 기반으로 쿼리를 개선하기 위한 권장 사항이다. 이상적으로는 클러스터의 처리에 영향을 미칠 수 있는 잘못 작성된 쿼리를 실행할 수 없도록 해야 한다.

동적 쿼리 인사이트

런타임 프로파일링, 전체 스택의 단일 창, 튜닝할 노브에 대한 권장 사항을 기반으로 한다. 작업 프로파일링은 연속적이며 쿼리가 실행될 때마다 통계를 사용한다.

쿼리 자동 튜닝

일반적인 시나리오의 경우, 권장 사항을 표시하는 대신 쿼리를 자동으로 조정할 수 있다.

비기능적 요구 사항

다른 소프트웨어 설계와 마찬가지로 쿼리 최적화 서비스 설계 시 고려해야 할 핵심 NFR 은 다음과 같다.

설명 가능성

서비스는 최적화 서비스에서 생성된 권장 사항의 추론을 이해할 수 있어야 한다.

중단 최소화

자동 튜닝을 사용할 때 서비스는 오탐을 최소화하고 튜닝 결과로 인한 부정적인 영향이 없도록 해야 한다.

비용 최적화

클라우드에서 쿼리 처리에 지출하는 비율이 높다는 점을 고려하면 최적화 서비스는 전체 비용 절감에 도움이 될 것이다.

구현 패턴

기존 작업 지도에 따라 쿼리 최적화 서비스에 대한 자동화 수준은 세 가지가 있다(그림 15-3 참조). 각 수준은 현재 수동이거나 비효율적인 작업의 조합을 자동화하는 것에 해당한다.

회피 패턴

잘못된 쿼리가 처리 클러스터를 방해하고 다른 쿼리에 영향을 미치지 않도록 한다.

운영 인사이트 패턴

쿼리 실행에서 런타임 프로파일링 통계 분석을 기반으로 한 인사이트를 제공한다. 운영 인사이트는 전체 스택을 모니터링하기 위한 단일 창에서 노브에 대한 권장 사항에 이르기까지 다양하다.

자동 노브 튜닝 패턴

작업 노브 값을 자동으로 조정하는 작업을 수행한다.

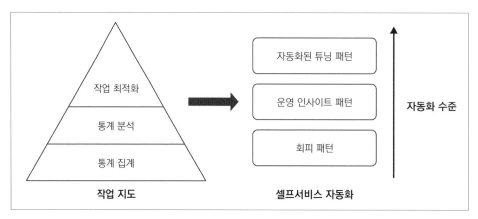

그림 15-3 쿼리 최적화 서비스를 위한 다양한 수준의 자동화

회피 패턴

이 패턴은 잘못 작성된 쿼리가 처리 클러스터를 막는 것을 방지하는 린트[lint][1] 역할을 한다. 이는 두 가지 유형의 오류를 방지하는 것을 목표로 한다. 첫 번째 목표는 매우 큰 테이블에 대한 복잡한 조인과 같이 데이터 모델 및 카디널리티에 대한 이해 부족으로 인한 우발적 실수를 방지하는 것이다. 두 번째는 서로 다른 데이터스토어와 관련된 쿼리 구문 및 모범 사례의 잘못된 사용을 방지하는 것이다. 다양한 전문 지식을 가진 데이터 사

---

1 소스 코드를 분석해 프로그램 오류, 버그, 스타일 오류, 의심스러운 구조체에 플래그를 달아놓기 위한 도구들을 가리킨다. – 옮긴이

용자의 범위를 고려할 때, 이 패턴은 안전 범위에서 벗어나지 않도록 보장하면서 셀프서비스 접근을 제공하는 데 핵심적인 역할을 한다.

회피 패턴은 쿼리를 실행할 수 있도록 제출하기 전에 쿼리의 정적 분석 중에도 적용할 수 있을 뿐만 아니라 쿼리를 작성할 때도 바로 적용할 수 있다. 이 패턴은 일반적으로 다음과 같이 작동한다.

데이터 세트에 대한 메타데이터 집계

이 패턴은 메타데이터 서비스를 활용해 통계(카디널리티, 데이터 품질 등) 및 데이터 유형(2장 참조)을 수집한다.

쿼리 구문 분석

쿼리를 원시 문자열에서 AST^Abstract Syntax Tree(추상 구문 트리) 표현으로 변환한다.

추천 제공

쿼리 원시 요소, 모범 사례, 물리적 데이터 레이아웃, 인덱스 및 뷰 권장 사항을 포함해 쿼리에 규칙을 적용한다.

패턴 설명을 위한 예로, 아파치 Calcite는 쿼리가 실행되기 전에 분석하는 데 도움이 되며, Hue는 잘못 작성된 쿼리 생성을 방지하는 IDE를 제공한다.

아파치 Calcite(https://oreil.ly/H7AeG)는 아파치 Hive, Storm, Flink, Druid 등과 같은 다수의 인기 있는 오픈소스 데이터 처리 시스템에 쿼리 처리, 최적화, 쿼리 언어 지원을 제공한다. Calcite의 아키텍처는 다음과 같다.

- 다양한 쿼리 언어를 처리할 수 있는 쿼리 프로세서. Calcite는 ANSI 표준 SQL뿐만 아니라 다양한 SQL 언어 및 확장(예: 스트리밍 또는 중첩된 데이터에 대한 쿼리 표현)을 지원한다.
- 관계형, 반정형, 스트리밍 등의 이기종 데이터 모델 및 저장소에 대한 확장성과 지원을 위해 설계된 어댑터 아키텍처

- 수백 개의 최적화 규칙이 내장된 모듈식 확장형 쿼리 최적화 도구이며, 엔지니어가 유사한 최적화 로직 및 언어 지원을 개발해 엔지니어링 작업의 낭비를 방지할 수 있는 통합 프레임워크

Hue(https://gethue.com)는 IDE 내의 잘못된 쿼리를 회피하는 예시를 제공한다. 넷플릭스의 Polynote(https://oreil.ly/_B5I4), 노트북 확장 프로그램 등에 유사한 기능이 있다. Hue는 두 가지 주요 패턴을 구현한다. a) 카디널리티 통계와 함께 테이블과 열을 자동으로 나열하고 필터링하는 메타데이터 검색을 제공한다. b) 모든 SQL 언어에 대한 쿼리 편집 자동 완성 기능을 제공하고, 유효한 구문만 표시하거나 키워드, 추가 시각화, 쿼리 형식화, 매개변수화에 대한 구문 강조 표시를 제공한다.

이 패턴의 강점은 프로덕션에서 상당한 디버깅 시간을 절약하고 프로덕션 배포에서 예기치 않은 상황을 방지한다는 것이다. 또한 패턴의 약점은 균일한 시행이 어렵고 일반적으로 팀 엔지니어링 문화에 따라 다르다는 것이다.

운영 인사이트 패턴

이 패턴은 소프트웨어 스택의 여러 계층에서 수집된 지표를 분석하는 데 초점을 맞추며, 실행 가능한 다양한 인사이트를 데이터 사용자에게 제공한다. 이는 실행 가능한 인사이트를 제공하기 위해 수백 개의 지표를 상호 연결하는 전문가를 보유한 것과 유사하다. 이 패턴은 노브 튜닝을 권장하기 위해 수집된 통계에 대한 상관관계 모델 모음이다. 예를 들어 애플리케이션 성능을 상호 연관시켜 코드 비효율성, 클러스터 리소스와의 경합이나 하드웨어 장애, 또는 비효율성(예: 느린 노드)과 관련된 애플리케이션 성능 문제를 분석한다. 또 다른 예로는 두 기간 간의 클러스터 활동, 집계된 클러스터 워크로드, 클러스터 사용량에 대한 요약 보고서, 차지백 보고서chargeback report 등을 분석해 클러스터 사용률을 상호 연관시키는 것이 있다.

일반적으로 이 패턴은 다음과 같이 작동한다(https://oreil.ly/AhbDU).

통계 수집

빅데이터 스택의 모든 계층에서 통계와 카운터를 가져온다. 통계는 정기적으로 최근에 성공한 응용프로그램과 실패한 응용프로그램의 작업 기록(작업 카운터, 구성, 작업 기록 서버에서 가져온 작업 데이터)에 연관된다.

통계 연관

여러 스택의 통계를 연관시켜 파이프라인에 대한 E2E 보기를 생성한다. 작업 오케스트레이터 세부 정보는 뷰를 연결하는 데 도움을 줄 수 있다.

휴리스틱 적용

모든 통계가 집계되면 일련의 휴리스틱 세트를 실행해 개별 휴리스틱과 작업 전체의 수행 방법에 대한 진단 보고서를 생성한다. 이는 서로 다른 심각도 수준으로 태깅돼 잠재적인 성능 문제를 나타낸다.

패턴 설명의 예로 Sparklens와 Dr. Elephant는 운영 인사이트를 제공하는 인기 있는 오픈소스 프로젝트다.

Sparklens(https://oreil.ly/5TLl4)는 애플리케이션이 제공된 컴퓨팅 리소스를 얼마나 효율적으로 사용하고 있는지 분석하는 Spark 애플리케이션용 프로파일링 도구다. 이 도구는 모든 지표를 수집하고 내장된 Spark 스케줄러 시뮬레이터를 사용해 분석을 실행한다. Sparklens는 병목 현상에 대한 애플리케이션 실행을 분석해 드라이버 작업, 데이터 왜곡, 작업자 태스크[worker task] 부족과 기타 여러 가지 휴리스틱에 휴리스틱 모델을 적용해 확장을 제한한다. Sparklens는 시행 착오를 통해 학습하는 대신 체계적인 방법을 사용해 실행 단계에서 무엇이 잘못될 수 있는지에 대한 상황별 정보를 제공해 개발자와 컴퓨팅 시간을 모두 절약한다.

Dr. Elephant(https://oreil.ly/_h8wW)는 Hadoop과 Spark를 위한 성능 모니터링 및 튜닝 도구다. 작업의 측정 항목을 자동으로 수집하고 분석해 쉽게 사용할 수 있도록 간단하게 보여준다. 작업을 좀 더 쉽게 튜닝할 수 있도록 해서 개발자 생산성을 향상시키고 클러스터 효율성을 높이는 것이 목표다. 작업 수행 방식에 대한 인사이트를 제공하는 플러그형의 구성 가능한 규칙 기반 휴리스틱 세트를 사용해 Hadoop 및 Spark 작업을 분석한 다음, 결과를 사용해 작업을 좀 더 효율적으로 수행하도록 튜닝하는 방법을 제안한다(그림 15-4 참조). 또한 작업에 대한 여러 지표를 계산해 클러스터의 작업 성능에 대한 중요한 정보를 제공한다. 전반적으로 운영 인사이트 패턴은 시행 착오를 피하고 통계 분석을 기반으로 권장 사항을 제공한다.

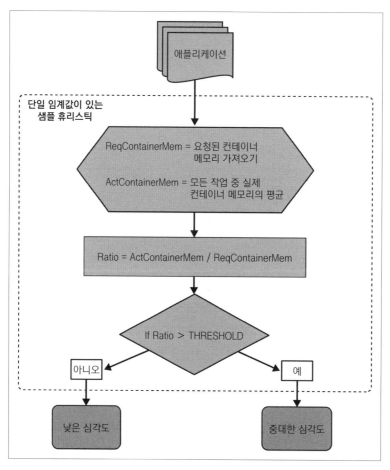

그림 15-4 Dr. Elephant에서 추천에 사용되는 규칙의 예(링크드인 Engineering(https://oreil.ly/EglCm))

자동화된 튜닝 패턴

쿼리 성능을 향상시키기 위해 자동 튜닝 작업을 호출하는 최적화 도구를 개발하는 것이 이 패턴의 목표다. 이는 데이터 사용자의 개입이 필요 없는 자율 주행 자동차와 유사하다. 자동 튜닝은 전체 소프트웨어 스택의 구성 및 통계를 고려한다. 데이터베이스 및 빅데이터 시스템의 자동 튜닝에는 다양한 접근 방식이 있다. 광범위하게 보면 자동화된 튜닝 최적화 프로그램은 루와 그 연구진(https://oreil.ly/nxr57)이 기술한 것처럼 다음과 같이 작동한다.

- 최적화 도구는 그림 15-5와 같이 현재 노브 값, 현재 통계, 성능 목표를 입력으로 사용한다.
- 최적화 도구는 최적의 값을 결정하기 위해 다양한 노브 값에 대한 예상 성능 결과를 모델링한다. 최적화 도구는 기본적으로 다양한 유형의 워크로드에 대한 가상 리소스 또는 노브 변경하에서 성능을 예측해야 한다.
- 그런 다음 새 값을 적용하거나 권장한다. 디버깅이 가능하게 하려면 튜닝 작업을 설명할 수 있어야 한다. 일반적으로 최적화 도구는 반복적으로 학습하기 위해 피드백 루프를 구현한다.

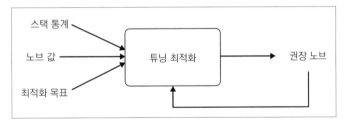

그림 15-5 자동화된 튜닝 패턴에 대한 최적화 도구의 입력 및 출력

자동 조정 최적화 도구를 구축하는 방법은 그림 15-6과 같이 여러 가지가 있다. 1960년 대에 자동화된 데이터베이스 조정 기술은 규칙 기반이었으며, 이는 전문가들의 경험에 근거한 것이었다. 1970년대에는 제약 기반 최적화로 공식화된formulated 튜닝에 통계적 비

용 함수를 사용하는 비용 기반 최적화가 등장했다. 1980년대부터 2000년대까지는 다른 매개변수 값을 가진 실험을 실행해 튜닝 동작을 학습하는 실험 중심 및 시뮬레이션 중심 접근법이 사용됐으며, 지난 10년 동안 적응형 튜닝 접근법을 사용해 값을 반복적으로 조정했다. 또한 지난 몇 년 동안에는 강화 학습 기법을 기반으로 한 ML 기술이 선보여졌다.

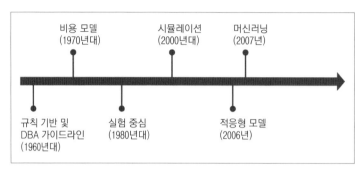

그림 15-6 자동화된 튜닝 최적화 도구를 위해 개발된 접근 방식의 타임라인 보기(루 연구진(https://oreil.ly/9pHNt))

자동화된 튜닝 패턴의 강점은 시스템 내부를 거의 또는 전혀 이해하지 못하는 데이터 사용자가 쿼리 성능을 향상시킬 수 있으므로 생산성이 향상된다는 점이다. 약점은 잘못된 튜닝이 부정적인 영향을 미치거나 생산 중단을 일으킬 가능성이 있다는 것이다. ML 모델을 배포하려면 일반적으로 상당한 학습이 필요하다.

요약

쿼리 엔진 및 데이터스토어에 수백 개의 노브가 있는 쿼리 튜닝에는 기본 소프트웨어 및 하드웨어 스택에 대한 깊은 전문 지식이 필요하다. 어려운 문제이기는 하지만 쿼리 튜닝은 데이터 팀의 다음과 같은 요구 사항을 충족하는 필수 요소가 됐다.

더 빠른 완료와 엄격한 SLA

증가하는 데이터 볼륨을 고려했을 때, 특히 비즈니스상의 이유로 엄격한 타임 윈도우 내에 쿼리를 완료해야 하는 경우 쿼리를 적시에 완료하도록 조정하는 것이 중요하다.

더 나은 자원 활용

분산된 하드웨어 리소스 간에 처리를 확장할 수 있는 기능이 핵심이다. 또한 클라우드에서 쿼리를 실행할 때 비용이 많이 들 수 있는데, 이는 비용 절감에 중요한 역할을 한다.

성능 격리

처리 클러스터를 여러 팀이 공유하는 멀티테넌트 배포의 경우 잘못 작성된 쿼리로 인해 시스템이 중단될 수 있다. 프로덕션 완료 시간에 영향을 미치는 잘못된 쿼리에 대해 린트를 수행하는 것이 중요하다.

16장

파이프라인 오케스트레이션 서비스

지금까지 운영 단계에서 개별 쿼리와 프로그램을 최적화했다. 이제는 프로덕션에서 이러한 쿼리와 프로그램을 예약하고 실행할 때다. 쿼리 또는 프로그램의 런타임 인스턴스를 작업^{job}이라고 한다. 작업 예약은 올바른 종속성을 고려해야 한다. 예를 들어, 특정 테이블에서 데이터를 읽는 작업은 테이블을 채우는 이전 작업이 완료될 때까지는 실행할 수 없다. 일반화를 위해서는 수집에서 준비, 처리에 이르는 특정 순서로 작업 파이프라인을 오케스트레이션해야 한다(그림 16-1 참조).

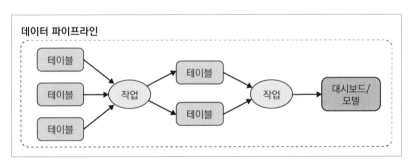

그림 16-1 ML 모델 또는 대시보드의 형태로 인사이트를 생성하기 위해
실행되는 일련의 종속 작업으로서 파이프라인의 논리적 표현이다.

데이터 처리와 ML을 위한 작업 파이프라인 조정에는 몇 가지 어려움이 있다. 첫째, 작업 간의 종속성을 정의하고 관리하는 것은 임시 방식이며 오류가 발생하기 쉽다. 데이터 사용자는 파이프라인 진화의 수명주기 동안 이러한 종속성을 지정하고 버전을 제어해야 한다. 둘째, 파이프라인은 수집, 준비, 변환, 학습, 배포 전반에 걸쳐 서비스를 호출한다. 이러한 서비스 전반에서 정확성, 견고성, 적시성을 위해 파이프라인을 모니터링하고 디버깅하는 것은 복잡한 일이다. 셋째, 파이프라인 오케스트레이션은 멀티테넌트로, 다수의 팀과 비즈니스 유스 케이스를 지원한다. 오케스트레이션은 파이프라인 SLA와 기본 리소스의 효율적인 활용을 보장하는 균형 조정 작업이며, 오케스트레이션 시간은 작업 종속성을 설계하는 시간과 이를 운영에서 효율적으로 실행하는 시간을 합한 것이다. 결과적으로 오케스트레이션 시간이 늘어나는 현상이 발생하는데, 파이프라인 종속성이 반복적으로 발전하고 수명주기 동안 반복적으로 실행된다는 점을 감안할 때 이는 전체 인사이트 시간에 영향을 미친다.

이상적인 오케스트레이션 서비스는 데이터 사용자가 단순한 방식으로 작업 종속성을 정의하고 버전을 제어할 수 있어야 한다. 이 서비스는 내부적으로 종속성을 실행 가능한 논리로 자동 변환하고, 서비스와 효율적으로 통합해 작업 실행을 관리하고, 실패에 대해 재시도해야 한다. 오케스트레이션 서비스는 멀티테넌트 배포에서 최적의 리소스 사용률, 파이프라인 SLA, 자동화된 확장, 격리를 보장한다. 또한 프로덕션 규모의 모니터링 및 디버깅 지원을 통해 서비스를 쉽게 관리할 수 있어야 한다. 이 서비스는 오케스트레이션 시간을 최소화해 전체 인사이트 시간을 줄이는 데 도움을 준다.

여정 지도

탐색 단계와 프로덕션 단계 모두에서 파이프라인 조정이 필요하다. 파이프라인은 데이터 이동, 랭글링, 변환, 모델 학습(이전 장에서 다룸)과 같은 다양한 작업을 호출한다. 파이프라인은 일회성 방식으로 호출하거나 사용 가능한 새 데이터, 스키마 변경 등과 같은 이벤트를 기반으로 예약하거나 트리거할 수 있다. E2E 파이프라인에 포함된 기술은 원시 데이터스토어, 데이터 수집data ingestion 및 취합 도구, 하나 이상의 데이터스토어 및 분석 엔진, 제공 데이터스토어, 데이터 인사이트를 위한 프레임워크다(그림 16-2 참조).

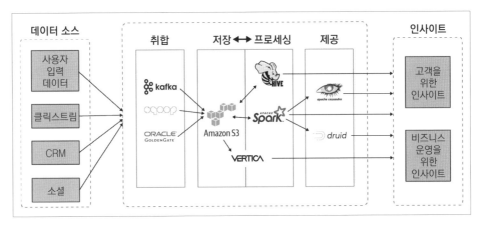

그림 16-2 예제 기술이 포함된 E2E 파이프라인의 구조

탐색 파이프라인 호출

빌드 프로세스 동안 파이프라인은 데이터 세트, 피처, 모델 알고리듬, 구성의 다양한 조합을 탐색하도록 구축된다. 사용자는 종속성을 정의하고 파이프라인을 수동으로 트리거한다. 파이프라인 오케스트레이션의 목표는 파이프라인에서 빠른 응답을 얻고 작업을 반복하는 것이다. 탐색 파이프라인은 프로덕션 파이프라인에 영향을 주지 않고 실행돼야 한다.

SLA 기반 파이프라인 실행

프로덕션 환경에서 파이프라인은 일반적으로 완료를 위해 엄격한 SLA를 준수해 정기적으로 예약된다. 오케스트레이션은 여러 코너 케이스를 처리하고 실행 단계 사이에 적절한 재시도 로직 및 데이터 품질 검사를 구축해야 한다. 파이프라인이 완료되지 않은 경우 변환 로직 버그, OOM 실패, 부적절한 변경 관리 등의 문제에 대한 디버깅이 필요하다. 데이터 사용자는 프로덕션에서 파이프라인을 관리하기 위해 임시 도구에 의존하며, 데이터 엔지니어링 팀과 협력해 전체 프로세스를 늦추는 문제를 디버깅한다.

오케스트레이션 시간 최소화

오케스트레이션 시간에는 작업 종속성을 설계하고, 가용한 하드웨어 리소스를 효율적으로 실행하고, 특히 SLA 기반 프로덕션 파이프라인의 경우 품질과 가용성을 모니터링하는 시간이 포함된다. 오케스트레이션 시간은 설계 단계, 실행 단계, 프로덕션 디버깅이라는 세 가지 다른 버킷에서 소비된다. 각 버킷에 소요되는 시간을 최소화하는 것이 이 서비스의 목표다.

작업 종속성 정의

원시 데이터를 인사이트로 변환하기 위한 파이프라인 구축의 일환으로 데이터 사용자는 파이프라인에 관련된 작업, 종속성, 호출 규칙을 지정해야 한다. 작업은 임시 또는 예약이나 트리거를 기반으로 호출된다. 작업 종속성은 DAG^{Directed Acyclic Graph}[1]로 표시된다.

대규모 종속성의 정확성을 보장하는 것은 쉽지 않다. 누락된 종속성은 잘못된 인사이트로 이어질 수 있으며, 이는 프로덕션 배포에서 중대한 도전 과제다. 코드 변경으로 종속성 변경을 추적하는 것은 버전 관리가 어렵다. 종속 작업이 완료됐어도 데이터는 올바르게 처리하지 못했을 수 있다. 종속 작업을 아는 것 외에도 프로덕션 배포에서는 이전 단계의 정확성을 확인하는 방법이 필요하다(즉, 데이터 정확성을 기반으로 한 회로 차단기가 필요하다).

작업 종속성은 일정하지는 않지만 파이프라인 수명주기 동안 진화한다. 예를 들어 대시보드가 변경되면 다른 작업에 의해 채워지는 새 테이블에 대한 종속성이 생성될 수 있다. 새 작업에 대한 종속성을 반영하려면 종속성을 적절하게 업데이트해야 한다.

분산 실행

작업은 오케스트레이터에 할당된 시스템의 분산 클러스터에서 실행된다. 파이프라인

---

1   유향 비순환 그래프 – 옮긴이

DAG는 지속적으로 평가된다. 다음으로 멀티테넌트에 적용할 수 있는 작업이 실행을 위해 대기열에 추가되고 SLA를 보장하기 위해 적시에 예약된다. 오케스트레이터는 실행 요구 사항에 맞게 기본 리소스를 확장한다. 오케스트레이터는 파이프라인 SLA, 최적의 리소스 사용률, 테넌트 간 리소스 할당 공정성을 보장하는 균형 조정 작업을 수행한다.

분산 리소스 관리는 몇 가지 과제로 인해 많은 시간이 소요된다. 첫째, 작업 중 하나의 속도 저하가 동일한 클러스터에서 관련되지 않은 다른 작업을 차단하지 않도록 멀티테넌트 간의 격리를 보장한다. 둘째, 파이프라인 수가 증가하면 단일 스케줄러가 병목 상태가 돼서 작업 실행 대기 시간이 길어진다. 작업을 병렬 스케줄러로 분할하는 접근 방식을 사용하면 사용 가능한 리소스를 확장할 수 있다. 셋째, 작업이 이기종 간에 이뤄진다는 특성을 고려할 때 데이터 이동, 스키마 서비스, 처리, ML 작업을 위해 다양한 커스텀 실행자executor를 활용해야 한다. 리소스 관리 외에도 작업 실행 시 작업 실행 오류를 적절하게 재시도해야 하며, 손상된 기계에서 오류가 발생할 경우 작업을 복구해야 한다. 마지막으로, 실행 시 장애 조치를 수행하고 적절한 리더 선택으로 실행을 계속해야 한다. 재시작을 위해 파이프라인의 상태를 기억하는 것이 매우 중요하다.

프로덕션 모니터링

프로덕션 환경에서 파이프라인을 배포할 때는 SLA를 보장하고 문제를 사전 경고하도록 모니터링이 필요하다. 프로덕션에서는 작업 오류에서 하드웨어 문제에 이르기까지 여러 가지 문제가 발생할 수 있다. 이를 사전에 감지하는 것은 SLA를 충족하는 데 매우 중요하다. 추세 분석은 이상 징후를 사전에 발견하는 데 사용되며, 로깅과 결합된 세분화된 모니터링을 통해 장기 실행 작업과 오류로 인해 진행되지 않는 중단된 작업을 구별할 수 있다.

프로덕션에서 파이프라인 오케스트레이션을 모니터링하는 것은 복잡한 일이다. 장기 실행 작업과 진행되지 않는 중단된 작업을 구별하려면 세밀한 모니터링이 필요하다. 근본 원인 분석을 위해 디버깅하려면 여러 시스템에 걸쳐 로그와 메타데이터를 이해하고 상호 연관시켜야 한다.

요구 사항 정의

오케스트레이션 서비스에는 여러 수준의 자동화 및 셀프서비스가 포함될 수 있다. 이 절에서는 현재의 자동화 수준과 초기 배포 요구 사항을 설명한다.

현재 불만 사항 설문지

현재 상태를 파악하기 위해서는 세 가지 범주를 고려해야 한다.

종속성이 어떻게 정의되는지

이 범주의 주요 고려 사항은 작업 실행 준비에 소요되는 시간, 종속성을 발견하는 방법과 이를 정의하는 데 필요한 데이터 사용자의 전문성 수준, 누락된 종속성 측면에서 얼마나 많은 오케스트레이션 문제가 프로덕션에서 발생했는지(즉, 종속성 오류가 모델과 대시보드에서 인사이트의 정확성과 관련된 주요 문제인지)다.

파이프라인이 어떻게 오케스트레이션되는지

이 범주의 주요 고려 사항은 작업이 제출된 후 예약까지 걸린 시간(대기 시간), 클러스터 로드 기능에 따른 작업 완료 시간의 변동성, 누락된 SLA와 관련된 사고 수, 클러스터 다운타임과 관련된 문제 수, 기본 클러스터 리소스의 평균 사용률, 오케스트레이션 클러스터와 관련된 다운타임, 작업 오류 후 자동 재시도다.

프로덕션에서 파이프라인이 얼마나 효과적으로 모니터링되는지

이 범주의 주요 고려 사항은 데이터 사용자가 모니터링과 디버깅을 자체적으로 처리하고 작업의 현재 상태를 이해할 수 있는지 여부, 실패한 작업 또는 누락된 SLA에 대해 알림을 사용할 수 있는지 여부, 이상 탐지 기반 사전 경고의 오탐지 수, 로그를 집계하고 현재 작업 상태를 이해하는 데 걸리는 시간이다.

운영 요구 사항

자동화는 현재 배포된 프로세스와 기술 도구 및 프레임워크를 고려해야 한다. 이는 배포마다 다르다. 운영 요구 사항은 세 가지 범주로 나눌 수 있다.

파이프라인 종속성 유형

파이프라인은 스케줄에 따라 실행되거나, 사용자 명령을 사용해 임시로 실행하거나, 데이터 가용성 이벤트에 의해 트리거될 수 있다. 서비스는 적절한 규칙과 트리거에 대한 지원을 제공해야 한다. 데이터 사용자는 파이프라인의 우선순위와 SLA도 지정할 수 있어야 한다.

배포된 기술과의 상호 운용성

시작점은 파이프라인이 실행되는 다양한 환경(온프레미스, 클라우드, 하이브리드)을 이해하는 것이다. 이러한 각 환경에 대해 작업 실행과 관련된 기술, 즉 가상화 기술(예: Docker), 작업 프로그래밍 언어(예: 파이썬), 작업 종속성 사양을 위한 프레임워크, 모니터링 기술, 이벤트 기반 실행을 위한 서버리스serverless 기술을 나열해야 한다.

속도와 피드

이는 지원할 동시 작업 수(최대 및 평균), 평균 작업 길이, 테넌트 팀 수, 일반적인 서버 노드 수, 가동 시간 요구 사항과 관련된 작업 오케스트레이션 규모를 나타낸다.

기능 요구 사항

작업 종속성 단순화, 최적의 안정적인 실행과 자동화된 모니터링 제공이라는 핵심 기능 다음으로 따라오는 것은 오케스트레이션 서비스의 일부로 고려할 추가 기능들의 체크리스트다.

서비스별 어댑터

오케스트레이터는 일반 셸 명령 실행자 대신 어댑터를 구현해 수집, 실시간 처리, ML 구성 등과 같은 특수 작업을 호출할 수 있다. 서비스별 API에 대한 긴밀한 통합은 바닐라 셸 요청으로 실행하는 것에 비해 작업 실행 및 모니터링을 개선할 수 있다.

작업 실행 체크 포인트

장기 실행 작업의 경우 체크포인트를 사용하면 재시작하지 않고 작업을 복구하는 데 도움이 된다. 체크포인트를 사용하면 데이터 변경 없이 작업을 호출할 경우 이전 결과를 재사용하는 데도 도움이 된다. 일반적으로, 엄격한 SLA가 있는 장기 실행 작업의 경우 체크포인트가 핵심 요구 사항이 된다.

리소스 확장

오케스트레이터에 할당된 하드웨어 리소스는 처리되지 않은 요청의 대기열 깊이에 따라 자동 크기 조정이 가능해야 한다. 이는 일반적으로 리소스 할당과 관련해 정적 클러스터 크기 조정의 성능이 떨어지거나 낭비되지 않도록 파이프라인의 수와 유형이 다양한 환경에 적용된다.

자동 감사 및 백필

연결 편집, 변수 편집, 워크플로우 전환 등 파이프라인 오케스트레이션과 관련된 구성 변경 사항은 나중에 디버깅을 위해 검색할 수 있는 감사 저장소에 저장해야 한다. 진화하는 파이프라인이 있는 환경의 경우, 일반 백필 기능을 사용하면 데이터 사용자가 존재하는 모든 파이프라인에 대한 백필을 생성하고 쉽게 관리할 수 있다.

비기능 요구 사항

다음은 다른 소프트웨어 디자인과 마찬가지로 오케스트레이션 서비스 설계 시 고려해야 할 몇 가지 핵심 NFR이다.

비용

오케스트레이션은 연산 비용이 많이 들기 때문에 관련 비용을 최적화하는 것이 중요하다.

직관적인 디자인

이 서비스는 셀프서비스여야 하며 데이터 과학자, 개발자, 머신러닝 전문가, 운영 직원 등 다양한 사용자가 사용해야 한다.

확장성^{extensibility}

이 서비스는 변화하는 환경에 맞게 확장 가능해야 하며, 새로운 도구와 프레임워크를 지원하는 데 있어 확장할 수 있는 능력이 있어야 한다.

구현 패턴

기존 작업 지도에 따라 오케스트레이션 서비스에 대한 자동화 수준은 그림 16-3과 같이 세 가지 수준이 있다. 각 수준은 현재 수동이거나 비효율적인 작업 조합을 자동화하는 것에 해당한다.

종속성 저작 패턴

작업 종속성 사양을 단순화해 종속성 관련 오류를 방지한다.

분산 실행 패턴

멀티테넌트 파이프라인에서 SLA 기반 파이프라인 실행 간에 병렬 처리를 생성한다.

파이프라인 관찰 패턴

데이터 사용자가 문제를 사전에 감지하고 피할 수 있도록 디버깅과 모니터링을 셀프 서비스로 만든다.

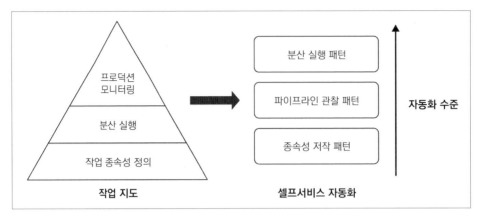

그림 16-3 오케스트레이션 서비스의 자동화 수준

종속성 저작 패턴

이 패턴들은 데이터 사용자의 작업 종속성 저작을 단순화하는 데 초점을 맞춘다. 광범위한 사용자가 종속성을 올바르게 정의할 수 있도록 유연성, 표현력, 사용 편의성 간에 최상의 균형을 제공하는 것이 목표다. 이 카테고리에서 패턴 조합은 오픈소스 파이프라인 오케스트레이터인 아파치 Airflow, 우버의 Piper, 넷플릭스의 Meson, 우버의 Cadence(일반 오케스트레이터)에 의해 구현된다. 종속성 저작을 위한 패턴은 도메인 특화 언어DSL, Domain-Specific Language, UI 드래그 앤 드롭, 절차 코드라는 세 가지 범주로 나눌 수 있다.

높은 수준에서 이러한 패턴은 다음과 같이 작동한다.

1. 사용자는 DSL, UI 또는 코드를 사용해 종속성을 지정한다. 사양은 종속성 트리거 및 규칙을 정의하기 위해 빌딩 블록 컬렉션을 사용한다. 사양은 버전으로 제어한다.
2. 오케스트레이터는 사양을 해석하며, 사양은 내부적으로 DAG로 표시된다.
3. 종속성은 작업 실행 중에 지속적으로 평가된다. 종속성이 충족되면 작업이 실행되도록 예약된다.

아파치 Airflow(https://oreil.ly/1PDuv)는 DSL 기반 종속성 정의를 구현한다. 예를 들어 Airflow의 파이썬 기반 DSL을 사용해 종속성 DAG 작업 A → 작업 B → 작업 C를 지정하는 세 가지 방법이 있다.

- 다운스트림 함수 사용: a.set_downstream(b); b.set_downstream(c)
- 업스트림 함수 사용: c.set_upstream(b); b.set_upstream(a)
- 연산자 사용: a >> b >> c 또는 c << b << a. 종속성은 목록 또는 튜플이 될 수 있다. a >> b >> (c, d)

종속성은 실제 코드와 별도로 관리되며 내부적으로 DAG로 표시된다. 종속성 외에도 all_success, all_failed, all_done, one_failed, one_success, none_failed, none_skipped, dummy와 같은 원시 요소를 사용해 Airflow에서 작업 트리거 규칙을 정의할 수 있다. DSL 기반 구현의 또 다른 예는 스칼라 기반 DSL을 사용하는 넷플릭스 Meson이다.

우버의 Piper 오케스트레이터는 Airflow를 확장하고 파이썬 개발에 익숙하지 않은 사용자를 위해 시각적 드래그 앤 드롭 저작을 구현한다. 도메인 특화 UI는 사용자가 머신러닝, 대시보드, 수집과 같은 수직 파이프라인을 생성하는 데 도움이 된다. 시각적 사양은 DAG로 변환되고 구현된다. 반면 우버의 Cadence 오케스트레이터는 자바, 파이썬, Go의 절차 코드의 일부로 종속성을 구현한다. 또한 REST API를 사용해 파이프라인을 정의할 수 있다.

DSL 및 UI 저작 패턴의 강점은 코드에 비해 저작 작업 종속성을 광범위한 데이터 사용자가 접근할 수 있게 하고, 구현 오류를 방지하며, 구현과 종속성 로직을 분리해 추적한다는 것이다. 패턴을 사용하면 종속성을 좀 더 쉽게 발전시키고 최적화할 수 있다. 패턴의 약점은 고급 종속성을 지정하는 데 한계가 있다는 것이다.

올바른 작성 패턴을 선택하는 것은 조직 내 다양한 데이터 사용자의 유연성과 사용 용이성 사이의 균형을 유지하는 작업이다. DSL 저작은 UI 기반 및 코드 기반 종속성 저작 사이의 좋은 중간 지점이다. 고급 데이터 사용자는 버전 제어 및 지속적 통합[1]을 통해 종속성을 코드로 관리하는 것을 선호한다.

오케스트레이션 관측 가능성 패턴

이 패턴들은 파이프라인 진행 상태 모니터링, SLA 위반 및 오류에 대한 경고, 파이프라인 관련 디버깅 지원을 제공한다. 문제를 사전에 감지하는 것은 프로덕션 데이터 및 ML 파이프라인에 매우 중요하다. 데이터 사용자가 현재, 과거의 작업 및 파이프라인 실행을 시각화, 관리, 디버깅할 수 있도록 파이프라인 관리 셀프서비스를 만드는 것이 목표다.

파이프라인 관측 가능성에 사용되는 패턴 모음이 있으며, 이러한 패턴의 일반적인 구성 요소는 다음과 같다.

수집

파이프라인 작업에서 호출한 여러 서비스의 모니터링 데이터를 집계한다. 모니터링 데이터는 로그, 통계, 작업 타이밍(완료 시간, 호출 일정 등), 처리된 데이터, 그리고 데이터 수집, 모델 학습, 배포와 같은 서비스 특화 통계의 모음이다.

분석

세부 정보를 연관시키고 분석해 파이프라인의 현재 상태를 파악한다.

경고

이상 경고에 대한 현재 값과 기록 값을 비교한다. 사용자의 피드백을 기록해 시간 경과에 따라 오탐을 줄인다.

아파치 Airflow는 데이터베이스(일반적으로 MySQL 또는 PostgreSQL)의 파이프라인과 관련된 메타데이터를 유지한다. 데이터 사용자가 파이프라인을 관리하고 모니터링할 수 있도록 여러 가지 메타데이터 시각화가 지원된다. 시각화의 몇 가지 예는 다음과 같다.

- 해당 환경의 DAG들을 DAG 뷰로 나열하고 성공, 실패 또는 현재 실행 중인 작업을 표시한다.
- 그래프 뷰로 특정 실행에 대한 DAG의 종속성과 현재 상태를 시각화한다.
- 간트[Gantt] 차트 뷰로 작업 기간과 작업 겹침을 보여줌으로써 병목 현상이 발생하는 곳과 어떤 DAG에서 실행에 많은 시간이 소요되는지를 식별한다.

- 작업 기간 뷰로 지난 N개의 실행에 대한 작업 기간을 표시하고 이상치를 식별한다.

또 다른 패턴은 SLA 누락에 대한 경고다. 작업 또는 DAG가 성공해야 하는 시간은 작업 수준에서 timedelta로 설정된다. 해당 시간까지 하나 이상의 인스턴스가 성공하지 못한 경우 SLA를 준수하지 못한 작업 목록을 자세히 설명하는 경고 이메일이 전송된다. 이벤트는 데이터베이스에도 기록되고 UI에서도 사용할 수 있다.

넷플릭스의 Meson(https://oreil.ly/TqLre) 오케스트레이터는 파이프라인 작업의 세분화된 진행 추적을 구현한다. 작업이 예약되면 Meson 작업 실행자[job executor]는 스케줄러와의 통신 채널을 유지한다. 실행자는 지속적으로 하트비트[heartbeat], 완료율, 상태 메시지 등을 전송한다. 또한 작업 완료 시 종료 코드나 상태 메시지보다 풍부한 사용자 지정 데이터를 전송한다. 또 다른 패턴은 파이프라인 내의 작업 출력을 일급 시민[2]으로 취급해 이를 아티팩트로 저장하는 것이다. 아티팩트 ID의 유무에 따라 작업 재시도를 건너뛸 수 있다.

전체적으로, 오케스트레이션 관측 가능성 패턴은 프로덕션 규모의 셀프서비스 모니터링 및 경고와 중요한 파이프라인에 대한 SLA 충족에 매우 중요하다.

분산 실행 패턴

이 패턴은 사용 가능한 서버 리소스에 파이프라인 작업을 배포하는 데 초점을 둔다. 이 패턴은 이기종 하드웨어 리소스 사용의 균형을 맞추고, 파이프라인 실행을 병렬화해 SLA를 충족하고, 멀티테넌트 작업에서 리소스 할당의 공정성을 보장해야 한다.

기본적으로 분산 실행 패턴은 두 가지 주요 빌딩 블록으로 구성된다.

스케줄러

파이프라인 및 작업 예약을 담당한다. 스케줄러[scheduler]는 스케줄 간격, 작업 종속성,

---

2 일급 객체 – 옮긴이

트리거 규칙, 재시도와 같은 다양한 요소를 고려하고, 이 정보를 사용해 실행할 다음 작업 세트를 계산한다. 리소스를 사용할 수 있게 되면 실행을 위해 작업을 대기열에 넣는다. 요청은 사용 가능한 리소스에서 실행되도록 대기열에 추가되고 발송된다.

작업자

작업을 실행한다. 각 작업자worker는 대기열(메시징 프레임워크 또는 데이터스토어에 저장됨)에서 실행할 다음 작업을 가져와 로컬에서 작업을 실행한다. 메타데이터 데이터베이스는 실행 가능한 작업의 세부 정보를 기록한다.

예를 들어 Airflow는 멀티스레드 싱글톤singleton 스케줄러 서비스를 구현한다. 작업을 호출하는 메시지는 RabbitMQ(https://www.rabbitmq.com) 또는 Redis(https://oreil.ly/c-dhk) 데이터베이스에서 대기열에 추가된다. 작업은 여러 Celery(https://oreil.ly/lk2CR) 작업자에게 분배된다. Airflow 스케줄러는 모든 작업과 모든 DAG를 모니터링하고 종속성이 충족된 작업 인스턴스를 트리거한다. 이면에서는 하위 프로세스를 돌려서 하위 프로세스에 포함될 수 있는 모든 DAG 개체에 대한 폴더를 모니터링하고 동기화 상태를 유지하며, 주기적으로(1분 단위 등) DAG 구문 분석 결과를 수집하고 활성 작업을 검사해 트리거가 가능한지 확인한다. Airflow 스케줄러는 Airflow 프로덕션 환경에서 지속되는 서비스로 실행되도록 설계됐다.

실제 배포에서는 단일 지점에서 실패하거나 포화가 되기 쉽다. 가용성을 높이기 위해 우버의 Piper(https://oreil.ly/G5ZZU) 오케스트레이터는 다음 패턴을 구현한다.

리더 선출

실행자와 같이 싱글톤으로 실행되는 시스템 구성 요소의 경우, 리더 선출leader election 기능은 사용 가능한 백업 노드에서 리더를 자동으로 선택한다. 이로써 단일 장애 지점이 제거되고 배포, 노드 재시작, 노드 재배치 중에 발생하는 다운타임도 줄어든다.

작업 파티셔닝

증가하는 파이프라인 수를 관리하기 위해 추가 스케줄러가 파이프라인의 일부에 자동으로 할당된다. 새 스케줄러가 온라인 상태가 되면 파이프라인 집합이 자동으로 할당되고 스케줄링을 시작할 수 있다. 스케줄러 노드가 온라인 또는 오프라인 상태가 되면, 파이프라인 집합이 자동으로 조정돼 고가용성과 수평 확장성이 가능해진다.

하드웨어 다운타임을 위한 고가용성

서비스는 다운타임 없이 컨테이너 충돌, 재시작, 컨테이너 재배치를 정상적으로 처리해야 한다. Piper는 Docker 컨테이너 내에서 서비스를 실행하고 컨테이너 상태를 자동으로 모니터링하고 실패 시 새 인스턴스를 가동하는 아파치 Mesos를 사용한다.

작업을 효율적으로 실행하기 위해 Meson은 특정 환경의 어댑터와 네이티브 통합을 구현한다. Meson은 Spark Submit을 지원해 Spark 작업 진행 상황을 모니터링하고 실패한 Spark 단계를 다시 시도하거나 잘못됐을 수 있는 Spark 작업을 종료할 수 있다. Meson은 또한 특정 Spark 버전을 대상으로 하는 기능을 지원하므로 사용자가 최신 버전의 Spark를 활용할 수 있다.

데이터와 작업의 양이 증가함에 따라 자동으로 확장되는 확장성이 뛰어난 실행을 수행하는 것이 중요하다. 분산 실행 패턴을 사용하면 사용 가능한 리소스에 따라 확장하고 서비스 시간과 대기 시간의 균형을 맞출 수 있다.

요약

작업 오케스트레이션은 효율적인 리소스 활용, 작업의 성능 SLA, 작업 간 데이터 종속성 사이의 균형을 유지하는 작업이다. 실제 배포에서는 파이프라인 서비스와 효율적으로 통합되고 멀티테넌트 배포에서 자동화된 확장 및 격리를 제공하는 강력한 오케스트레이션 서비스를 보장하는 것이 매우 중요하다.

17장

모델 배포 서비스

프로덕션에 인사이트를 배포하는 여정에서 쿼리를 최적화하고 작업 파이프라인을 오케스트레이션했다. 이제 프로덕션에 ML 모델을 배포하고 재학습을 기반으로 주기적으로 업데이트할 준비를 마쳤다.

배포 시간이 늘어나게 만드는 몇 가지 어려움이 있다. 첫 번째 어려움은 다양한 ML 모델 유형, ML 라이브러리 및 도구, 모델 형식, 배포 엔드포인트(예: 사물 인터넷[IoT] 기기, 모바일, 브라우저, 웹 API)를 지원해야 하는 모델 배포를 위한 비표준화된 자체 개발 스크립트다. 두 번째 어려움은 일단 배포되면 모델 성능을 모니터링하는 표준화된 프레임워크가 없다는 것이다. 모델 호스팅을 위한 멀티테넌트 환경이 주어지면 모니터링을 통해 모델의 확장 및 다른 모델과의 성능 격리가 보장된다. 세 번째 어려움은 시간이 지남에 따라 데이터 분포가 드리프트[drift][1]되는 모델의 예측 정확도를 보장하는 것이다. 배포 시간은 초기 모델 배포와 모니터링 및 업그레이드 중에 지속적으로 인사이트 시간 전체에 영향을 미친다. 데이터 사용자는 배포를 관리하기 위해 데이터 엔지니어링에 의존해야 해서 전체 인사이트 시간이 훨씬 더 느려진다.

이상적인 셀프서비스 모델 배포 서비스는 어떤 ML 라이브러리로 학습된 모델이더라도 모든 엔드포인트에서의 배포를 위해 어떤 모델 포맷으로든 배포할 수 있어야 한다. 일

---

1   데이터가 시간이 지남에 따라 예기치 않은 방식으로 변화하는 것 – 옮긴이

단 배포되면 서비스는 모델 배포를 자동으로 확장한다. 기존 모델에 대한 업그레이드의 경우 카나리아 배포, A/B 테스트, 지속적 배포[CI]를 지원한다. 이 서비스는 추론의 품질을 자동으로 모니터링하고 데이터 사용자에게 경고한다. 셀프서비스 모델 배포 서비스의 예로는 페이스북의 FBLearner, 구글의 TensorFlow Extended[TFX], 에어비앤비의 Bighead, 우버의 Michelangelo, 데이터브릭스의 MLflow 프로젝트가 있다.

여정 지도

모델 배포는 스케줄 기반으로 발생하는 일회성 또는 연속 프로세스로 처리될 수 있다. 배포된 모델은 여러 클라이언트에 서비스를 제공하고 자동으로 확장돼 적시에 예측을 제공한다(그림 17-1 참조).

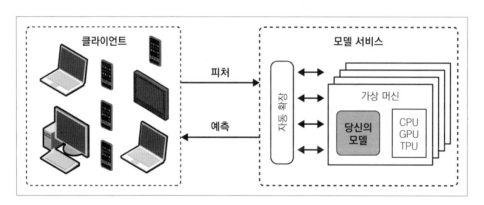

그림 17-1 클라이언트가 피처를 제공하고 배포된 모델이 예측에 응답하는 모델 서비스

프로덕션에서 모델 배포

학습이 완료되면 모델이 프로덕션에 배포된다. 모델이 학습 중에 작동한 방식과 유사하게 프로덕션에서 안정적으로 작동하도록 하는 것이 목표다. 여정 지도의 이 단계에서 모델은 패키지화돼 예약된 일괄 처리 추론을 위한 오프라인 작업 또는 실시간 요청-응답

추론을 위한 온라인 엔드포인트 컨테이너로 푸시된다. 애플리케이션은 API를 통해 온라인 모델을 호출하고 예측으로 다시 응답하는 반면, 오프라인 모델은 스케줄에 따라 호출된다. 그러고 나서 추론은 일괄 작업에서 다운스트림 소비를 위해 레이크에 다시 기록되거나, 쿼리 도구를 통해 사용자가 직접 액세스한다. 파이프라인은 모델 추론에 필요한 피처를 가져오도록 설정된다. 데이터 사용자는 예상 처리량(초당 예측) 및 응답 시간 지연에 대한 대략적 추정치를 갖고 있어야 한다. 모니터링은 지표의 정확도를 추적하고 임계치를 기반으로 경고를 생성하도록 설정된다. 오늘날 데이터 사용자는 표준화의 부족으로 인해 여정 지도의 이러한 측면을 관리하고자 엔지니어링 팀에 의존한다.

모델 유지 관리 및 업그레이드

모델은 레이블이 지정된 새 데이터를 고려하도록 정기적으로 재학습된다. 지속적인 온라인 학습을 위해 모델은 모든 새 데이터 레코드에서 업데이트된다. 여정 지도의 이 단계에서는 업데이트된 모델을 애플리케이션에 영향을 주지 않고 배포해야 한다. 배포는 카나리아 또는 A/B 테스트 및 파티션 모델partitioned model과 같은 다양한 시나리오를 수용해야 한다. 이러한 시나리오에는 서로 다른 모델을 사용해 서로 다른 사용자에 대한 예측을 한 뒤 결과를 분석하는 것이 포함된다. 카나리아 테스트를 사용하면 일부 사용자에게 먼저 배포해 최소한의 위험으로 새 릴리스를 검증할 수 있다. 사용자 분할은 정책에 따라 수행될 수 있으며, 일단 만족되면 릴리스를 점진적으로 롤아웃rollout할 수 있다. A/B 테스트는 동일한 기능의 여러 버전의 성능을 비교하면서 클릭률CTR, 전환율 등과 같은 하이레벨 지표를 모니터링하는 것이다. 파티션 모델은 계층적 방식으로 구성된다. 예를 들어 우버와 같은 차량 공유 서비스는 각 도시에 대해 별도의 모델이 아니라 모든 도시에 대해 단일 계층 모델을 가질 수 있다. 업그레이드 및 A/B 테스트 프로세스는 비표준이며 팀마다 다르게 관리된다.

배포 시간 최소화

배포 시간은 배포 시 소요된 시간과 배포 후 프로덕션의 확장 및 드리프트 모니터링을 위해 소요된 시간을 나타낸다. 배포 시간은 배포 오케스트레이션, 성능 확장, 드리프트 모니터링이라는 세 가지 범주에서 사용된다.

배포 오케스트레이션

오케스트레이션에는 독립 실행형 웹 서비스, 애플리케이션에 내장된 모델, IoT 에지 디바이스의 모델 등과 같은 프로덕션 엔드포인트에 모델을 배포하는 작업이 포함되며 ML 라이브러리, 도구, 형식, 모델 유형, 엔드포인트에 대한 수많은 조합이 있다. 지정된 엔드포인트에 배포하기 위해 모델을 심리스하게 직렬화하는 것은 오류가 발생하기 쉽고 시간이 많이 걸린다. 카나리아 및 A/B 테스트를 위해 여러 모델을 관리하려면 모델 간에 트래픽을 분할하는 스크립트가 필요하다. 엔드포인트는 컴퓨팅, 메모리, 네트워킹 리소스에 따라 다르다는 것을 고려해 모델을 엔드포인트에 맞게 압축하고 최적화해야 한다. 모델 업그레이드는 애플리케이션 요청이 영향을 받지 않도록 무중단 방식으로 오케스트레이션돼야 한다.

오늘날 팀들은 다양한 배포 방식에 워크플로우를 적용하기 위해 시간을 낭비한다. 하나의 도구가 모든 것을 제공하는 것은 필수적이지 않지만, 워크플로우의 모든 단계를 처리할 수 있는 통합 도구 집합을 갖는 것은 중요하다.

성능 확장

성능 확장에는 모델의 변화하는 예측 부하에 적응하기 위해 적절한 양의 리소스를 할당하는 작업이 포함된다. 속도 저하를 감지하려면 모델 유형, 입력 피처 카디널리티, 온라인 학습 데이터 크기와 기타 여러 요인을 고려한 임계값이 필요하다. 다양한 요구 사항을 처리하려면 모델을 확장하고 축소해야 한다. 모델이 상태 비저장인 경우, 추가 인스턴스를 돌려서 증가된 로드를 관리할 수 있으므로 수평 확장이 가능하다. 독립형 서비스 배포의 경우, 모델은 일반적으로 다른 모델과 함께 컨테이너에 배포된다. 다른 모델의 간섭으로 인한 성능 영향을 디버깅하는 것은 관리가 어렵다. GPU와 같은 고급 하드웨어의 강점을 활용하려면 지연 시간 범위 내에 있는 동안에 처리량을 개선하기 위해 모델에 전송된 요청을 일괄 처리해야 한다. 대부분의 작업은 수동 또는 반자동 방식으로 임시 처리된다.

드리프트 모니터링

드리프트 모니터링에는 피처 분포 값의 변화, 의미론적 레이블 변경, 추론을 위한 데이터 세그먼트 분포 등의 영향을 받는 추론의 정확성을 지속적으로 확인하는 작업이 포함된다. 추론 품질 측정은 몇 가지 메트릭을 기반으로 하며 모델 유형에 따라 달라진다. 데이터 사용자의 어려움은 실제 결과를 예측된 결과와 다시 결합하기 위해 복잡한 엔지니어링이 필요하다는 것이다. 추론을 위한 피처 값 분포 및 입력 이력의 추적은 임시적이며 데이터 사용자의 엔지니어링 기술에 따라 달라지는 경우가 많다.

요구 사항 정의

훈련된 모델이 있는 배포 서비스는 배포된 모델의 엔드포인트 배포, 확장, 수명주기 관리를 자동화한다. 데이터 사용자는 엔지니어링 팀이나 기술 부채가 있는 임시 스크립트에 의존하지 않고 셀프서비스를 할 수 있어야 한다. 요구 사항의 다양한 조합을 고려할 때 요구 사항은 플랫폼의 특정한 필요 사항과 현재 상태에 따라 달라진다.

오케스트레이션

모델은 기본적으로 새로운 입력 데이터 세트를 기반으로 새로운 예측을 하는 데 사용할 수 있는 알고리듬과 구성 세부 정보의 조합으로 취급될 수 있다. 예를 들어, 알고리듬은 랜덤 포레스트일 수 있으며 구성 세부 정보는 모델 훈련 중에 계산된 계수일 것이다. 비즈니스 요구 사항에 따라 모델을 학습한 후에는 엔드포인트 구성, 모델 형식, 업그레이드와 같은 프로덕션 시나리오 등 배포 오케스트레이션에 대해 고려해야 할 몇 가지 요구 사항이 있다.

배포 엔드포인트

프로덕션의 모델 배포는 크게 오프라인 배포와 온라인 배포로 나뉜다. 오프라인 배포는 일정에 따라 일괄 추론을 생성하는 반면, 온라인 배포는 애플리케이션 예측 요청(개별적으로 전송되거나 일괄 처리됨)에 거의 실시간으로 응답한다.

모델의 배포 엔드포인트는 다음 패턴 중 하나를 사용해 패키징할 수 있다.

임베디드 모델

　　모델은 소비 애플리케이션 내에서 구축되고 패키징되며 모델 코드는 애플리케이션 코드의 일부로 심리스하게 관리된다. 애플리케이션을 빌드할 때 모델은 동일한 Docker 컨테이너에 임베드^{embed}돼 Docker 이미지가 애플리케이션 및 모델 아티팩트의 조합이 되며, 이는 버전이 지정되고 프로덕션에 배포된다. 이 패턴의 변형은 라이브러리 배포이며, 여기서 모델은 애플리케이션 코드에 라이브러리로 내장돼 있다.

별도 서비스로 배포된 모델

　　이 모델은 소비하는 애플리케이션과는 독립적으로 배포할 수 있는 서비스로 래핑된다. 이를 통해 모델 업데이트를 독립적으로 릴리스할 수 있다.

게시/구독 모델

　　모델도 독립적으로 처리되고 게시되지만 소비 애플리케이션은 API 호출 대신 데이터 스트림에서 추론을 수집한다. 이는 일반적으로 애플리케이션이 고객 프로필 정보 가져오기와 같은 작업을 수행하는, 데이터 스트림을 구독할 수 있는 스트리밍 시나리오에 적용된다.

모델 형식

상호 운용성을 위해 모델을 직렬화하는 데는 여러 가지 형식이 있다. 모델 형식은 언어 비종속적language-agnostic 교환 형식과 언어 종속적language-dependent 교환 형식으로 나눌 수 있다.

언어 비종속적 교환 형식의 범주에서 원래는 PMMLPredictive Model Markup Language(예측 모델 마크업 언어)이 '사실상 표준'으로 간주돼 신경망, SVM, 나이브 베이즈Naive Bayes 분류기 등과 같은 모델을 공유하는 방법을 제공했다. PMML은 XML 기반이며 XML이 더 이상 널리 사용되지 않기 때문에 딥러닝 시대에 인기가 없다. PMML의 계승인 PFAPortable Format for Analytics는 동일한 조직에서 개발했고 Avro 기반이다. 그동안 페이스북과 마이크로소프트는 팀을 이뤄 구글의 프로토콜 버퍼를 상호 운용 가능한 형식으로 사용하는 ONNXOpen Neural Network Exchange를 만들었다. ONNX는 추론에 필요한 기능에 초점을 맞추고 확장 가능한 계산 그래프 모델뿐 아니라 내장 연산자 및 표준 데이터 유형의 개념을 정의한다. ONNX는 널리 지원되며 많은 프레임워크, 도구, 하드웨어에서 찾아볼 수 있다.

다음은 언어 종속적 교환 형식 범주에서 널리 사용되는 형식이다.

- Spark MLWritable은 Spark에 포함된 표준 모델 스토리지 형식이다. Spark 내에서만 사용하도록 제한된다.
- MLeap은 Spark, scikit-learn, TensorFlow 모델을 내보내고 가져오기 위한 공통 직렬화 형식을 제공한다.
- Pickle은 scikit-learn과 기타 ML 라이브러리의 모델을 파일에 저장하는 데 사용되는 표준 파이썬 직렬화 라이브러리다. 파일을 로드해 모델을 역직렬화하고 새로운 예측을 할 수 있다.

모델 배포 시나리오

데이터 사용자는 다음과 같은 다양한 배포 시나리오가 필요하다.

무중단 업그레이드

배포된 모델을 최신 버전으로 업데이트해도 모델에 의존하는 애플리케이션에 영향을 미쳐서는 안 된다. 이는 특히 독립형 서비스로 패키지된 모델에 적용된다.

섀도우 모드 배포

이 모드는 프로덕션 환경에서 새 모델의 입력 및 추론을 포착하면서 실제로 추론을 제공하지 않는다. 버그가 감지되더라도 결과에 별다른 영향 없이 분석 가능하다.

카나리아 모델 배포

앞서 논의했듯이 카나리아 릴리스는 수신되는 요청의 작은 일부에 새 모델을 적용한다. 이를 위해 성숙한 배포 도구가 필요하지만, 이는 실수의 발생을 최소화한다. 수신 요청은 여러 가지 방법으로 분할해 이전 모델 또는 새 모델에서 무작위로 혹은 지리적 위치나 특정 사용자 목록 등을 기반으로 서비스할 것인지 여부를 결정할 수 있다. 테스트 기간 동안에는 새 릴리스를 실행하는 서버로 지정된 사용자를 라우팅하는 고착성^{stickiness}이 필요하다. 이는 사용자에 대해 특정 쿠키를 설정해 웹 애플리케이션이 사용자를 식별하고 적절한 서버로 트래픽을 보낼 수 있도록 함으로써 가능하다. 일반적인 접근 방식은 카나리아 테스트를 위해 스위치 웹 서비스와 두 개의 단일 모델 엔드포인트를 사용하는 것이다.

A/B 테스트 배포

A/B 테스트 서비스(14장 참조)를 사용하면 사용자 그룹에 따라 다른 모델을 사용할 수 있다. A/B 테스트를 지원하려면 오케스트레이션 서비스의 고착성(예: 사용자 버킷을 구축하고, 이를 다른 엔드포인트에 고착시킨 뒤, 각각의 결과를 로깅하는 것)이 필요하다. 핵심 요구 사항은 동일한 엔드포인트에 여러 모델을 배포하는 기능이다.

모델 확장 및 성능

확장 및 성능과 관련해 다음 질문에 답할 수 있어야 한다.

- 얼마나 많은 모델을 배포할 계획인가? 온라인 모델과 오프라인 모델의 비율은 어느 정도인가?
- 모델이 지원해야 하는 초당 최대 예상 처리량은 얼마인가?
- 실시간으로 제공돼야 하는 온라인 모델이 있는가? 허용 가능한 최대 응답 시간 지연에 대한 대략치는 얼마인가? 밀리초 또는 초 단위인가?
- 새로운 데이터 샘플을 반영하는 것과 관련해 모델은 얼마나 신선한가? 모델의 온라인 교육에 사용할 대략적인 데이터 크기는 얼마인가? MB, GB, TB? 모델은 얼마나 자주 업데이트될 예정인가?
- 규제된 환경에 배포된 경우 요청 서비스 감사에 필요한 로깅 수준은 어느 정도 인가?

드리프트 검증

일반적으로 모델이 붕괴되는 방식은 두 가지로, 데이터 드리프트 또는 개념 드리프트 때문이다. 데이터 드리프트에서는 데이터가 시간이 지남에 따라 진화해 이전에는 볼 수 없었던 다양한 데이터와 새로운 범주의 데이터가 잠재적으로 도입되지만, 이전에 레이블이 지정된 데이터에는 영향을 미치지 않는다. 개념 드리프트에서는 데이터의 일반적인 분포가 시간에 따라 변하지 않지만 데이터 해석이 시간에 따라 변한다. 예를 들어, 과거에 클래스 A에 속한다고 합의한 것이 A와 B의 속성에 대한 이해가 바뀌었으므로 이제 클래스 B에 속해야 한다고 주장하게 된다. 애플리케이션에 따라서는 데이터와 개념 드리프트를 모두 감지해야 할 수도 있다.

비기능 요구 사항

다음은 다른 소프트웨어 디자인과 마찬가지로 모델 배포 서비스의 디자인에서 고려해야 하는 몇 가지 주요 비기능 요구 사항이다.

견고성

　서비스는 장애로부터 복구할 수 있어야 하며 배포 중에 발생하는 일시적이거나 영구적인 오류를 정상적으로 처리할 수 있어야 한다.

직관적인 시각화

　이 서비스에는 다양한 수준의 엔지니어링 전문 지식을 가진 광범위한 데이터 사용자에게 서비스를 제공하는 셀프서비스 UI가 있어야 한다.

검증 가능성

　배포 프로세스의 정확성을 테스트하고 검증할 수 있어야 한다.

구현 패턴

기존 작업 지도에 따라 모델 배포 서비스에 대한 자동화 수준은 세 가지가 있다(그림 17-2 참조). 각 수준은 현재 수동이거나 비효율적인 작업 조합을 자동화하는 것에 해당한다.

범용 배포 패턴

　다양한 프로그래밍 플랫폼과 엔드포인트 유형을 사용해 개발된 모델 유형을 배포한다.

자동 확장 배포 패턴

　성능 SLA를 보장하기 위해 모델 배포를 확장하거나 축소한다.

모델 드리프트 추적 패턴

　모델 예측의 정확성을 확인해 문제가 애플리케이션 사용자에게 영향을 미치기 전에 사전에 감지한다.

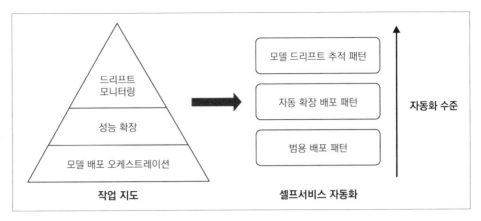

그림 17-2 모델 배포 서비스에 대한 다양한 자동화 수준

범용 배포 패턴

범용 배포 패턴은 데이터 사용자가 특정 프로그래밍 도구 또는 엔드포인트에 국한되지 않고 모델을 배포할 수 있는 접근 방식을 표준화한다. 모델 유형, 프로그래밍 라이브러리 및 도구, 엔드포인트 유형과 관련해 묘책이 없기 때문에 이 패턴은 점점 더 중요해지고 있다.

패턴은 세 개의 빌딩 블록으로 구성된다.

모델 직렬화

모델은 서로 다른 엔드포인트에 배포할 수 있는 단일 직렬화된 형식으로 컴파일된다. 직렬화된 형식은 모델을 생성한 소스 코드와 독립적이며 모델 매개변수 가중치, 초매개변수 가중치, 메타데이터, 피처의 컴파일된 DSL(도메인 특화 언어) 표현식을 포함해 모델과 연관된 모든 필수 아티팩트를 포함한다. 모델 직렬화에는 두 가지 접근 방식이 있다. a) 프로그래밍 프레임워크 및 배포 전반에 걸친 단일 패키징 표준과 b) 함께 패키징돼 적용 가능한 엔드포인트에 적용되는 여러 형식의 모델이다.

모델 식별

카나리아 및 A/B 테스트 시나리오를 위해서는 여러 가지 모델을 배포할 수 있다. 배포 시 모델은 UUID^Universally Unique Identifier(범용 고유 식별자)와 옵션 태그로 식별된다. 태그는 하나 이상의 모델과 연결될 수 있으며, 일반적으로 동일한 태그가 있는 최신 모델이 사용된다. 온라인 모델의 경우 모델 UUID는 예측 요청을 서비스하는 데 사용될 모델을 식별하는 데 사용된다. 오프라인 모델의 경우 배포된 모든 모델이 각 일괄 처리 데이터 세트의 점수를 매기는 데 사용되며, 예측 레코드에는 결과 필터링을 위한 모델 UUID가 포함된다.

엔드포인트 배포

모델은 다양한 유형의 엔드포인트에 배포할 수 있다. 검증 사전 단계는 엔드포인트로 푸시되는 모델의 정확성을 보장한다. 독립 실행형 배포의 경우 두 개 이상의 모델을 지정된 서비스 컨테이너에 동시에 배포하거나 기존 모델을 예측 컨테이너로 교체해 디스크에서 새 모델을 자동으로 로드하고 예측 요청 처리를 시작할 수 있다. 모델 A/B 테스트의 경우, 실험 프레임워크는 모델 UUID 또는 태그를 사용해 트래픽의 일부를 각 모델에 자동으로 보내고 성능 지표를 추적한다. 이를 통해 이전 모델에서 새 모델로 안전하게 전환하고 모델의 병렬 A/B 테스트를 수행할 수 있다. ML 모델을 제공하고 모바일 및 IoT 장치에서 추론 작업을 실행하려면 큰 모델을 압축해 에너지 소비를 줄이고 계산을 가속화해야 한다. 압축은 일반적으로 모델의 불필요한 매개변수를 제거한다. 이를 위해서는 모델의 품질을 손상시키지 않고 최상의 압축을 얻기 위해 동일한 작업을 여러 번 학습해야 한다.

직렬화된 모델 형식과 관련된 두 가지 접근 방식을 설명하기 위해 MLflow 및 TFX 오픈 소스 프로젝트를 예로 사용한다.

여러 가지 플레이버를 함께 패키징

MLflow 모델(https://oreil.ly/T9xdp)은 서로 다른 다운스트림 엔드포인트에서 이해할 수 있는 다른 '플레이버^flavor'로 모델을 저장할 수 있는 규칙을 정의한다. 각 MLflow

모델은 디렉터리의 루트에 있는 임의의 파일과 mlmodel 파일을 담고 있는 디렉터리로, 모델의 다양한 플레이버를 정의하고 볼 수 있다. 특정 모델이 지원하는 모든 플레이버는 YAML 형식의 mlmodel 파일에 정의돼 있다. 플레이버는 MLflow 모델을 강력하게 만드는 핵심 개념이다. 즉 배포 도구가 모델을 이해하는 데 사용할 수 있는 규칙으로, 각 도구를 각각의 라이브러리와 통합하지 않고도 모든 ML 라이브러리의 모델과 함께 작동하는 도구를 작성할 수 있다.

통합된 단일 형식

TensorFlow Extended(https://oreil.ly/GJ3xZ)는 프로그래밍 환경과 통합돼 여러 TFX 엔드포인트에 배포할 수 있는 모델을 생성한다. 이는 두 가지 모델 형식을 생성한다. SavedModel 형식에는 매개변수 값 외에도 모델에 의해 정의된 계산에 대한 직렬화된 설명을 포함한다. 여기에는 가중치와 계산을 포함한 완전한 TensorFlow 프로그램이 포함돼 있으며, 실행하는 데 원래 모델 빌드 코드가 필요치 않다. 모델의 평가 그래프는 많은 양의 데이터 및 사용자 정의 슬라이스에 대해 모델에 정의된 동일한 평가 지표를 계산하는 것과 관련된 추가 정보가 포함된 EvalSavedModel로 내보내진다. SavedModel은 엔드포인트에 배포되고 EvalSavedModel은 모델의 성능을 분석하는 데 사용된다.

엔드포인트 배포의 작동 방식을 설명하기 위해 우버의 Michelangelo를 예로 사용한다. 모델은 요청(원격 프로시저 호출RPC을 통해 Thrift 요청으로 전송됨)을 수신하고, 피처 저장소에서 피처를 가져오고, 피처 변환 및 선택을 수행하고, 모델을 호출해 실제 예측을 수행하는 예측 서비스에 배포된다. 반대로 TFX는 파이프라인 내에 모든 피처 처리를 포함하고 이를 TensorFlow 그래프로 나타낸다.

범용 배포 패턴의 강점은 유연성이다. 즉, 한 번 빌드하고 여러 번 배포한다(한 번 작성하면 어디서나 실행'이라는 자바의 가치 제안과 유사함). 이 패턴의 약점은 여러 프로그래밍 라이브러리와 통합하는 데 묘책이 없어서 드는 비용이다. 전반적으로, 이 패턴은 데이터 사용자가 다양한 라이브러리를 사용해 구축된 이기종 모델을 다루고 서로 다른 엔드포인트에 배포하는 경우 반드시 필요하다.

자동 확장 배포 패턴

배포 시 ML 모델은 초당 예측 수로 측정한 처리량 SLA와 TP95 응답 시간으로 측정한 예측 지연 시간 SLA를 모두 충족해야 한다. SLA 요구 사항은 오프라인 모델에 비해 온라인 모델이 훨씬 더 엄격하다. 자동 확장 배포 패턴은 변화하는 호출 요구에 따라 모델 성능이 사동으로 확장되거나 비용 절감을 위해 축소된다.

패턴에는 세 가지 빌딩 블록이 있다.

속도 저하 감지

지속적으로 모델 성능을 측정하고 정의된 임계값에 따라 속도 저하를 감지한다. 임계값은 모델의 복잡성에 따라 다르다. 예를 들어 온라인 서비스 지연 시간은 모델 유형(딥러닝 대 일반 모델)과 모델에 피처 저장소 서비스의 피처가 필요한지 여부에 따라 다르다. 일반적으로 온라인 모델의 TP95 지연 시간은 밀리초 단위로 초당 10만 개의 예측을 지원한다.

자동 확장 정책 정의

자동 확장 정책은 처리량에 대응하거나 속도 저하 감지에 의해 트리거될 때 인스턴스를 제공하는 모델의 수를 조정한다. 이 정책은 인스턴스당 목표 처리량을 정의하고 각 프로덕션 변형의 인스턴스 수에 대한 상한과 하한을 제공한다. ML 모델은 온라인 및 오프라인 모델 모두에서 상태 비저장이며 쉽게 스케일 아웃^{scale out2}할 수 있다. 온라인 모델의 경우 예측 서비스 클러스터에 호스트를 더 추가해 로드 밸런서가 로드를 분산하도록 한다. Spark를 사용한 오프라인 추론에서는 더 많은 실행자^{executor}를 추가해 Spark가 병렬 처리를 관리하도록 한다.

---

2   서버 수를 늘려 확장하는 것 – 옮긴이

격리와 일괄 처리

모델은 멀티테넌트 환경에 배포된다. 여러 ML 모델을 동시에 제공하도록 서버의 단일 인스턴스를 활성화하면 교차 모달 간섭$^{cross-modal interference}$이 발생할 수 있으며, 한 모델의 성능 특성이 다른 모델에 미치는 영향을 최소화하려면 모델 격리가 필요하다. 이는 일반적으로 모델에 대해 별도의 전용 스레드 풀을 구성해 구현된다. 마찬가지로 성능 확장 시 중요한 측면은 개별 모델 추론 요청을 일괄 처리해 GPU와 같은 하드웨어 가속기의 높은 처리량을 확보하는 것이다. 배포된 엔드포인트는 요청을 일괄 처리하고 작은 작업들의 프로세스 그룹의 일괄 처리를 예약하는 라이브러리를 구현한다.

TFX 서빙 라이브러리의 예를 생각해보자. TFX는 자동으로 모델 배포를 확장한다. 교차 모달 간섭을 줄이기 위해 호출자 지정$^{caller-specified}$ 스레드 풀을 사용해 모든 작업을 실행할 수 있다. 이렇게 하면 요청 처리를 수행하는 스레드가 디스크에서 모델을 로드하는 것에 관련된 긴 작업과 경쟁하지 않아도 된다. TensorFlow Session API는 온라인 대 오프라인 서비스, 여러 모델에 대한 인터리빙^{interleaving}[3] 요청, CPU 대 GPU 컴퓨팅, 동기식 대 비동기식 API 호출과 같은 다양한 요구 사항에 대한 가장 좋은 하나의 접근 방식이 없으므로 요청의 일괄 처리를 수행하는 여러 합리적인 방법을 제공한다.

자동 확장 배포 패턴의 강점은 성능과 비용에 관한 최상의 조합을 제공한다는 것이다. 패턴의 약점은 포화도가 감지되면 모델의 성능을 가동$^{spin up}$[4]하고 스케일 아웃하는 데 드는 시간이다. 피처 저장소가 확장의 병목이 되는 시나리오의 경우 이 패턴은 도움이 안 된다. 전반적으로, 이 패턴은 프로덕션 환경에서 모니터링하고 구성하는 데 데이터 사용자에게 상당한 시간이 필요한 성능 문제를 자동으로 처리한다.

---

3   끼워넣기 – 옮긴이
4   클라우드상의 가상 머신을 새로 시작하는 것 – 옮긴이

모델 드리프트 추적 패턴

모델 드리프트 모니터링 패턴은 배치된 모델이 올바르게 작동하는지 확인한다. 드리프트 추적에는 세 가지 측면이 있다. 첫 번째는 다양한 범위의 피처 값에 대한 ML 모델의 정확성이다. 예를 들어, 모델은 학습 중에 과거에 본 값이 아닌 이상치 특성 값을 예측할 때 부정확하다. 두 번째 측면은 예측된 값의 과거 분포를 추적하는 것이다. 즉, 모델은 입력 피처의 유사한 값에 대해 더 높거나 낮은 값을 예측하는 추세를 감지한다. 세 번째는 학습 데이터 배포, 데이티 파이프라인 코드 및 구성, 모델 알고리듬, 모델 구성 매개변수의 변경으로 인해 재학습 후에 모델 동작이 변경될 수 있다는 것이다.

패턴은 다음의 빌딩 블록으로 구성된다.

데이터 배포 및 결과 모니터링

배포 변경에 대한 모델 피처를 모니터링한다. 여기에는 학습 세트에 포함되지 않은 새 데이터에 대한 예측을 모델에 요청하면 모델 성능은 변경된다는 가정이 있다. 각 추론은 입력 피처 값과 함께 특정 추론 ID로 기록된다. 또한 추론의 적은 일부 비율은 나중에 관찰된 결과 또는 레이블 값과 결합된다. 추론과 실제 값을 비교하면 정밀한 정확도 지표를 계산하는 데 도움이 된다.

모델 감사

각 모델 추론과 관련된 구성 및 실행 로그를 포착한다. 예를 들어, 의사 결정 트리 모델의 경우 감사를 통해 각 개별 트리를 탐색함으로써 전체 모델에 대한 상대적 중요성, 분할 지점, 특정 트리에 대한 각 피처의 중요성, 각 분할에서 데이터 분포를 다른 변수 간에 확인할 수 있다. 이는 모델이 왜 이렇게 작동하는지 추적하고 필요에 따라 디버깅하는 데 도움이 된다.

패턴의 예는 우버의 Michelangelo이다. 클라이언트는 추론을 얻기 위해 RPC를 통해 Thrift 요청을 보낸다. Michelangelo는 피처 저장소에서 누락된 피처를 가져와 필요에 따라 피처 변환을 수행하고 실제 모델 추론을 호출한다. 그리고 분석 및 실시간 모니터링을 위해 모든 세부 정보를 Kafka에 메시지로 기록한다. 또한 다양한 모델 유형에 대해 서로 다른 지표를 사용해 정확도를 추적한다. 예를 들어 회귀 모델의 경우 결정 계수 R squared(https://oreil.ly/TLzuf), 평균 제곱근 오차RMSE, Root Mean Square Error(https://oreil.ly/NDcO_), 평균 절대 오차MAE 메트릭(https://oreil.ly/F1IUl)을 추적한다. 사용되는 지표는 문제의 주요 맥락에 있어야 하며, 손실 함수loss function가 모델 최적화의 기반이 되기 때문에 적절하게 정의하는 것이 중요하다.

요약

모델을 배포하기 위해 일회성 스크립트를 작성하는 것은 어렵지 않다. 모델 학습 유형(온라인 대 오프라인), 모델 추론 유형(온라인 대 오프라인), 모델 형식(PAML, PFA, ONNX 등), 엔드포인트 유형(웹 서비스, IoT, 임베디드 브라우저 등), 성능 요구 사항(예측/초 및 지연 시간으로 정의됨)의 조합permutation에 대한 스크립트를 관리하는 것이 어렵다. 많은 조합을 감안하면 개별 팀에서 사용하는 일회성 스크립트는 곧 기술적 부채가 되고 관리하기가 어렵다. 조합 수가 많을수록 모델 배포 서비스를 자동화해야 할 필요성이 커진다.

18장
품질 관측 가능성 서비스

지금까지 인사이트 배포를 다뤘고, 이제 프로덕션에서 사용할 준비가 됐다. 프로덕션 환경에 배포된 비즈니스 대시보드의 지표 중 하나(예: 전체 신규 구독자)가 급증하는 실제 사례를 생각해보자. 데이터 사용자는 급증의 원인이 실제로 데이터 품질 문제의 결과가 아니라 현실을 반영하고 있는지 확인해야 한다. 조정되지 않은 소스 스키마 변경, 데이터 요소 속성 변경, 수집 문제, 동기화되지 않은 데이터가 있는 소스 및 대상 시스템, 처리 실패, 지표 생성을 위한 잘못된 비즈니스 정의 등 여러 가지가 잘못되면 품질 문제로 이어질 수 있다.

프로덕션 파이프라인에서 품질을 추적하는 것은 복잡한 일이다. 첫째, 데이터 파이프라인의 여러 소스 간에 데이터 품질에 대한 E2E 통합 및 표준화된 추적이 없다. 이로 인해 데이터 품질 문제를 식별하고 수정하는 데 오랜 시간이 걸린다. 또한 팀이 현재의 문제 해결을 위해 자체 하드웨어와 소프트웨어 인프라를 적용하고 관리할 수 있는 표준화된 플랫폼이 없다. 둘째, 품질 검사를 정의하고 대규모로 실행하려면 상당한 엔지니어링 노력이 필요하다. 예를 들어 개인화 플랫폼은 매일 수백만 개의 기록에 대한 데이터 품질 검증을 필요로 한다. 현재 데이터 사용자는 여러 시스템에 걸쳐 많은 양의 데이터가 흐르는 확장성이 떨어지는 일회성 검사에 의존하고 있다. 셋째, 데이터 품질 문제를 감지하는 것뿐만 아니라 품질이 낮은 데이터 레코드를 나머지 데이터 세트 파티션과 섞지 않도록 하는 것도 중요하다. 품질 검사는 전체 페타바이트 데이터 세트에서 실행하는 대신 증분 데이터 세트에서 실행할 수 있어야 한다. 인사이트 품질 시간time to insight quality에는 이상 징후에 대한 데이터 속성을 분석하고, 감지된 품질 문제의 근본 원인을 디버깅하고, 품질이 낮은 데이터가 대시보드 및 모델의 인사이트에 영향을 미치지 않도록 사전에 방지하는 작업이 포함된다. 이러한 작업들은 파이프라인과 관련된 전체 인사이트 시간이 늘어나게 만들 수 있다.

이상적인 셀프서비스 품질 관측 가능성 서비스는 데이터 자산을 등록하고, 데이터 세트에 대한 품질 모델을 정의하며, 문제 또는 이상이 감지될 때 모니터링 및 경고를 허용해야 한다. 데이터 특성의 이상 징후는 품질 문제의 잠재적 신호다. 이 서비스는 품질 문제가 감지된 시나리오에서 근본 원인 디버깅에 도움을 주기에 충분한 프로파일링 세부 정보 및 구성 변경 추적 사항을 수집한다. 마지막으로, 이 서비스는 스키마 적용을 사용하고 저품질 데이터 레코드를 데이터 세트에 추가하기 전에 격리함으로써 품질 문제를 사전에 방지해야 한다.

여정 지도

인사이트의 품질을 모니터링하는 것은 지속적으로 이뤄지는 활동이다. 인사이트의 품질에 가장 큰 기여를 하는 것은 지속적으로 진화하는 기본 데이터의 품질이다. 낮은 품질의 데이터는 잘못된 비즈니스 인사이트, ML 모델 예측 사용 시 고객 경험 저하 등을 초래할 수 있다. 품질 관측 가능성은 특히 데이터 노이즈에 민감한 ML 알고리듬을 사용할 때 필수적인 서비스다.

일일 데이터 품질 모니터링 보고서

데이터 사용자는 생성된 인사이트가 사용하기에 유효한지 확인해야 한다. 일반적으로 이 프로세스에는 근원에서 소비까지의 데이터 정확성 검증 작업이 포함된다. 프로덕션에 배포된 데이터 세트는 일일 수집 품질을 지속적으로 추적한다. 불완전한 데이터, 모호한 데이터 해석, 중복된 데이터, 오래된 메타데이터 카탈로그와 같은 여러 유형의 데이터 품질 문제는 결과적으로 ML 모델, 대시보드와 기타 생성된 인사이트의 품질에 영향을 미칠 수 있다.

일일 데이터 품질 보고서의 목표는 품질이 낮은 데이터가 생성된 인사이트에 영향을 미치지 않도록 방지하는 것이다. 데이터 품질을 확인하기 위해 다양한 기술이 사용된다. 예를 들어 데이터 유형 일치, 소스-타깃 카디널리티, 값 분포를 확인하고 과거 추세에 대한 통계를 프로파일링해 이상 징후와 잠재적인 품질 문제를 감지한다. 여러 플랫폼에 걸쳐 많은 양의 데이터가 흐르는 경우 데이터 품질을 검증하는 것은 어렵고 비용이 많이 든다. 오늘날의 검사는 SQL로 구현된 임시적이고 포괄적이지 않은 검사. 데이터 사용자는 보통 다른 데이터 세트에 대한 품질 검사를 구현하기 위해 이미 있는 것과 비슷한 것을 만들면서 시간을 낭비한다.

품질 문제 디버깅

통계를 설명하는 맥락(예: 예상되는 트래픽 급증)에서 데이터 사용자는 이것이 데이터 문제를 나타내는 것인지 또는 실제로 현실을 반영하는 것인지를 결정하는 데 상당한 시간을 소비한다. 이러한 결정을 내리려면 파이프라인 계보와 파이프라인의 서로 다른 시스템과 관련된 모니터링 통계 및 이벤트 로그에 대한 심층 분석이 필요하다. 모든 변경 사항을 감지하고 분석하는 데는 상당한 시간이 소요된다. 빈 파티션, 예기치 않은 null, 잘못된 JSON과 같은 다양한 근본 원인 문제가 파이프라인에 영향을 미칠 수 있다. 그림 18-1은 생산 과정에서 발생한 주요 문제를 보여준다. 다양한 문제를 고려할 때 디버깅을 위한 묘책은 없다.

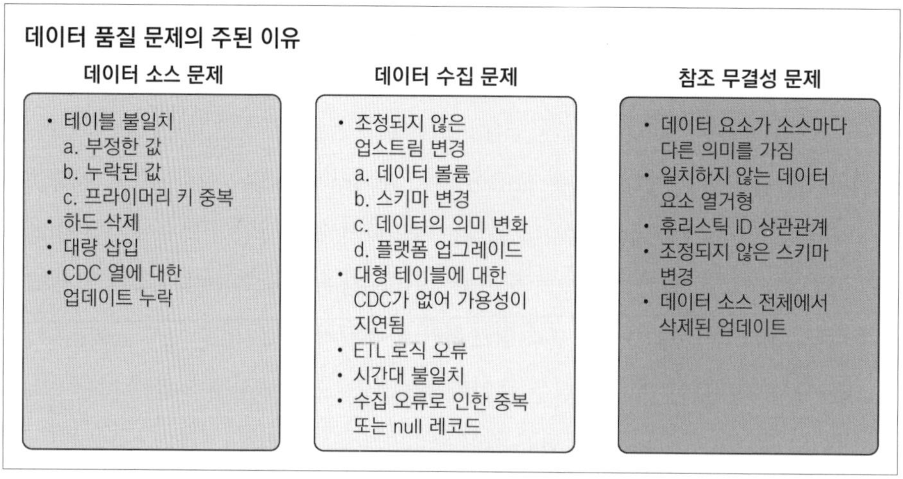

데이터 품질 문제의 주된 이유

데이터 소스 문제	데이터 수집 문제	참조 무결성 문제
• 테이블 불일치 　a. 부정한 값 　b. 누락된 값 　c. 프라이머리 키 중복 • 하드 삭제 • 대량 삽입 • CDC 열에 대한 　업데이트 누락	• 조정되지 않은 　업스트림 변경 　a. 데이터 볼륨 　b. 스키마 변경 　c. 데이터의 의미 변화 　d. 플랫폼 업그레이드 • 대형 테이블에 대한 　CDC가 없어 가용성이 　지연됨 • ETL 로직 오류 • 시간대 불일치 • 수집 오류로 인한 중복 　또는 null 레코드	• 데이터 요소가 소스마다 　다른 의미를 가짐 • 일치하지 않는 데이터 　요소 열거형 • 휴리스틱 ID 상관관계 • 조정되지 않은 스키마 　변경 • 데이터 소스 전체에서 　삭제된 업데이트

그림 18-1 프로덕션에서 발생하는 주요 데이터 문제

저품질 데이터 레코드 처리

품질 문제를 감지하는 것을 넘어서 저품질 데이터가 데이터 레이크의 데이터 세트를 오염시키기 전에 선행적으로 수집 시점에 폐기되거나 정리되도록 하려면 어떻게 해야 할까? 오늘날, 이 프로세스는 임시 방식이며 데이터 엔지니어링과 데이터 사용자 간에 왔다 갔다 하는 과정을 수반한다. 저품질 레코드가 있는 파티션을 격리, 정리, 백필하는 명확한 전략은 없다. 품질의 정의는 다른 속성으로 확장될 수 있다. 즉, 데이터의 편향을 감지한다. 데이터 세트가 정규 분포를 나타내지 않는 ML 모델에서 편향에 대한 우려가 더욱 커진다.

인사이트 품질 시간 최소화

인사이트 품질 시간에는 데이터의 정확성을 확인하는 시간, 이상 징후에 대한 프로필 데이터 속성, 낮은 품질의 데이터 레코드가 데이터 레이크를 오염시키는 것을 사전에 방지하는 시간이 포함된다.

데이터의 정확성 확인

검증 프로세스에는 E2E 파이프라인에서 데이터의 개별 샘플을 분석하기 위한 데이터 품질 모델을 만드는 것이 포함된다. 모델은 데이터, 메타데이터, 모니터링 통계, 로그 메시지 등에 대한 품질 규칙을 정의한다. 모델은 정확성, 데이터 프로파일링, 이상 탐지, 유효성, 적시성과 같은 다양한 데이터 품질 차원을 다룬다.

이러한 품질 검사는 다양한 데이터 수명주기 단계에 적용할 수 있으므로 문제를 조기에 감지할 수 있다.

소스 단계

애플리케이션 계층(트랜잭션 데이터베이스, 클릭스트림, 로그, IoT 센서 등) 내의 데이터 생성

수집 단계

소스에서 일괄 또는 실시간으로 수집돼 레이크에 저장된 데이터

준비 단계

데이터 속성은 물론 값 분포, 열거형 등과 같은 메타데이터 속성을 문서화한 카탈로그에서 사용할 수 있는 데이터

지표 로직 단계

데이터를 파생된 속성/집계로 변환해 지표/피처로 사용할 수 있게 함

오늘날 데이터 품질 모델을 만드는 것은 임시 방식이며 서로 다른 데이터 세트에서 일반화할 수 없다. 검사는 모니터링 통계 및 로그 분석을 위한 일회성 스크립트뿐만 아니라 SQL 조인을 사용해 구현된다. 데이터 사용자의 코딩 부담을 덜어주면서 대부분의 정확도 요구 사항을 충족할 수 있을 만큼 유연하려면 일반적인 비교 알고리듬이 필요하다. 검사는 일반 데이터 속성과 비즈니스 특화 로직의 조합일 수 있다.

품질 이상 탐지

이상 탐지에는 데이터 속성을 프로파일링하고 이를 과거 추세와 비교해 예상 범위를 정의하는 작업이 포함된다. 이상 징후는 무언가 변경되고 있음을 나타내며 데이터 품질 문제를 발견하는 데 도움이 될 수 있다. 모든 이상이 데이터 품질 문제와 관련이 있는 것은 아니며 단순히 구성 또는 스키마의 변경으로 인해 지표가 이전 패턴에서 벗어날 수 있다. 실제 데이터 품질 문제와 단순한 이상을 구분하는 것은 어렵다. 모든 시나리오에 가장 적합한 단일 알고리듬은 없다. 이상 징후 학습은 큰 문제다. 이상 징후와 정상 데이터 사이의 경계가 정확하지 않기 때문에 정상 영역을 정의하는 것이 매우 어렵다. 정상의 정의는 계속 진화하고 있다. 오늘날 정상으로 간주되는 것이 미래에는 정상이 아닐 수 있다. 각각의 오탐지로 인해 디버깅하고 변경의 이유를 설명하는 데 소요되는 시간이 증가한다.

데이터 품질 문제 방지

이전 작업은 데이터 품질 문제 감지와 관련이 있었지만, 이 작업은 낮은 품질의 데이터 레코드가 인사이트를 생성하는 데 사용되는 것을 방지하는 것이다. 예를 들어, 비즈니스 리포트 대시보드에서 누락된 데이터 레코드로 인해 지표가 하락했거나 온라인 학습 ML 모델이 손상된 레코드를 학습에 사용해 예측 오류를 나타내는 시나리오를 생각해보자. 수집 시 데이터 품질 문제가 있는 레코드는 정확도 규칙 및 이상 추적에 따라 플래그가 지정된다. 이러한 레코드 또는 파티션은 데이터 세트의 일부로 표시되지 않으므로 데이터 사용자가 데이터를 사용할 수 없다. 따라서 사람이 개입해 데이터의 불일치를 정리하거나 폐기해야 한다. 데이터 품질과 가용성 사이에는 트레이드오프가 있다. 낮은 품질의 데이터를 탐지하고 방지하기 위한 공격적인 접근 방식은 데이터 가용성 문제로 이어질 수 있다(그림 18-2 참조). 반대로 데이터 가용성이 높아지면 데이터 품질이 저하될 수 있다. 올바른 균형은 유스 케이스에 따라 다르다. 다운스트림 파이프라인을 여러 개 공급하는 데이터 세트의 경우 고품질을 보장하는 것이 더 중요하다. 문제가 해결되면 데이터 가용성을 해결하기 위해 ETL을 다시 채워야 한다.

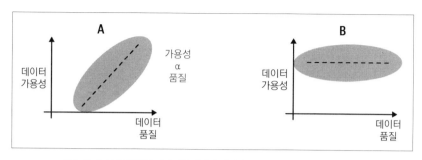

그림 18-2 낮은 품질의 데이터를 피하면 데이터 가용성 문제가 발생할 수 있다.
품질을 확인하지 않고 놔두면 가용성이 보장되지만 일관된 데이터 품질 보장을 위해서는 후처리가 필요하다.

요구 사항 정의

데이터 품질 서비스의 효과는 생성되는 인사이트의 도메인과 유형에 따라 달라진다. 높은 데이터 정밀도에 민감한 인사이트에서 품질 관측 가능성은 필수적이다. 모든 기업은 (전체 및 특정 작업에 대해) 필요한 개별 기준의 수준을 결정해야 한다. 품질 검사를 실행하는 것이 괜히 일을 크게 벌리는 것이 될 수 있다. 품질 모델을 점진적으로 구현해 주요 품질 요구 사항의 우선순위를 정하고 단계적으로 적용하는 것이 중요하다.

데이터 품질 문제 감지 및 처리

null 값 검사, 특정 값 검사, 스키마 유효성 검사, 열 값 중복, 고유성 검사와 같은 여러 가지 품질 검사(https://oreil.ly/rBWNU)가 있다. 또한 데이터 품질 검사에는 여러 가지 차원이 있다. 아파치 Griffin(https://oreil.ly/FxJTq)은 일관성, 정확성, 완전성, 감사 가능성, 순서성, 고유성, 적시성과 같은 데이터 품질 차원을 정의한다. 데이터 품질 검사의 대체 분류법(그림 18-3 참조)은 먼저 테이블 내 단일 열, 다중 열, 데이터베이스 간 종속성의 일관성을 확인하는 것을 기반으로 한다.

단일 열	다중 열	DB 간 종속성
• 카디널리티 • 패턴 및 데이터 유형 • 값 분포 • 도메인 분류	• 상관관계 • 연결 규칙 • 클러스터링 • 이상치 • 요약 및 스케치	• 고유 열 조합 • 포함 종속성 • 기능적 종속성

그림 18-3 아비장(Abedjan) 등이 정의한 데이터 품질 검사 분류법(https://oreil.ly/mD7mz)

데이터 품질은 일괄 처리 및 스트리밍 데이터 소스를 모두 지원해야 한다. 사용자는 데이터 품질 검사에 사용할 데이터 세트를 등록할 수 있다. 데이터 세트는 RDBMS 또는 Hadoop 시스템의 일괄 처리 데이터 또는 Kafka, Storm과 기타 실시간 데이터 플랫폼의 준실시간 스트리밍 데이터일 수 있다. 요구 사항의 일부로 모든 데이터스토어의 인벤토리를 생성하고 상호 운용성을 위해 우선순위를 정해야 한다.

요구 사항의 또 다른 측면은 일일 수집 프로세스 중에 감지된 저품질 데이터의 처리 프로세스를 정의하는 것이다. 이러한 레코드의 처리는 데이터 세트의 구조에 따라 다르다. 추가 전용append-only 테이블은 이전 파티션을 수정할 수 있는 인플레이스in-place 업데이트에 비해 처리가 쉽다. 저품질 데이터를 처리하는 프로세스에서는 알림 대상, 문제 해결을 위한 응답 시간 SLA, 처리를 백필하는 방법, 데이터 폐기 기준을 정의해야 한다.

기능 요구 사항

품질 관측 가능성 서비스는 다음의 기능을 구현해야 한다.

정확도 측정

데이터 스키마 속성, 값 분포 또는 비즈니스별 논리에 기반한 절대 규칙을 사용해 만든 데이터 세트의 정확성을 평가한다.

데이터 프로파일링 및 이상 탐지

데이터 세트 내의 예상되는 패턴을 따르지 않는 이벤트를 식별하기 위해 데이터 세트 및 사전 구축된 알고리듬 함수 내의 데이터 값 통계를 분석하고 평가한다(데이터 품질 문제를 보여줌).

사전 예방

품질이 낮은 데이터 레코드가 나머지 데이터 세트와 혼합되는 것을 방지하기 위한 조치다.

비기능 요구 사항

다음은 다른 소프트웨어 설계와 마찬가지로 품질 관측 가능성 서비스 설계 시 고려해야 하는 핵심 NFR의 일부다.

적시성

데이터 품질 검사를 적시에 실행해 문제를 더 빨리 감지할 수 있다.

범위 확장성^{extensibility}

솔루션이 여러 데이터 시스템에서 작동할 수 있다.

규모 확장성^{scalability}

솔루션이 대량의 데이터에서 (PB 순서에 따라) 작동하도록 설계돼야 한다.

직관성

솔루션은 사용자가 데이터 품질 대시보드를 시각화하고 대시보드 보기를 개인화할 수 있도록 해야 한다.

구현 패턴

기존 작업 지도에 따라 품질 관측 가능성 서비스에 대한 자동화 수준은 세 가지가 있다 (그림 18-4 참조). 각 수준은 현재 수동이거나 비효율적인 작업 조합을 자동화하는 것에 해당한다.

정확성 모델 패턴

대규모 데이터의 정확성을 확인하기 위해 모델 생성을 자동화한다.

프로파일링 기반 이상 탐지 패턴

오탐지를 줄이면서 품질 이상 징후 감지를 자동화한다.

방지 패턴

저품질 레코드가 데이터 세트를 오염시키는 것을 사전에 방지한다.

데이터 품질 프레임워크 분야는 활발하게 연구되고 있었다. IEEE는 데이터 품질 프레임워크에 대한 포괄적인 설문 조사(https://oreil.ly/Gn_QT)를 보유하고 있다.

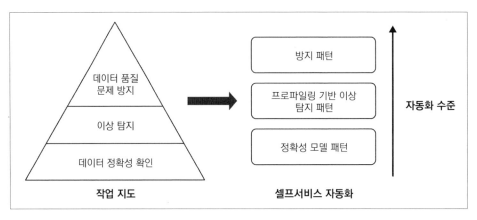

그림 18-4 품질 관측 가능성 서비스의 다양한 자동화 수준

정확도 모델 패턴

정확도 모델 패턴은 데이터 세트의 정확도를 계산한다. 기본 접근 방식은 증분 데이터 레코드와 기존 원본 데이터 세트의 내용을 매칭시키고 속성과 관계를 검사해 차이를 계산하는 것이다.

패턴은 다음과 같이 작동한다.

330

- 사용자는 골든 데이터 세트를 진실의 출처로 정의한다. 골든 데이터 세트는 속성 데이터 유형, 값 범위 등과 관련해 데이터 세트와 관련된 이상적인 속성이다. 사용자는 데이터 레코드와 골든 데이터 세트 간의 열 값 일치를 지정하는 매핑 규칙을 정의한다. 데이터 사용자 또는 중소기업SME이 규칙을 정의한다. 예를 들어 전화번호 열이 null일 수 없도록 규칙을 지정할 수 있다. 또한 사용자는 자신에게 특화한 기능을 정의한다.
- 매핑 규칙은 데이터 품질 지표를 계산하기 위해 지속적으로 실행되는 품질 작업으로 실행된다. rowcount, compressBytes, nullCount, NumFiles, Bytes와 같은 다양한 데이터 열에 대한 지표를 정의할 수 있다. 모델 엔진은 데이터를 취득한 후 데이터 품질 지표를 계산한다.

이 패턴의 오픈소스 구현으로 인기 있는 것은 아마존 Deequ, 아파치 Griffin과 넷플릭스의 Metacat이다.

Deequ(https://oreil.ly/gYNoH)는 아파치 Spark를 기반으로 구축됐고 방대한 양의 데이터에 맞춰 확장 가능하다. 또한 제약 조건 검증을 제공해 사용자가 품질 보고를 위한 테스트 케이스를 정의할 수 있다. Deequ는 테스트할 제약 조건을 식별하기 위한 내장 기능을 제공하고 테스트를 기반으로 지표를 계산한다. 실제 배포에서의 일반적인 시나리오는 시간이 지남에 따라 새 행을 추가해 데이터 세트를 늘리는 것이다. Deequ는 상태 저장 지표(https://oreil.ly/oV1ZS) 연산을 지원해 증분 데이터 로드의 유효성을 검사하는 방법을 제공한다. Deequ는 내부적으로 데이터 파티션의 상태를 계산하며, 이를 집계해 지표 계산에 대한 입력을 형성하는 데 사용할 수 있다. 상태는 증가하는 데이터 세트에 대한 지표를 적은 비용으로 업데이트하는 데 사용할 수 있다.

프로파일링 기반 이상 탐지 패턴

이 패턴은 기록 데이터 프로파일링의 자동 분석을 기반으로 데이터 품질 문제를 감지하는 데 초점을 둔다. 패턴에는 두 가지 부분이 있다. 하나는 a) 데이터 세트의 과거 특성을 집계하는 데이터 프로파일링이고, 다른 하나는 b) 수학적 알고리듬을 적용해 데이터 문제를 예측하는 기능을 제공하는 이상 탐지다. 품질 문제를 나타내는 비정상적인 데이터 속성을 식별하는 것이 이 패턴의 전반적인 목표다.

패턴은 다음과 같이 작동한다.

- 데이터를 다양한 유형의 통계로 프로파일링한다.
  - null, 중복 값 등을 추적하는 단순 통계
  - 최대, 최소, 평균, 편차 등을 추적하는 요약 통계
  - 빈도 분포, 상관 통계 등과 같은 고급 통계

  이러한 통계 내역은 시스템 및 워크로드의 구성 변경 같은 다른 관련 이벤트와 함께 유지된다.

- 과거 추세는 수학적 및 ML 알고리듬에 제공된다. 통계는 예상되는 값 범위에 대해 분석된다. 예를 들어 평균 절대 편차$^{MAD, Mean Absolute Deviation}$는 각 데이터 레코드와 평균 사이의 평균 거리를 계산한다. 이러한 차이의 평균^{average}은 각 차이의 절댓값을 기반으로 계산된다. 임계값을 벗어나는 데이터 레코드는 이상으로 표시돼 품질 문제를 나타낸다. 마찬가지로 유클리드 거리를 사용하는 클러스터링 기술과 같은 ML 알고리듬도 사용된다. 실제로 다양한 알고리듬 앙상블이 다양한 클래스의 이상을 감지하는 데 최적화돼 있으며 장단기 추세와 계절성을 통합할 수 있다.

이 패턴의 구현으로는 아파치 Griffin(https://oreil.ly/hCaAa), 링크드인의 ThirdEye(https://thirdeye.gr/), 아마존 Deequ(https://oreil.ly/GhP-d) 등이 있다.

이 패턴을 설명하기 위해 아파치 Griffin을 다뤄보자. 데이터 프로파일링은 Spark MLlib를 사용해 계산된 열 요약 통계를 기반으로 한다. Spark의 프로파일링 작업은 자동으로 예약된다. 연산은 모든 데이터 유형 열에 대해 한 번만 수행되고 지표로 유지된다(그림 18-5 참조). Griffin은 이상 분석을 위해 볼린저 밴드$^{Bollinger Band}$ 및 MAD 알고리듬을 사용한다.

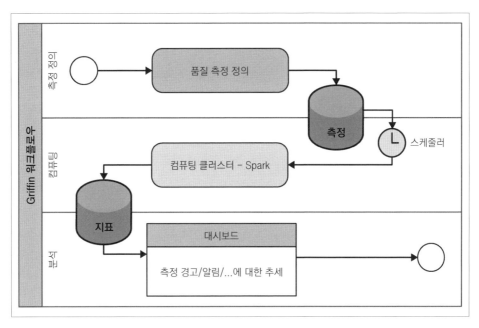

그림 18-5 아파치 Griffin의 내부 워크플로우(apache.org(https://oreil.ly/UMih1))

방지 패턴

이 패턴은 품질이 낮은 레코드가 나머지 데이터 세트와 병합되는 것을 방지한다. 데이터 랭글링 사후 처리의 필요성을 줄이기 위해 데이터 품질을 관리하는 사전 예방적 접근 방식이다. 이 패턴이 없으면 품질 문제가 있는 데이터가 ML 모델 및 대시보드에서 소비돼 잘못된 인사이트로 이어진다. 정확성을 위해 인사이트를 디버깅하는 것은 사례별로 지속 불가능한 처리를 요구하는 악몽과 같은 일이다.

다음은 이 패턴을 구현하는 데 널리 사용되는 접근 방식이다. 일반적으로 다음 두 가지 접근 방식 모두가 함께 사용된다.

스키마 적용

이 접근 방식에서 스키마는 데이터 레이크 수집 중에 지정된다. 스키마는 데이터가 데이터 레이크로 수집되기 전에 데이터 손상을 방지하기 위해 수집 시에 확인되고 적용된다. 데이터브릭스의 Delta Lake가 이 패턴을 구현하고 있다.

회로 차단기

데이터 파이프라인용 회로 차단기는 마이크로서비스 아키텍처의 회로 차단기 (https://oreil.ly/GpPvt) 패턴과 유사하게 저품질 데이터가 다운스트림 프로세스로 전파되는 것을 방지한다(그림 18-6 참조). 결과적으로 품질이 낮은 기간 동안에는 보고 서에서 데이터가 누락되지만, 데이터가 있는 경우에는 데이터가 정확하다는 것을 보장한다. 이러한 사전 예방적 접근 방식을 통해 데이터 가용성은 데이터 품질에 정비례한다. 인튜이트의 SuperGlue(https://oreil.ly/-cYde)와 넷플릭스의 WAP^Write Audit Push(https://oreil.ly/3Rm9Z)가 이 패턴을 구현하고 있다.

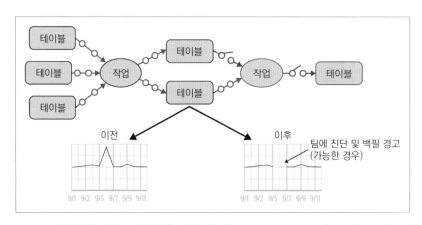

그림 18-6 데이터 파이프라인 회로 차단기(2018년 뉴욕 O'Reilly Strata Conference(https://oreil.ly/HBPn4))

회로 차단기의 접근 방식을 설명하기 위해 먼저 넷플릭스의 WAP 패턴을 다뤄보자. 새 데이터 레코드는 별도의 파티션에 기록된다. 파티션은 카탈로그에 추가되지 않으며 애플리케이션에 표시되지 않는다. 파티션은 품질을 위해 감사된다. 테스트가 통과되면 파티션 세부 정보가 Hive 카탈로그로 푸시돼 레코드를 검색할 수 있다. 이와 관련한 패턴은 인튜이트의 SuperGlue로 파이프라인 계보를 발견하고, 파이프라인의 각 단계에서 데이터의 정확성과 이상 징후를 분석하고, 회로 차단기를 사용해 다운스트림 처리를 방지한다. 그림 18-7과 같이 품질 문제가 감지되면 회로가 닫힌 상태에서 열린 상태로 이동한다.

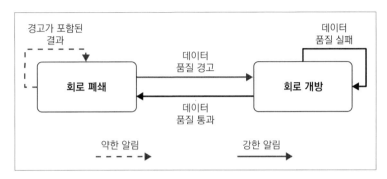

그림 18-7 데이터 파이프라인에 있는 회로 차단기의 상태 다이어그램.
폐쇄 회로는 데이터가 파이프라인을 통해 계속 흐르도록 한다. 개방 회로는 다운스트림 처리를 중단시킨다
(2018년 뉴욕 O'Reilly Strata Conference(https://oreil.ly/HBPn4)).

회로 차단기 패턴은 신뢰도 수준에 따라 경고를 생성하거나 다운스트림 처리를 완전히 중단시킨다. 그림 18-8에 예제가 나와 있다.

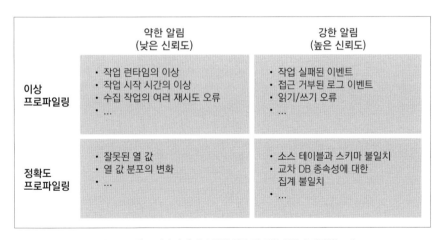

그림 18-8 회로 차단기 패턴의 약한 알림 및 강한 알림에 해당하는 예
(2018년 뉴욕 O'Reilly Strata Conference(https://oreil.ly/HBPn4))

요약

인사이트의 품질을 보장하는 것은 운영 단계에서 가장 어렵고 중요한 측면 중 하나다. 종종 이 문제는 의사 결정을 위해 대시보드 또는 ML을 사용하는 최종 사용자에 의해 감지된다. 품질 관측 가능성 서비스의 핵심 성공 기준은 데이터 사용자에게 오탐지 경고가 넘쳐나지 않게 하면서 품질 문제를 사전에 감지하기 위해 사용할 수 있는 수많은 신호를 분석하는 것이다.

19장

비용 관리 서비스

이제 품질 보장을 위한 지속적인 모니터링과 함께 프로덕션에 인사이트를 배포했다. 운영화 단계의 마지막 부분은 비용 관리다. 비용 관리는 특히 클라우드에서 매우 중요한데, (종전의 선결제, 고정 비용 모델과 달리) 종량제 모델은 사용량에 따라 비용이 선형적으로 증가하기 때문이다. 데이터 민주화를 통해 데이터 사용자가 인사이트를 추출하기 위한 여정을 스스로 제공할 수 있으므로 리소스 낭비와 무제한 비용 지출의 위험성이 있다. 데이터 사용자는 리소스를 적극적으로 활용하지 않고 리소스를 자주 가동해 활용도가 낮아지는 경우가 많다. 고급 GPU에서 실행되는 하나의 잘못된 쿼리는 몇 시간 만에 수천 달러를 축적시켜 데이터 사용자를 놀라게 하는 것이 일반적이다. 비용 관리는 비용을 관리하고 최적화하는 데 필요한 가시성과 제어 기능을 제공한다. 이 서비스는 다음과 같은 질문에 답하는 데 초점을 맞춘다.

- 애플리케이션당 지출된 비용은 얼마인가?
- 할당된 예산보다 더 많은 비용을 지출할 것으로 예상되는 팀은 어디인가?
- 성능과 가용성에 영향을 주지 않고 지출을 줄일 수 있는 기회가 있는가?
- 할당된 자원이 적절하게 활용되고 있는가?

오늘날 비용 관리에서는 몇 가지 문제점을 제시한다. 첫째, 시나리오의 특성에 따라 비용 절감을 위한 전략이 많다. 데이터 사용자는 끊임없이 진화하는 클라우드 제품의 전문가가 아니며 작업 부하 특성 및 성능 SLA를 기반으로 비용을 절감할 수 있는 전략을 마련할 수 없다. 둘째, 데이터 사용자는 처리를 효율적으로 확장하고 클라우드의 탄력성을 활용하는 데 어려움을 겪는다. 예를 들어 쿼리 백로그를 처리하기 위해 한 시간 동안 열 개의 컴퓨팅 인스턴스를 돌리는 비용은 10시간 동안 실행되는 인스턴스 한 개에 해당하는 비용과 동일하다. 셋째, 일반적으로 리소스에 태그가 지정되지 않고 클라우드 공급자의 할인으로 인해 실제 비용 계산이 어려우므로 할당 예산이 다른 여러 팀에 대한 비용 할당 및 차지백chargeback을 추적하기가 어렵다. 전반적으로, 비용 관리는 단순한 휴리스틱이나 접근 방식이 없으며 성능, 지출, 활용도의 균형을 맞추는 작업이다. 비용 최적화 시간은 대량 프로덕션 쿼리의 오프라인 비용 최적화, (상당한 비용이 있는 쿼리 방지를 위한) 지속적인 모니터링 오버헤드, 비용 개선을 위해 클라우드에서 사용되는 서비스를 주기적으로 재방문하는 데 필요한 시간을 감안할 때 전체 인사이트 시간이 늘어나게 만든다.

이상적인 비용 관리 서비스는 데이터 처리 워크로드의 급증에 대응해 할당된 리소스를 확장함으로써 리소스 공급과 수요를 자동으로 관리할 수 있어야 한다. 이 서비스는 실행 중인 워크로드, 할당된 리소스 속성, 예산, 성능, 가용성 SLA를 분석해 비용 절감 전략을 자동으로 분석하고 추천해야 한다. 또한 데이터 파이프라인, 애플리케이션, 팀 전반에 걸쳐 예산 사용에 대한 세분화된 경고를 제공하고 모니터링의 형태로 비용 관측 가능성을 제공할 수 있어야 한다. 이 서비스는 데이터 사용자를 위한 비용 관리를 단순화함으로써 전체 인사이트 시간을 개선한다.

여정 지도

오늘날 방대한 양의 데이터가 클라우드에 저장되고 처리되는 이유는 많은 이점이 있기 때문이다. 저자 압둘 쿠마르Abdul Quamar(https://oreil.ly/wOKvX)는 이 이점을 확장성, 탄력성, 가용성, 낮은 소유 비용, 전체 규모의 경제성으로 나열하고 있다.

데이터 사용자는 기업이 클라우드로 전환함에 따라 비용을 인식하고 인사이트 추출 여정의 모든 단계에서 지출을 적극적으로 최적화해야 한다. 종량제 모델, 특히 쿼리로 스캔한 데이터양을 기반으로 비용을 책정하는 서버리스 프로세싱에서는 여러 가지 선택 사항이 있다. 신중하게 관리하지 않으면 데이터 처리 비용이 상당히 커질 수 있다.

비용 사용량 모니터링

클라우드 프로세싱 계정은 일반적으로 데이터 엔지니어링 및 IT 팀에 의해 설정된다. 단일 프로세싱 계정은 데이터 과학자, 분석가, 사용자로 구성된 여러 팀을 지원한다. 이 계정은 여러 팀에서 사용하는 공유 서비스(요청 인터리빙) 또는 엄격한 성능 SLA가 있는 애플리케이션을 위해 프로비저닝된 전용 서비스를 호스팅한다. 예산은 비즈니스 요구에 따라 각 팀에 할당된다. 이러한 팀 내의 데이터 사용자는 월 예산 내에서 쿼리가 적절한 비용적 이점을 제공하는지 확인해야 한다.

이는 여러 도전 과제를 제시한다. 민주화된 플랫폼에서는 사용자가 할당된 예산에 대해 책임을 지면서 예산, 비즈니스 요구 사항, 처리 비용 간의 균형을 맞출 수 있는 결정을 내릴 수 있어야 한다. 공유 서비스에서는 데이터 사용자에게 비용 가시성을 제공하는 것이 쉽지 않다. 이상적으로는 사용자가 요청을 발행할 때 처리 또는 학습에 대한 예상 비용을 얻을 수 있어야 한다. 팀에서 가동spin up하는 리소스에는 태그가 지정되지 않는 경우가 많으므로 책임 소재를 가리기 어렵다. 예약, 온디맨드on-demand, 스팟 컴퓨팅 인스턴스 등 적절한 인스턴스 유형에 대한 지식이 부족하면 상당한 비용이 낭비될 수 있다.

지속적인 비용 최적화

클라우드에는 비용 모델이 다른 여러 가지 빅데이터 서비스가 있다. 데이터 사용자는 두 단계의 비용 최적화를 수행한다. 첫 번째 단계는 파이프라인을 설계할 때 발생한다. 여기에서는 워크로드 및 SLA 요구 사항에 가장 적합한 종량제 모델에 대한 옵션을 평가한다. 두 번째 단계는 지속적으로 발생하며, 활용도를 분석하고 구성을 지속적으로 최적화하는 방식으로 진행된다. 비용 최적화는 정제와 개선의 지속적인 과정이다. 비용을 최소화하면서 비즈니스 성과를 달성하는 비용 인식 시스템을 구축하고 운영하는 것이 목표다. 즉 비용 최적화 시스템은 모든 리소스를 충분히 활용하면서 가능한 최소 비용 선으로 결과물을 달성하고 기능 요구 사항을 충족시킬 것이다.

클라우드 제품과 관련된 조합의 수가 증가하는 것을 고려할 때 배포에 적합한 설계와 구성을 선택하는 것은 단순하지 않다. 예를 들어 데이터 처리의 경우 자동 확장 컴퓨팅 인스턴스 비용을 지불하거나 서버리스 모델을 활용하고 쿼리에서 스캔한 데이터양에 따라 비용을 지불할 수 있다. 적절한 옵션은 워크로드 패턴, 데이터 차지 공간, 팀 전문성, 비즈니스 민첩성 요구, SLA의 예측 가능성에 따라 달라진다.

비용 최적화 시간 최소화

비용 최적화 시간에는 비용 효율적인 서비스를 선택하고, 서비스를 구성 및 운영하고, 워크로드를 기반으로 비용 최적화를 지속적으로 적용하는 작업이 포함된다. 소요 시간은 지출 관측 가능성, 수요 공급 매칭, 지속적 비용 최적화라는 세 가지 버킷으로 나뉜다.

비용 관측 가능성

여기에는 경고, 예산 책정, 모니터링, 예측, 보고, 세분화된 비용 할당이 포함된다. 비즈니스 및 기술 이해관계자에게 가시성과 거버넌스를 제공하는 것이 목표다. 리소스 비용을 프로젝트 및 팀에 할당하는 기능은 효율적인 사용 행동을 유도하고 낭비를 줄이는 데 도움이 된다. 관측 가능성을 통해 비즈니스 내에서 리소스를 할당할 위치에 대해 좀 더 정보에 입각한 결정을 내릴 수 있다.

관측 가능성은 리소스 인벤토리, 달러 비용 및 관련 할인, 리소스 태그, 사용자 팀/프로젝트 매핑, 사용량, 성능 등 다양한 유형의 데이터를 집계하고 분석해 구축된다. 비용 할당은 도전적인 일이며 오늘날에는 계정 구조화 및 태깅을 사용해 달성한다. 계정은 하나의 부모 계정 대 다수의 자식 계정 또는 모든 처리에 대한 단일 계정으로 구성된다. 태그를 지정하면 비즈니스 및 조직 정보를 청구 및 사용 데이터에 중첩시킬 수 있다. 공유돼 관리되는 서비스의 경우 프로젝트에 비용을 배분하는 것은 정확하게 추론하기가 어렵다. 비용 관측 가능성의 또 다른 측면은 리소스가 더 이상 사용되지 않거나 소유자가 없어 링크가 끊긴 프로젝트와 같은 구성 변경 사항에 대해 알려주는 것이다. 리소스 및 구성의 세부 인벤토리는 지속적으로 추적해야 한다.

수요 공급 매칭

여기에는 할당된 리소스의 자동 확장 및 축소가 포함되는 세 단계가 있다. 첫째, 이 서비스는 정책에 따라 처리 클러스터에 서버 노드를 자동으로 추가하고 제거한다. 또는 처리 클러스터를 임시로 간주하고 작업 처리를 돌릴 수 있다. 둘째, 이 서비스는 확장의 일부로 혼합 CPU 인스턴스 유형, 다시 말해 스팟, 예약, 온디맨드 인스턴스와 같은 다양한 공급 옵션을 활용한다. 셋째, 이 서비스는 워크로드 특성을 사용 가능한 관리 서비스에 적절하게 매핑한다. 쿼리 로드가 높은 처리를 하는 서비스의 경우 쿼리당 지불하는 비용이 할당된 클러스터 리소스에 비용을 지불하는 것에 비해 상당히 비싸질 수 있다.

핵심 과제는 적시 공급 필요성에 대한 경제적 이점과 리소스 장애, 고가용성, 프로비저닝 시간에 대한 균형을 맞추는 것이다. 온디맨드 방식으로 작업을 돌리면 성능에 영향을 미친다.

지속적 비용 최적화

이러한 작업은 지출을 최적화하고 프로젝트 전반의 리소스 할당과 해당 비즈니스의 요구 사항 간의 격차를 줄이는 것을 목표로 한다. 최적화는 지속적으로 진행되며, 기업은 다음과 같은 다양한 지표를 추적한다(https://oreil.ly/SC6aY).

- 6개월 또는 12개월마다 시스템 트랜잭션 또는 출력당 비용 x% 절감
- 매일 켜고 끄는 온디맨드 컴퓨팅 인스턴스의 비율을 80~100%로 증가
- 예약 인스턴스로 실행되는 '상시 작동' 인스턴스의 수를 100%에 가깝게 유지

오늘날 비용 최적화와 관련된 주요 과제는 클라우드에서 사용할 수 있는 옵션이 너무 많다는 것이다. 이러한 전략의 가치와 그 영향을 이해하는 것은 단순하지 않다. 이를 위해서는 스토리지 계층화, 컴퓨팅 인스턴스 유형, 관리형 서비스의 특징(서버리스 데이터 대전통적 데이터), 지리적 분포와 같은 광범위한 요인에 대한 전문 지식과 이해가 모두 필요하다. 마찬가지로 컴퓨팅, 메모리, 네트워킹과 관련된 하드웨어 구성 요소를 이해해야 하는 컴퓨팅 옵션도 점점 늘어나고 있다. 최적화 접근 방식은 트랜잭션 데이터베이스, 분석 쿼리 처리, 그래프 처리 등과 같은 워크로드 유형에 따라 다르다.

요구 사항 정의

비용 최적화를 위한 획기적인 휴리스틱은 없다. 비용 관리 서비스의 중요성은 클라우드 사용 규모에 따라 다르다. 클라우드에서 많은 데이터 플랫폼을 운영하는 기업의 경우 비용 관리 서비스는 필수다. 격리된 계정을 보유한 각 데이터 팀은 지출 관측 가능성을 단순화하지만, 수백 개의 계정에 대해 지속적으로 비용 최적화를 관리하는 것은 골칫거리가 된다.

애로 사항 설문지

배포의 세부 사항에 따라 우선순위를 정해야 하는 다양한 비용 관리 문제점이 있다. 다음 질문은 기존 문제점을 파악하는 데 도움이 될 수 있다.

- 예산을 통제할 수 없고 비즈니스 요구 사항에 영향을 주지 않으면서 지출을 줄일 수 있는 확실한 방법이 없는가?
- 클라우드 지출과 비즈니스 우선순위 사이에 격차가 있는가?
- 할당된 클라우드 리소스의 전반적인 활용도가 낮은가?
- 배포된 파이프라인의 구성을 변경해 비용을 절감할 수 있는 확실한 기회가 남아 있는가?

- 상당한 비율의 리소스에 태그가 지정되지 않았는가?
- 상당한 비율의 관리형 서비스가 사용되고 있는가?
- 여러 프로젝트에 대한 클라우드 예산 할당은 예측을 기반으로 하는가?
- 데이터 사용자가 알지 못하는 고비용 처리를 방지하기 위한 선제적 알림이 있는가?
- 워크로드가 임시가 아닌 클라우드에서 예측 가능하게 실행되고 있는가?

기능 요구 사항

비용 관리 서비스는 다음의 핵심 기능을 지원해야 한다.

지출 관측 가능성

예산 할당, 비용 및 사용량 보고[CUR, Coat and Usage Reporting], 다양한 프로젝트에서 사용되는 리소스, 예측 보고서, 리소스 태그 지원에 대한 경고 및 모니터링을 제공한다.

자동 확장

리소스를 자동으로 확장 및 축소하고 필요에 따라 처리 클러스터를 가동하는 정책

최적화 어드바이저

사용하지 않는 리소스를 종료하고, 구성과 정책을 변경하고, 리소스 유형을 변경하고, 워크로드 유형, 권장 컴퓨팅 유형, 예약, 관리되는 서비스 등 워크로드 특성에 맞는 다양한 서비스를 사용해 비용을 개선하도록 권장한다.

상호 운용성

클라우드에 구축된 기존 서비스 인벤토리(데이터베이스, 스토리지, 서비스 데이터스토어, 컴퓨팅 인스턴스, 관리 서비스)와의 상호 운용성. 다양한 종량제 비용 모델을 지원한다.

비기능 요구 사항

다음은 다른 소프트웨어 설계와 마찬가지로 비용 관리 서비스 설계에서 고려해야 할 주

요 비기능 요구 사항의 일부다.

직관적인 대시보드

다양한 사용자 간에 비용 인식 및 최적화 문화를 조성하는 것이 목표다. 대시보드와 보고서는 직관적이어야 한다.

확장 가능한extensible 지원

이 서비스는 증가하는 시스템과 서비스에 대해 쉽게 확장할 수 있어야 한다. 데이터 사용자, 재무, 임원, 감사자는 대시보드를 커스터마이징해 실행 가능한 인사이트를 얻을 수 있어야 한다.

구현 패턴

기존 작업 지도에 따라 비용 관리 서비스에 대한 자동화 수준은 세 가지가 있다(그림 19-1 참조). 각 수준은 현재 수동이거나 비효율적인 작업 조합을 자동화하는 것에 해당한다.

지속적 비용 모니터링 패턴

실제 비용, 프로젝트별 사용량, 데이터 사용자 활동을 연관시켜 예측 및 예산 알림을 위한 실행 가능한 모니터링 대시보드를 만든다.

자동 확장 패턴

실제 수요에 따라 리소스 할당을 확장하고 축소해 비용을 절감한다.

비용 어드바이저 패턴

잘 알려진 휴리스틱과 관행의 적용 가능성에 대한 현재 사용량을 분석해 비용 최적화 전략을 추천한다.

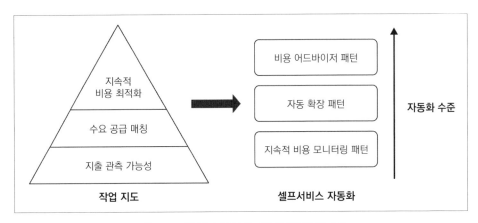

그림 19-1 비용 관리 서비스에 대한 다양한 자동화 수준

지속적 비용 모니터링 패턴

비용 추적과 관련된 다양한 면을 집계하고 데이터 사용자, 재무, 경영진에게 상호 관련되고 실행 가능한 뷰를 제공하는 것이 이 패턴의 목표다. 오늘날 사용자는 청구 송장, 청구 사용량 콘솔, 예산 도구, 비용 예측, DIY 대시보드와 같은 다양한 뷰 사이에서 씨름하고 있다.

패턴은 높은 수준에서 다음과 같이 작동한다.

예산 정의

예산은 다양한 프로젝트와 해당 팀에 의해 정해진다. 이러한 예산에는 탐색 비용과 프로덕션에서 인사이트를 실행하는 비용이 모두 포함된다.

리소스 태깅

태그는 사용자 정의 키와 리소스를 좀 더 쉽게 관리, 검색, 필터링하는 데 사용되는 선택적 값으로 구성된 간단한 레이블이다. 태그는 리소스 소비 패턴에 대한 좀 더 세부적인 뷰를 제공하며, 일반적으로 리소스와 관련된 팀, 프로젝트, 환경(개발, 스테이지, 프로덕션), 애플리케이션 이름을 지정한다. 태그 거버넌스에 대해서는 사후 대응적, 사전 예방적 접근 방식이 있다. 사후 대응적 거버넌스는 수동으로 또는 스크립트를 사용해 부적절한 태그를 식별한다. 사전 예방적 거버넌스는 표준화된 태그가 리소스 생성 시 일관되게 적용되도록 한다. 사전 예방적 태그의 예로는 createdBy 태그가 있다. 이 태그는 일부 클라우드 제공자(https://oreil.ly/oh14t)에서 사용할 수 있으며, 태그 없이는 분류되지 않을 수 있는 리소스에 대해 비용 할당 목적으로 자동으로 적용된다.

정보 집계

비용 모니터링에는 a) 리소스 및 해당 태그의 인벤토리, b) 리소스 사용량, c) 리소스와 관련된 청구 요율 및 할인된 비용, d) 데이터 사용자와 관련 팀 및 프로젝트(탐색 또는 샌드박스 환경에서 발생한 비용 속성) 등 여러 소스의 집계가 필요하다. 정보는 단일 창으로 집계되고 상호 연관된다.

경고 정의

비용 또는 사용량이 예산 금액을 초과하거나 초과할 것으로 예상되는 경우 경고가 설정된다. 또한 정의된 임계값 아래로 활용률이 떨어지는 경우도 경고가 설정된다.

비용 예측

사용 추세를 기반으로 데이터 사용자에 대한 향후 비용이 예측된다. 사용량 예측은 사용량 추세를 학습하고 그 정보를 사용해 향후 사용자 요구 사항에 대한 예측을 제공하는 ML을 사용한다.

지속적 비용 모니터링 패턴의 오픈소스 예로는 인튜이트의 Cost-Buddy(https://oreil.ly/ar6KG)가 있다. 사용량, 가격, 리소스 태그, 팀 계층 구조를 결합해 팀에 대한 모니터링과 예측을 제공한다. 이는 여러 팀이 동일한 데이터 처리 계정을 사용하는 공유 데이터 플랫폼을 위해 특별히 제작됐다. 주요 비용 기반 KPI, 즉 예약된 인스턴스 적용 범위 및 사용률, 일일 실행률, 활용도가 낮은 리소스, 태그가 지정되지 않은 리소스의 비율 및 분산 비율(예산 대 실제 사용)을 계산한다. 패턴의 또 다른 예로는 Lyft의 AWS 비용 관리(https://oreil.ly/HyVvN)가 있다.

자동 확장 패턴

이 패턴은 증가하는 워크로드 요청에 대응해 클라우드의 탄력성을 활용하는 데 초점을 둔다. 전통적으로 온프레미스 배포^{on-premise deployment}의 경우 리소스를 추가하는 데 있어 리드 타임이 몇 주 또는 몇 개월인 경우 초과 할당을 염두에 두고 프로비저닝을 계획했다. 클라우드의 탄력성으로 인해 적절한 케이스에 따른^{just-in-case} 프로비저닝은 적시^{just-in-time} 프로비저닝으로 대체됐다. 이 접근 방식은 유휴 리소스를 줄이며 요청 수가 급증하더라도 일관된 성능을 제공한다. 자동 확장은 부팅 시간, 가용성, 성능 SLA를 고려하는 동시에 낭비를 최소화하는 것을 목표로 하는 균형 조정 작업이다.

패턴은 높은 수준에서 다음과 같이 작동한다.

확장 트리거

모니터링 솔루션은 미결 요청 수, 대기열 깊이, 사용률, 서비스 시간 지연 등을 수집하고 추적한다. 사용자가 구성한 임계값을 기반으로 확장을 위한 트리거가 생성되며, 트리거는 시간을 기반으로 할 수도 있다.

정책 평가

확장에는 다양한 유형의 정책을 사용할 수 있다. 일반적으로 수요 기반 확장, 시간 기반 확장, 버퍼링 정책의 조합이 사용된다. 가장 일반적인 정책은 사용자 정의 리소스 시작 및 중지 예약이다(예: 주말에 개발 리소스 끄기).

리소스 믹스 앤 매치

확장 중에는 리소스 조합을 사용해 가장 저렴한 비용으로 요청을 잘 처리할 수 있다. 확장 시 스팟 컴퓨팅 인스턴스를 예약 및 온디맨드 인스턴스와 혼합할 수 있다.

확장 시에는 새로 프로비저닝된 리소스의 워밍업 시간과 성능 및 가용성 SLA에 미치는 일시적인 영향을 고려해야 한다. 사전 준비된 머신 이미지를 사용하면 인스턴스들의 구성 가능성을 절충해 확장 속도를 줄일 수 있다. 자동 확장은 이제 모든 클라우드 제공 업체의 기본 기능이다. GorillaStack, Skeddly, ParkMyCloud와 같은 서드 파티 솔루션도 있다.

수요와 공급의 일치를 확장시키기 위한 수요 기반, 버퍼 기반, 시간 기반 등 다양한 유형의 정책(https://oreil.ly/7veSB)이 있다. 일반적으로 배포에서는 다음과 같은 정책 유형을 조합해 사용한다.

수요 기반 확장

수요 급증 시 리소스 수를 자동으로 늘려 성능을 유지하고 수요기 줄어들면 용량을 줄여 비용을 절감한다. 일반적인 트리거 지표는 CPU 사용률, 네트워크 처리량, 대기 시간 등이다. 정책에서는 얼마나 빠르게 새로운 리소스가 프로비저닝될 수 있는지와 수요의 변화율 및 리소스 장애에 대응하기 위해 수요 공급 간의 마진 크기를 고려해야 한다.

버퍼 기반 확장

버퍼는 응용프로그램이 시간이 지남에 따라 다른 속도로 실행될 때 처리 플랫폼과 통신하는 메커니즘이다. 생산자의 요청은 대기열에 게시되고 생산자의 처리 속도와 소비자의 처리 속도를 분리한다. 이러한 정책은 일반적으로 즉시 처리할 필요가 없고 상당한 부하를 생성하는 백그라운드 처리에 적용된다. 이 패턴의 전제 조건 중 하나는 요청의 멱등성idempotence(연산을 여러 번 적용하더라도 결과가 달라지지 않는 성질)으로, 소비자가 메시지를 여러 번 처리하더라도 이후에 메시지가 처리될 때 다운스트림 시스템이나 스토리지에 영향을 주지 않는다.

시간 기반 확장

수요 예측을 가능하게 하기 위해 시간 기반 접근 방식이 사용된다. 정의된 시간에 확장되거나 축소되도록 시스템을 예약할 수 있으며, 확장은 리소스의 사용률 수준에 의존하지 않는다. 장점은 시작 절차로 인한 지연 없이 리소스를 사용할 수 있다는 것이다.

비용 어드바이저 패턴

비용 어드바이저 패턴은 워크로드 및 리소스 사용 패턴을 분석해 비용 최적화 전략을 권장한다. 비용 최적화는 시간이 지남에 따라 권장 사항이 진화하는 지속적인 프로세스다. 일반적으로 이 패턴은 클라우드 계정 내에서 주기적으로 실행되는 if-then 규칙의 모음으로 구현된다. 규칙의 조건이 배포와 일치하면 권장 사항이 표시된다. 일반적으로 권장 사항은 예상되는 영향 대신 변경의 복잡성에 기반해 적용된다. 이 패턴의 몇 가지 예로는 AWS Trusted Advisor와 Azure Advisor가 있다. Cloud Custodian(https://oreil.ly/MAvYr)은 오픈소스 규칙 기반 엔진이며, Ice(https://oreil.ly/tFPlX)는 넷플릭스에서 개발한 최적화 도구다. 서드 파티 도구인 Stax, Cloudability, CloudHealth, Datadog도 있다.

비용 최적화 규칙의 포괄적인 목록은 이 책의 범위를 벗어나지만, 일반적으로는 물론 배포된 관리형 서비스의 맥락에서 구현되는 몇 가지 원칙이 있다.

유휴 리소스 제거

사용자는 종종 리소스를 가동하고 종료하는 것을 잊는데, 이는 쉽게 최적화가 가능하다.

올바른 컴퓨팅 인스턴스 선택

클라우드 지출의 가장 큰 부분은 컴퓨팅 비용과 관련이 있다. 올바른 인스턴스 유형을 선택하는 데는 두 가지 측면이 있다. 첫 번째는 워크로드 요구 사항에 따라 적절한 컴퓨팅, 네트워크, 스토리지 대역폭이 있는 인스턴스를 선택하는 것이다. 두 번째는 온디맨드, 스팟, 예약 인스턴스와 같은 올바른 구매 옵션을 선택하는 것이다.

스토리지 계층화와 데이터 전송 비용 최적화

증가하는 데이터양을 감안할 때, 특히 자주 사용하지 않는 경우라면 데이터를 더 저렴한 계층에 보관해야 한다. 데이터 전송 비용 또한 크게 쌓일 수 있다.

워크로드 예측 가능성 활용

빈번하고 예측 가능한 워크로드(예: 연중 무휴 데이터베이스 워크로드)와 예측할 수 없는 간헐적인 워크로드(예: 대화형 탐색 쿼리)를 분리한다. 비용 어드바이저 규칙은 장기 실행 처리 클러스터, 작업별 임시 클러스터, 서버리스(예: 쿼리당 과금) 패턴 사용과 같은 다양한 전략 권장 사항을 이러한 워크로드에 적용한다.

애플리케이션 설계 최적화

지리적 위치 선택, 관리 서비스 사용 등과 같은 좀 더 근본적인 설계 선택이 포함된다.

요약

클라우드에서 사용할 수 있는 무한한 리소스를 활용하려면 기업은 무한한 예산이 필요하다! 비용 관리는 데이터 플랫폼에 사용할 수 있는 한정된 예산을 비즈니스 우선순위에 효과적으로 부합되도록 하는 면에서 매우 중요하다. 다양한 선택 사항을 고려할 때, 비용 관리는 다양한 워크로드 특성에 대한 비용을 지속적으로 개선하기 위한 '포괄적인 전문가'라고 할 수 있다.

찾아보기

데이터 민주화와 셀프서비스 데이터

모두가 쉽고 빠르게 데이터 인사이트를 도출하는 지름길

발 행 | 2022년 6월 30일

지은이 | 샌딥 우탐찬다니
옮긴이 | 이 주 한

펴낸이 | 권 성 준
편집장 | 황 영 주
편 집 | 조 유 나
　　　　김 진 아
디자인 | 윤 서 빈

에이콘출판주식회사
서울특별시 양천구 국회대로 287 (목동)
전화 02-2653-7600, 팩스 02-2653-0433
www.acornpub.co.kr / editor@acornpub.co.kr